新能源汽车动力电池与充电系统检修

主编 吴业强

副主编 曾德芝 林顺宝 余世捷

清华大学出版社

北京交通大学出版社

·北京·

内 容 简 介

本书以学生为中心、以企业真实工作案例为载体，详细介绍了新能源汽车动力电池与充电系统的结构、原理及常见故障诊断与检修方法，全书内容分为安全防护与工具使用、高压预检及断电作业、动力电池总成拆装、动力电池内部故障检修、动力电池热管理系统故障检修及充电系统检修等 6 个典型生产实践项目，共 23 个任务。同时，本书提供了清晰的学习路径和丰富的配套资源，便于读者学习。

本书可以作为高等职业教育相关专业课程的教材，也可以作为新能源汽车企业和相关从业人员的培训和自学教材。

图书在版编目（CIP）数据

新能源汽车动力电池与充电系统检修 / 吴业强主编；曾德芝，林顺宝，余世捷副主编. 北京 : 北京交通大学出版社 : 清华大学出版社，2025. 1.(2025.9 重印). -- ISBN 978-7-5121-5436-0

Ⅰ. U469. 720. 3; U469. 720. 7

中国国家版本馆 CIP 数据核字第 2024CY4922 号

新能源汽车动力电池与充电系统检修
XINNENGYUAN QICHE DONGLI DIANCHI YU CHONGDIAN XITONG JIANXIU

责任编辑：谭文芳
出版发行：清 华 大 学 出 版 社　邮编：100084　电话：010-62776969 http://www.tup.com.cn
　　　　　北京交通大学出版社　邮编：100044　电话：010-51686414 http://www.bjtup.com.cn
印 刷 者：北京华宇信诺印刷有限公司
经　　销：全国新华书店
开　　本：185 mm×260 mm　印张：17.5　字数：448 千字
版 印 次：2025 年 1 月第 1 版　2025 年 9 月第 3 次印刷
定　　价：55.00 元

前言

随着全球能源结构的转型与环境保护意识的日益增强，新能源汽车产业正以前所未有的速度蓬勃发展，成为推动全球汽车产业革命的关键力量。早在党的十八大报告中，新能源汽车产业就被明确作为国家战略新兴产业之一，此后一直保持着高速增长，现在正向全面高质量发展阶段迈进。在这一背景下，社会对新能源汽车专业技术人才的需求也急剧增加，本书正是在此大趋势下应运而生的，旨在为新能源汽车技术专业学生、从业人员和爱好者提供一本既贴合行业前沿技术，又注重实践技能培养的教材。

新能源汽车的核心在于其动力系统和能源管理系统，其中动力电池与充电系统作为关键技术组件，直接关系到车辆的性能、续航里程、安全性及用户体验。因此，掌握动力电池的结构原理、性能检测、故障诊断与修复，以及充电系统的规划、安装、调试与维护，是每一位新能源汽车技术人才必备的专业技能。本书的编写，旨在通过系统化的理论知识传授与丰富的实践操作案例，帮助读者构建起扎实的专业基础，提升解决实际问题的能力，为日后投身于新能源汽车行业打下坚实的基础。

本书详细介绍了新能源汽车动力电池与充电系统的结构、原理及常见故障诊断与检修方法。编写团队从新能源汽车动力电池维修岗位中提炼了 6 个典型生产实践项目，共 23 个学习任务，并将全国职业院校技能大赛规范、电池及电池系统维修保养师高级职业技能等级证书标准，以及动力电池新技术、新规范、新工艺等融入其中。

项目 1 安全防护与工具使用，主要涉及动力电池高压维修作业需要掌握的工位防护、个人防护、工具使用及触电急救处理等内容，是新能源汽车动力电池维修工作的必备前提和必须要掌握的内容；项目 2 高压预检及断电作业，主要包括新能源汽车动力电池常规检查及高压系统断电作业等内容；项目 3 动力电池总成拆装，主要内容为动力电池总成故障、保养维护和密封性能故障等内容；项目 4 动力电池内部故障检修，主要包括动力电池内部结构原理及电池包内部常见维修任务等内容；项目 5 动力电池热管理系统故障检修，主要包括动力电池冷却和加热系统的结构原理及常见故障检修等内容；项目 6 充电系统故障检修，主要包括动力电池快充和慢充系统结构原理及常见故障检修等内容。

本书在任务结构设计上与企业真实工作过程对接，任务内容与企业工作内容对接，每个任务的主体内容以实施任务够用的知识为度，参照车辆维修手册、企业岗位操作说明书和工作手册的编写方式，每个任务内容相对独立，读者可根据需要灵活选用全部或部分任务开展学习。

本书内容的选取和组织方式基于以成果为导向、以学生为中心的理念进行设计，同时提供了清晰的学习路径和丰富的配套资源，每个学习任务均引入企业真实工作案例作为载体，配套设计了任务指南、任务工单、任务实施标准、虚拟仿真实训系统、视频动画、AR 结构仿真资源等，任务最后均提供与该任务相关的新技术、新规范、新工艺等拓展知识链接和拓展创新任务，引导读者将所学知识和技能进行应用和拓展。

因新能源汽车动力电池与充电系统的检修工作涉及高压安全操作，为帮助读者更加高效和安全的开展学习，本书为每个学习任务配套开发了虚拟仿真实训系统，可实现 21 个不同维修场景的模拟，基于真实的工作场景和典型车辆动力电池和充电系统构建虚拟仿真环境，读者不需要安装对应的软件，通过教材提供的网址（推荐使用计算机端登录）或配套的资源平台便可以方便快捷地访问虚拟仿真系统。读者可以根据仿真系统的提示或配套的操作手册，开展虚拟仿真练习，熟练掌握操作流程和注意事项后再进入实际工作场景进行学习和训练，在提高学习效率的同时也确保了学习者的安全。

对于结构复杂不便于拆解的部件，本书针对性地开发了 12 个 AR 结构仿真资源（图题后带有放大镜图标 ），读者可通过教材提供的动力电池 AR 仿真软件 App 扫描图片即可实时观看对应部件的三维结构和相关说明，更加直观地了解复杂结构和原理。（动力电池 AR 仿真软件 App 安装方法：使用手机浏览器扫描以下相应的二维码即可下载安装至手机中。注：该 App 目前暂不支持 iOS 系统。）

本书可以作为高等职业技术院校相关专业课程的教学教材，也可以作为新能源汽车企业和相关从业人员的培训和自学教材。同时本教材配套的在线开放课程已在学银在线等慕课平台运行，读者结合线上课程使用本教材可取得更佳的学习效果。线上课程可以通过扫描以下二维码获得。

本书由贵州电子信息职业技术学院吴业强担任主编，负责教材的整体统筹；由曾德芝、林顺宝、余世捷担任副主编。具体编写分工为：曾德芝负责教材大纲、任务 1.1 和任务 1.2 的内容编写；龙正槐负责任务 1.3 的内容编写，以及教材题库的建设和审核；林顺宝负责项目 2 的内容编写和全书案例的选用；余世捷负责项目 3 和附录 A 的内容编写，以及教材配套资源的审核；王燕兵负责任务 4.1、任务 4.2 和任务 4.3 的内容编写；吴业强负责任务 4.4、任务 4.5、任务 4.6、任务 4.7 和任务 4.8 的内容编写；杜希亮负责项目 5 的内容编写；余勇负责任务 6.1 和任务 6.2 的内容编写；张奎负责任务 6.3 和任务 6.4 的内容编写；贵阳安信捷汽车服务有限公司路力负责提供企业案例和企业维修标准；全书最后由吴业强进行统稿和审核。

本书是贵州省教育厅首批“‘十四五’职业教育规划教材建设项目”的立项项目。本书的出版得到了贵州电子信息职业技术学院、贵阳安信捷汽车服务有限公司、福光电子、理想汽车、通源汽车、恒信汽车、广汇汽车、凯里中惠比亚迪、深圳风向标教育资源股份有限公司、北京世纪超星信息技术发展有限责任公司等单位的大力支持，同时也得到了北京交通大学出版社及责任编辑的大力支持，在此对他们表示衷心感谢。

由于作者水平有限，书中难免会出现不妥和疏漏，敬请各位读者和专家指正。编者通过邮箱：wuyeqiang077@126.com 与各位读者保持交流和联系。

编者

2024 年 11 月

动力电池 AR 仿真软件　　在线课程链接　　课件二维码

目　　录

项目1　安全防护与工具使用

项目来源

本项目的内容是新能源汽车动力电池与充电系统检修工作中最基础也是最重要的内容。当新能源汽车动力电池或充电系统出现故障时，在实施维修作业前首先要进行的就是安全防护作业，维修技师要非常熟练地掌握高压维修工具和设备的使用，并且要具备高压触电急救的能力，以防止意外的发生。

本项目以新能源汽车动力电池与充电系统检修工作过程中常见的安全防护与工具使用相关实际工作任务为载体，将高压安全防护作业、绝缘工具设备使用及高压触电急救处理等相关知识和技能转化为教学任务。

知识图谱

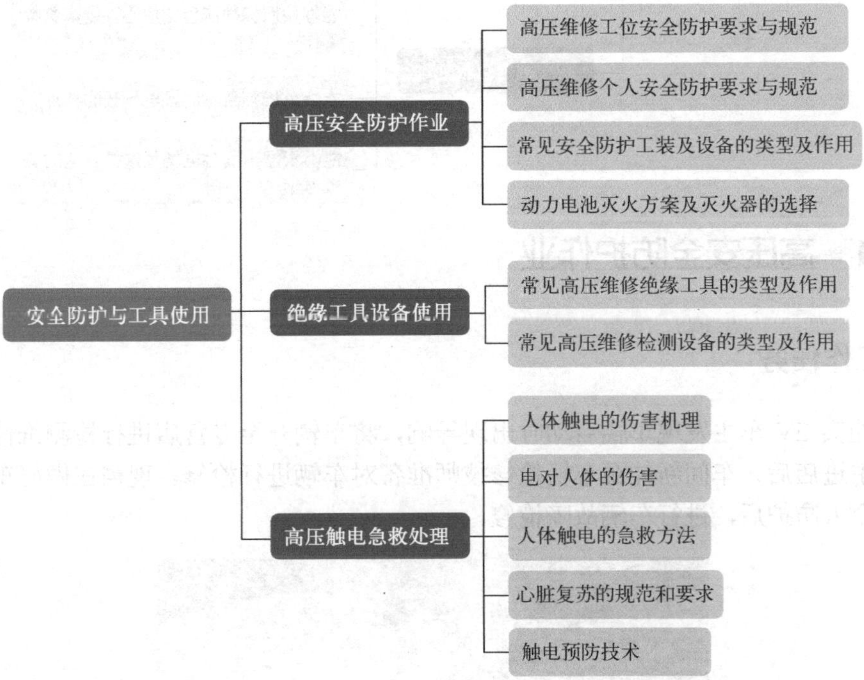

技能图谱

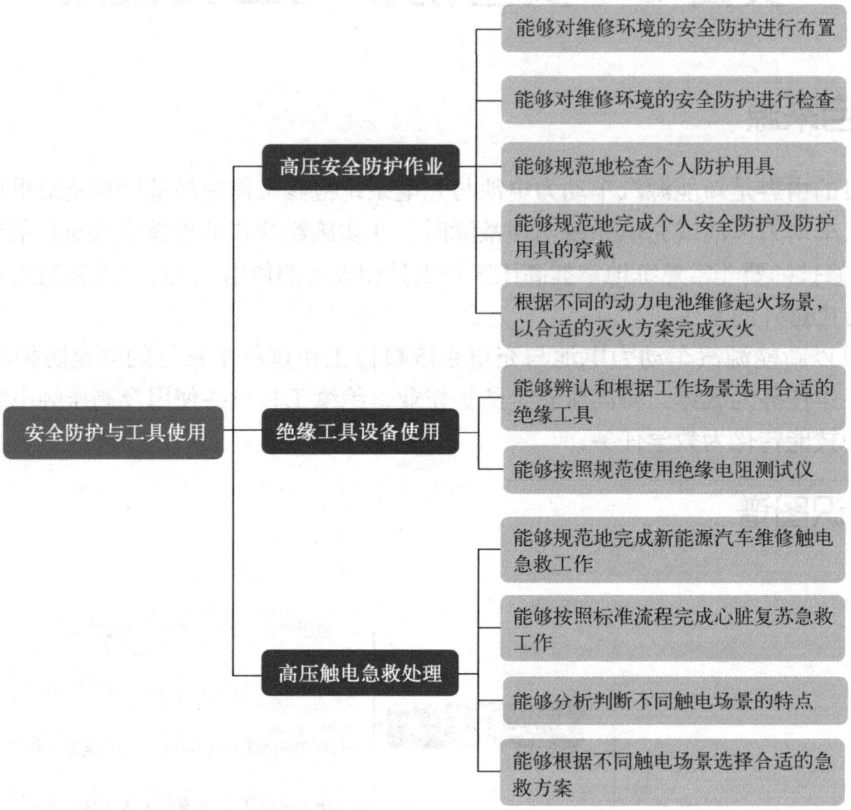

任务 1.1 高压安全防护作业

1.1.1 工作任务

比亚迪秦 EV 车主发现车辆启动时出现异响，将车辆开至专营店进行检测维修。服务顾问接待车主进店后，车间新能源车辆检修技师准备对车辆进行检修。现需在做好车辆维修环境准备和个人防护后，进行车辆故障检修。

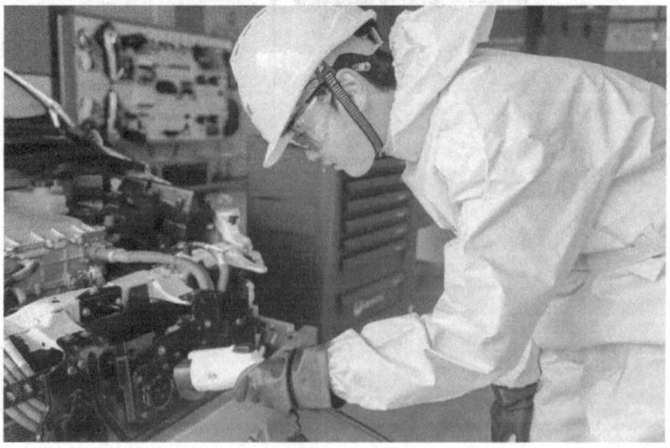

1.1.2　岗课赛证（见表 1-1-1）

表 1-1-1　任务 1.1 岗课赛证融通

序　号	融通类型	名　称	具体内容
1	岗位融通	动力电池维修岗位	正确穿戴个人防护装备、维护作业环境
2	证书融通	电池及电池系统维修保养师三级/高级工	1．工装与物料准备 2．作业环境确认 3．安全生产
3	大赛融通	全国职业院校技能大赛汽车故障检修赛项	1．能根据维修项目佩戴安全防护用具 2．能做好车辆维修前的安全准备事项

1.1.3　任务目标

1．素质目标

（1）能完成高压安全防护作业前后的工位 5S，具有良好的职业素养和职业习惯。

（2）高压安全防护作业严格执行 AB 岗核查确认，具有安全意识。

（3）勇于挑战高压安全防护作业课后创新任务，具有知识迁移能力和创新意识。

（4）高压安全防护作业过程中遵守评分标准，严谨细致、精益求精，具有工匠精神。

（5）高压安全防护作业任务过程中执行分组实操，分工协作，具有团队精神。

2．知识目标

（1）熟练掌握工位安全防护规范及涉及的工具设备类型和使用方法。

（2）熟练掌握个人安全防护规范及涉及的工具设备类型和使用方法。

（3）熟悉并掌握动力电池的起火原因及灭火方法。

3．能力目标

（1）能够规范地对维修环境的安全防护进行布置和检查。

（2）能够按照任务标准规范完成个人安全防护及防护用具的穿戴。

（3）能够根据不同的动力电池维修起火场景，选用合适的灭火方案，并完成灭火。

1.1.4　大国工匠

大国工匠人物事迹——陈兆海

1.1.5　必备知识

1．维修工位安全防护

在对新能源汽车进行维修时，需根据新能源汽车的特征进行工位布置，并且要求与传统车辆的维修工位进行区分。图 1-1-1 为新能源汽车维修工位分布图。

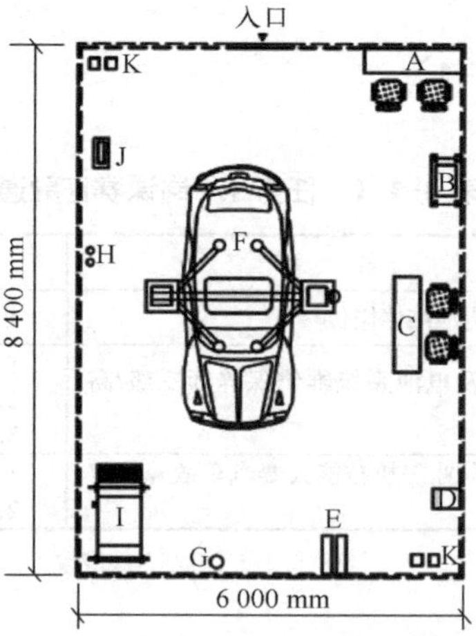

A—所需更换物件；B—工具箱、工具车；C—桌子；D—车轮挡块（2~4 块）；E—气源、电源；
F—维修车辆、龙门举升机；G—废弃物回收桶；H—干粉灭火器（2 个）；
I—动力电池举升机；J—交、直流充电桩；K—消防沙、灭火布

图 1-1-1 新能源汽车维修工位分布图

对新能源汽车进行维修之前，需对工位进行以下准备工作：

（1）工位四周设立隔离桩并拉上警戒带，隔离间距保持在 1.0～1.5 m，如图 1-1-2 所示；

图 1-1-2 隔离桩及警戒带

（2）检查维修工位举升机（二柱/龙门式）是否正常；

（3）检查维修工位绝缘涂层（或绝缘地垫）是否达标（应无污染并且绝缘阻值处于正常范围内）；

（4）检查维修工位光线和通风是否良好；

（5）检查维修工位上的消防设施（如灭火器、消防沙、灭火布）是否良好；

（6）设立标注“高压危险”“有电危险”“禁止合闸”等警示牌，防止他人误碰，如图 1-1-3 所示；

图 1-1-3 工位安全标示

（7）检查维修人员防护用具（绝缘手套、绝缘服、护目镜、绝缘安全帽、绝缘鞋等）是否良好，如图 1-1-4 所示；

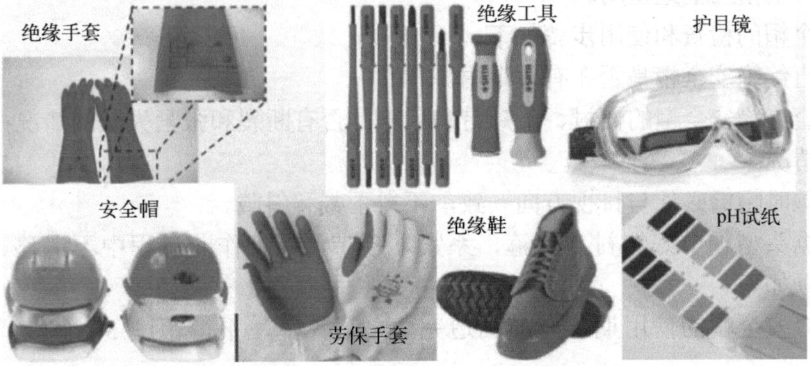

图 1-1-4　维修人员防护用具

（8）准备好绝缘工作台、绝缘工具及相关仪器仪表（兆欧表、电流钳、万用表、诊断仪等）；

（9）检查维修作业时所需的测量辅助线束（如 208 线束盒）是否完整完好、连接松动；

（10）检查维修作业时所需的翘板套件是否有污染物或破损、是否齐全；

（11）检查维修作业时可能用到的手电筒或其他可移动照明设备；

（12）安放车内四件套（座椅套、地垫板、方向盘套、排挡杆套）、车外三件套（前格栅布、左前翼子板布、右前翼子板布）及其他防护套件；

（13）把所需维修的车辆停放到正确的维修工位，随后按下启动按钮（关闭点火开关）并安放好车轮挡块（2～4 块）。

2．个人防护用品的认知及使用要点

1）绝缘安全帽

绝缘安全帽是防止冲击物伤害头部的防护用品。如图 1-1-5 所示，绝缘安全帽由帽壳、帽衬、下颏带和后箍组成。帽壳和帽衬之间留有一定空间，可缓冲、分散瞬时冲击力，从而避免或减轻对头部的直接伤害，使得打击物的冲击和穿刺动能主要由帽壳承受。帽壳的电绝缘性能要求在（1 200±25）V 的测试电压中保持 15 s 内泄漏电流不超过 1.2 mA。

安全防护装备认知

图 1-1-5　绝缘安全帽

绝缘安全帽一般有尺寸、重量、佩戴高度、垂直间距、冲击吸收性能、耐穿刺性能、下颊带强度、防静电性能、电绝缘性能、侧向刚性、阻燃性能和标识等性能要求。对于不符合要求的绝缘安全帽应拒绝使用。

绝缘安全帽的检查和使用步骤如下。

（1）检查绝缘安全帽是否在有效期内。

（2）检查绝缘安全帽的帽衬、下颊带和后箍是否有断裂和张紧失效的情况；检查帽壳是否有开裂的情况。

（3）佩戴时帽檐必须与目视方向一致，不得歪戴和斜戴。

（4）根据头型调节好帽衬、后箍，系紧下颊带，保证作业过程中不滑移、不脱落。

注意事项如下。

（1）绝缘安全帽的使用期从产品制造完成之日计算，不得超过 30 个月，即两年半的时间。

（2）不得随意改变绝缘安全帽的任何结构。

（3）绝缘安全帽不可充当器皿使用。

（4）绝缘安全帽不可充当坐垫使用。

（5）绝缘安全帽不可和硬物放在一起。

（6）绝缘安全帽在经过了冲击以后，即使没有明显损坏，也必须更换。

（7）绝缘安全帽必须妥善保管，避免受挤压存放，避免存放在酸、碱、高温、日晒、潮湿等场所。

2）防电弧护目镜

防电弧护目镜可以对电力电弧、紫外线等进行有效阻抗，进而保护眼部的安全，同时具有防异物飞溅入眼睛的功能。图 1-1-6 为高压电操作常用的防电弧护目镜。

图 1-1-6　防电弧护目镜

防电弧护目镜的检查和使用步骤如下。

（1）选择护目镜时应根据脸型判断规格大小。

（2）护目镜可通过调节头带调整与面部的合适程度。

（3）护目镜要选用经产品检验机构检验合格的产品。

（4）护目镜的宽窄和大小要适合使用者的脸型。

（5）磨损粗糙的镜片及损坏的镜架会影响操作人员的视力，应及时调换。

（6）护目镜要专人专用，防止传染眼疾。

（7）焊接护目镜的滤光片和保护片要按规定作业的需要选用和更换。

（8）防止重摔重压，防止坚硬的物体摩擦镜片和面罩。

注意事项如下。

（1）可用柔软干净的眼镜布擦干，存放于干净区域。

（2）不建议共用护目镜，必须共用时，使用前要进行消毒。

（3）当镜片受到刮擦、留下刮痕后影响佩戴者的视线时，或护目镜整体变形时，需要更换护目镜。

（4）护目镜是综合型的眼面部防护产品，应遵照产品的使用说明书进行维护。

（5）护目镜受化学品飞溅后应及时清洗，必要时进行更换。

3）绝缘手套

绝缘手套（见图 1-1-7）是高压电操作人员的手部防护用品，采用橡胶材料制作，可防电、防水、耐酸碱、防化、防油。衡量绝缘手套的指标有外观、厚度、电气性能、机械性能、耐老化性能、耐燃性能、耐低温性能和标记八项。进行新能源汽车维修常选用 5 kV 绝缘手套。

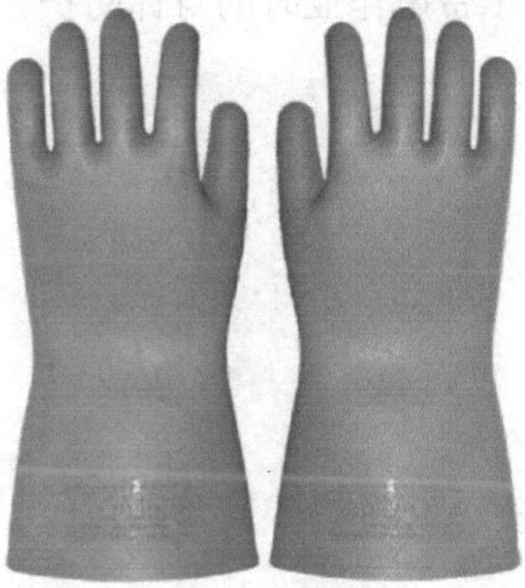

图 1-1-7　绝缘手套

绝缘手套的检查和使用步骤如下。

（1）检查绝缘手套是否在有效期内。

（2）外观检查。绝缘手套表面必须平滑，无针孔、裂纹、沙孔、杂质，无修剪损伤、夹紧痕迹等明显的缺陷和波纹痕迹，不允许有油漆等染料附着。

（3）气密性检查。将绝缘手套的口袋向上卷起，至鼓起，检查是否有漏气。确认无空气泄漏，则证明绝缘手套完好。检查方法如图 1-1-8 所示。

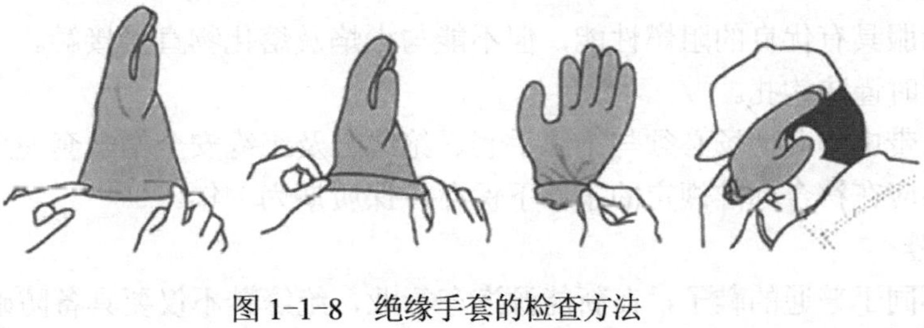

图 1-1-8　绝缘手套的检查方法

（4）将工服外衣袖口放入绝缘手套的筒口里，戴绝缘手套时内部可再戴棉纱手套，防止出汗潮湿，影响绝缘特性。

（5）使用绝缘手套时要防止被尖锐物刺破。

注意事项如下。

（1）绝缘手套必须六个月进行一次绝缘特性检验。可采用绝缘电阻测试仪进行测试，在 500 V 电压下，电阻显示应为无穷大。绝缘手套的说明书上注明了绝缘手套的绝缘等级，切不可使用低绝缘等级的绝缘手套去操作高过该等级电压的工作。

（2）使用完毕后将绝缘手套擦拭干净，晾干后表面涂抹滑石粉平整放置，不能直接放在地面上。

（3）绝缘手套不得与工具等一起放置，应单独放置而且不得堆压任何物件。

（4）不得与油、酸和碱性物等影响橡胶绝缘特性的物质接触。

（5）距离发热源至少 1 m，最佳存放温度在 10～20℃之间。

4）绝缘服

绝缘服采用锦纶涂复织物材料，有绝缘性能，可防 7 000 V 以下高电压。其特点是耐高压，阻燃、耐酸碱性能亦佳，用于带电作业时的身体防护。绝缘服如图 1-1-9 所示。

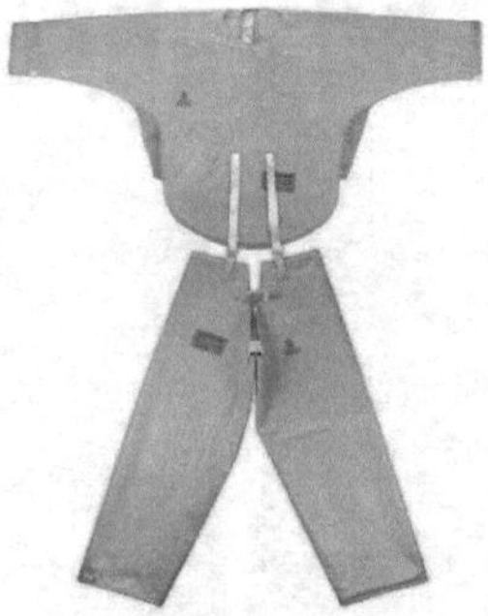

图 1-1-9 绝缘服

绝缘服的电绝缘性能、阻燃性能、耐酸碱性能等技术要求必须符合国家有关安全规定。目前绝缘服的绝缘等级最大为 2 级，即 10 kV 以下情况使用。外表层材料应具有憎水性强、防潮性能好、沿面闪络电压高、电流小的特点，还应具有一定的机械强度、耐磨及耐撕裂性能。内衬材料应具有高绝缘强度，能起到主绝缘作用，且憎水性强、柔软性好，层向击穿电压高。

内、外层的断裂强度及断裂伸长率应满足：断裂强度，纵向为 343 N，横向为 294 N；断裂伸长率，纵向为 10%，横向为 10%。

注意事项如下。

（1）绝缘服具有优良的阻燃性能，但不能与火焰及熔化物直接接触。

（2）使用时谨防钩扎。

（3）进入带电作业现场必须与绝缘手套、绝缘鞋及绝缘安全帽配套使用。

（4）产品应在符合标准规定的条件下保存，保质期为一年。

5）绝缘鞋

绝缘鞋不同于普通的鞋子，在新能源汽车行业，绝缘鞋不仅要具备防砸的性能，也要具有高绝缘的特性，同时具备高防滑功能，以保护作业人员的高压维修操作。图 1-1-10 为常用的绝缘鞋。

图 1-1-10　绝缘鞋

绝缘鞋的检查和使用步骤如下。

（1）使用前检查鞋面有无开裂，鞋底有无脱落，鞋底的花纹深度是否足够，检查内部防砸用的钢板是否变形。目的是保证有防滑功能和防砸功能。

（2）绝缘鞋必须适合脚型，防止在使用过程中出现由于鞋过大而脱离的情况，避免产生危害。

（3）绝缘鞋的鞋带必须确保完全系紧，鞋带的长度应保证其不能接触地面，防止作业过程中造成摔倒等危险情况。

注意事项如下。

（1）绝缘鞋是新能源汽车作业必须具备的防护工具，一旦被重物砸过或磨损过度，则不能再继续使用。

（2）绝缘鞋应独立放置，不能与其他工具一起堆放。

3. 动力电池灭火方案

1）灭火剂的选择

灭火剂的选用取决于火灾的种类。三元锂电池起火主要是在内部的高温高压气体喷射出的同时，被内部的高温小颗粒点燃形成的火焰，因此属于气体着火。磷酸锂铁电池起火是由于内部的可燃气体泄漏后，与空气形成可燃性预混气体，被高温点燃起火。所以磷酸锂铁电池起火和三元锂电池起火同属于 C 类火灾。

新能源汽车火灾应急处理

德国机动车监督协会（DEKRA）认为，在灭火剂当中，水其实是能够成功扑救新能源汽车锂离子电池火灾的，但耗水量大，扑救时间长。天津消防研究所李毅副研究员在其论文“典型锂离子电池火灾灭火试验研究”中通过实验指出，ABC 干粉、二氧化碳灭火剂均能扑灭电池火灾的明火，但灭火后均发生复燃现象。当前消防救援队伍所配备的灭火药剂主要为泡沫液、干粉、水等，在实际的灭火过程中，泡沫液、水是比较常用的，二者相对来说，水是最经济实用的灭火剂。

2）灭火方案

（1）水冷灭火

当动力电池未着火时，可按照传统车辆火灾处置方法进行灭火。当动力电池着火时，可采取水冷灭火，应使用大量的、持续的水进行扑救，扑救人员注意保持安全距离。当动力电池发生事故未见明火，有大量烟雾冒出时，应在确保动力电池从车上完好卸载之后，再采用大量、持续的水对冒烟部位进行连续喷射，以降低温度和减少有毒有害气体对周围环境的影响。

（2）稀释送风

当有人员被困且动力电池未起火时，应选择主动灭火。在持续用水冷却灭火的同时，设置水幕稀释保护；还可利用水驱动排烟机、移动送风机等装备驱散救援区域烟气浓度。如果动力电池着火，应实时监控动力电池温度，防止热扩散或复燃。

（3）灌注灭火

如果车辆动力电池燃烧持续时间长，水冷却效果不佳，当无人员被困时，也可利用现场材料（如挡板、沙土等）围栏筑坝，灌注泡沫覆盖灭火。

（4）转移灭火

当燃烧车辆对周围（如停车场、地下车库等）有较大影响且现场不可控时，可尝试将车辆转移至空旷安全地带。

必备知识测试

1.1.6　任务指南

1．高压安全防护作业

根据新能源汽车维修车间（工位）布置要求，布置车位并核查。车辆准备好后，个人进行安全防护穿戴后，方可进行维修检测作业。根据作业前高压安全防护的要求，对环境防护用品进行设置，并检查是否设置到位、防护用品是否有损坏；对个人防护用品进行穿戴，并检查防护用品有无损坏，确认是否可用。在实训室内做高压安全防护作业前需在仿真软件中完成高压安全防护操作，填写高压安全防护作业任务工单。图 1-1-11 为高压安全防护作业流程。

高压安全防护作业

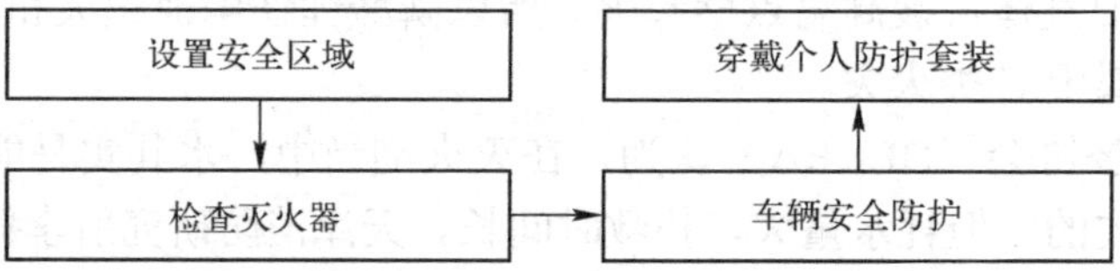

图 1-1-11　高压安全防护作业流程

2．高压安全防护作业虚拟仿真训练

计算机端登录：https://press.bjtu.edu.cn/h5trans/241122/11/。

移动端使用手机浏览器扫描左侧二维码进入虚拟仿真训练界面。

高压安全防护作业虚拟仿真软件　　高压安全防护作业操作手册

1.1.7　任务工单

任务 1.1　高压安全防护作业任务工单

扫描查阅电子工单

姓　名		班　级		学　号	
实训日期		评价方式	□自评 □互评 □师评	指导教师	

（一）车辆/台架信息记录

车辆品牌		车辆型号		生产日期	
动力电池型号		动力电池容量		行驶里程	
车辆识别码					

（二）环境安全防护作业

设置安全区域	是否设置隔离护栏：是□　否□　其他：________
	是否放置安全警示牌：是□　否□　其他：________
检查灭火器	是否配备灭火器：是□　否□　其他：______　配备数量：______个
	外观情况：正常□　锈蚀□　裂痕□　是否可用：是□　否□
	软管情况：正常□　老化□　裂痕□　粘黏□　是否可用：是□　否□
	指针情况：绿色区□　黄色区□　红色区□　是否可用：是□　否□
车辆安全防护	是否放置车轮挡块：是□　否□　其他：________
	安装车外三件套：左前翼子板布□　右前翼子板布□　前格栅布□ 是否完成：是□　否□
	安装车内四件套：座椅套□　方向盘套□　排挡杆套□　地板垫□ 是否完成：是□　否□

（三）个人安全防护作业

绝缘服	破损□　污浊□　干燥□　是否穿戴整齐：是□　否□
绝缘鞋（靴）	鞋面干燥□　鞋面划痕□　鞋底断裂□　其他：________
绝缘安全帽	破损□　裂缝□　变形□　下颊带情况：完好□　松动□ 是否正确佩戴：是□　否□　其他：________
护目镜	破损□　划痕□　老化□　镜片模糊□　其他：________ 螺钉情况：松□　紧□　正常□　是否可用：是□　否□
绝缘手套	正常□　漏气□　污浊□　干燥□　裂痕□　粘黏□ 其他：________　是否可用：是□　否□

1.1.8 任务标准

任务 1.1 高压安全防护作业任务标准

扫描查阅任务标准

姓 名		班 级		学 号	
实训日期		评价方式	□自评 □互评 □师评	指导教师	

序号	评价项目	评价内容	作业标准	分值	评分要求	实际得分
1	职业素养	工作安全 工作规范 工作态度	□1. 规范做好个人及设备安全防护工作（高压安全防护） □2. 规范开展场地、设备、工具安全检查（检查隔离栏设置、安全警示牌设置、灭火器压力值检查、举升机检查、动力电池举升车检查等） □3. 规范开展作业前和作业后工位 5S 操作 □4. 作业过程规范，未出现安全隐患或事故 □5. 积极主动、认真仔细地完成任务	20	每项扣 4 分，不超过 20 分	
2	专业能力	技术技能	（一）环境安全防护作业 □1. 能正确设置安全区域 □2. 能正确检查灭火器 □3. 能正确完成车辆安全防护 （二）个人安全防护作业 □1. 能正确进行个人防护穿戴 □2. 能正确检查佩戴绝缘安全帽 □3. 能正确检查佩戴护目镜 □4. 能正确检查佩戴绝缘手套	40	每项扣 6 分，不超过 40 分	
3	信息应用能力	关键数据及信息查询	□1. 能正确查阅灭火器相关信息资料 □2. 能正确查阅灭火器使用流程规范 □3. 能正确查阅车辆信息	10	每项扣 4 分，不超过 10 分	
4	分析判断能力	数据的读取、分析、判断	□1. 能判断灭火器是否可正常使用 □2. 能判断绝缘服是否可正常使用 □3. 能判断绝缘安全帽是否可正常使用 □4. 能判断护目镜是否可正常使用 □5. 能判断绝缘手套是否可正常使用 □6. 能判断作业环境是否可正常使用	10	每项扣 2 分，不超过 10 分	
5	表达能力	有效沟通和描述 维修任务	□1. 能与客户有效沟通检修情况 □2. 能正确流畅地唱检个人防护用具和环境情况 □3. 能与团队有效沟通维修方案	10	每项扣 5 分，不超过 10 分	
6	表单填写能力	电子、纸质工单填写	□1. 字迹清晰 □2. 语句通顺 □3. 无错别字 □4. 无涂改 □5. 无抄袭	10	每项扣 2 分，不超过 10 分	
总分				100		

1.1.9　任务小结

经过本任务的学习，能够熟练完成维修工位的布置和个人的安全防护用品的装备，了解动力电池起火后的灭火方案，为进一步进行故障检修打下坚实的基础，为更好地服务车主、解决问题进行能力储备。

1.1.10　知识链接

知识链接　　高压警示牌和护栏　　灭火器检查和使用

1.1.11　拓展创新

题目引导	新能源汽车安全防护是维修人员生命安全的第一道防线，你觉得现在的防护方案有什么不足？尝试设计或提出一个高压维修防护用具方案。

任务 1.2　绝缘工具设备使用

1.2.1　工作任务

比亚迪汽车专营店内新采购一批新能源汽车维修工具和检测设备，请根据商家提供的配货信息对比本店采购单的内容，核查采购工具与设备，并对其进行检查和测试。

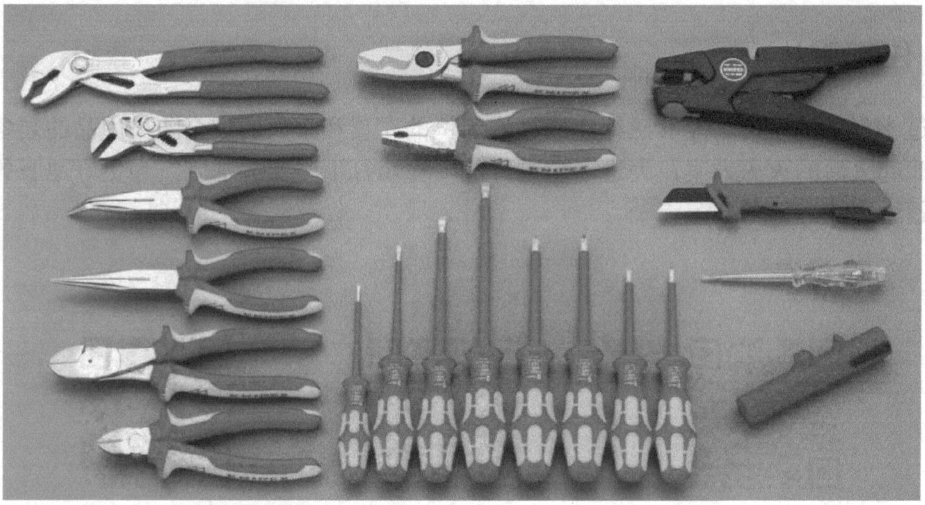

1.2.2 岗课赛证（见表 1-2-1）

表 1-2-1 任务 1.2 岗课赛证融通

序 号	融通类型	名 称	具体内容
1	岗位融通	动力电池维修岗位	使用绝缘工具与设备
2	证书融通	电池及电池系统维修保养师三级/高级工	1. 工装与物料准备 2. 安全状态确认 3. 功能检测 4. 系统组件检测（A） 5. 安全生产
3	大赛融通	全国职业院校技能大赛汽车故障检修赛项	能正确使用精密测量仪器、常用维修工具、专用维修工具、诊断设备、检测仪器

1.2.3 任务目标

1. 素质目标

（1）能完成绝缘工具设备使用前后的工位 5S，具有良好的职业素养和职业习惯。

（2）绝缘工具设备使用严格执行 AB 岗核查确认，具有安全意识。

（3）勇于挑战绝缘工具设备使用课后创新任务，具有知识迁移能力和创新意识。

（4）绝缘工具设备使用过程遵守评分标准，严谨细致，精益求精，具有工匠精神。

（5）绝缘工具设备使用的任务过程中执行分组实操，分工协作，具有团队精神。

2. 知识目标

（1）熟练掌握常用绝缘工具的种类、功能及使用方法。

（2）熟练掌握常用高压维修检测设备的种类、功能及使用方法。

3. 能力目标

（1）能够按照企业标准流程使用绝缘电阻测试仪。

（2）能够辨认和根据工作场景选用合适的绝缘工具。

1.2.4　大国工匠

大国工匠人物事迹——刘丽

1.2.5　必备知识

1．绝缘工具

1）绝缘拆装工具及工具车

绝缘工具是采用绝缘材料进行加工并适用于电气系统拆装等操作的工具。使用绝缘工具可以有效地防止意外触电事故的发生，新能源汽车涉及高压的部件拆装必须使用绝缘拆装工具。绝缘拆装工具必须有耐压 1 000 V 以上的绝缘柄。绝缘拆装工具包括常用的套筒、扳手、螺钉旋具、钳子、电工刀等。图 1-2-1 为绝缘工具和储存绝缘工具的工具车。

绝缘工具的认知

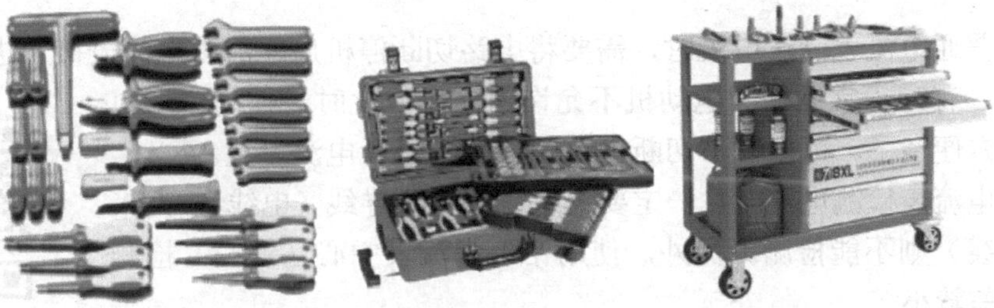

图 1-2-1　绝缘工具和储存绝缘工具的工具车

2）绝缘零件车

高压部件拆卸后，要放置在规定的位置，并由专用的绝缘零件车（见图 1-2-2）进行存放或移动，以免发生零件丢失或意外触电等危险情况。

图 1-2-2　绝缘零件车

2．高压维修检测设备

1）绝缘电阻测试仪

新能源汽车引入了高压系统，高压线束必须具备一定的绝缘阻值才能保证用户和维修人员的人身安全。测量高压线束绝缘阻值是否达到标准，需要使用绝缘电阻测试仪。

绝缘电阻测试仪有手摇式和数字式两种，常用的是数字式绝缘电阻测试仪，如图 1-2-3 所示。

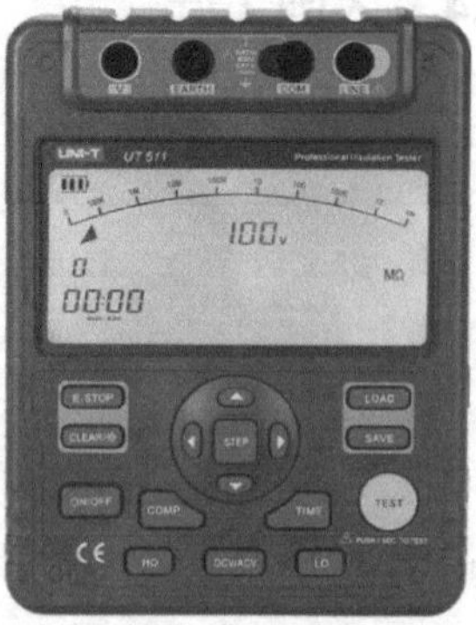

图 1-2-3 数字式绝缘电阻测试仪

2）钳形电流表

钳形电流表（见图 1-2-4）由电流互感器和电流表组合而成。电流互感器的铁芯在捏紧扳手时可以张开，被测电流所通过的导线可以不必切断就可穿过铁芯张开的缺口，当放开扳手后铁芯闭合。

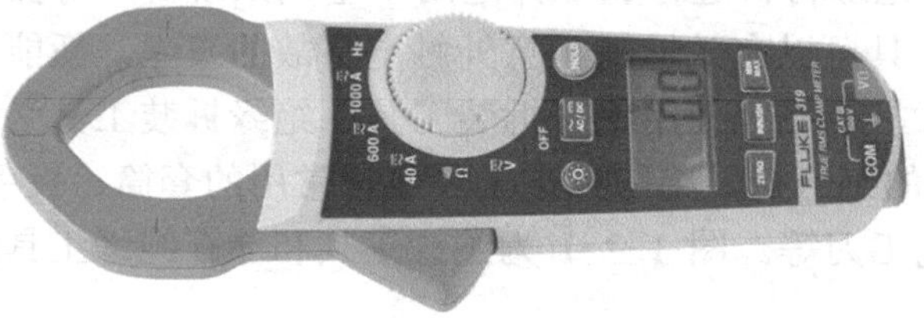

图 1-2-4 钳形电流表

通常用普通电流表测量电流时，需要将电路切断停机后才能将电流表接入进行测量，这是很麻烦的，有时正常运行的电动机不允许这样做。此时，使用钳形电流表就显得方便多了，可以在不切断电路的情况下进行电流测量。

用钳形电流表检测电流时，一定要夹入一根被测导线（电线），夹入两根（平行线）则不能检测。另外，使用钳形电流表中心（铁心）检测时，检测误差较小。

钳形电流表的使用

3）接地电阻测试仪

接地电阻测试仪是用来测量电气设备接地装置的接地电阻值和土壤电阻率的仪器，如图 1-2-5 所示。接地体对地电阻是从接地体至零电位间的土壤电阻，一般采用补偿法进行测量。基于补偿原理的接地电阻测试仪称“电位计式接地电阻测试仪”，误差范围一般为±5%。此外，还有流比计式接地电阻测试仪，误差范围一般为±10%。

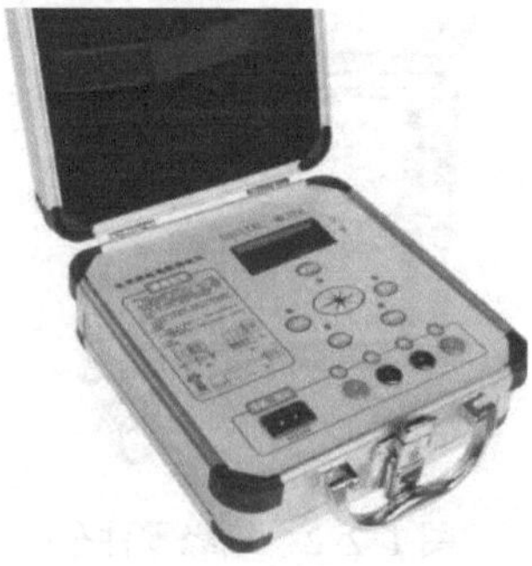
图 1-2-5 接地电阻测试仪

必备知识测试

1.2.6　任务指南

1．绝缘电阻测试仪的使用

为避免触电或漏电事故造成人身伤害，使用测量设备时，请严格按照相关规格仪器、设备使用手册中的操作流程进行安全作业，在使用绝缘电阻测试仪前，如果利用虚拟仿真方法进行练习将会提高工作熟练度，保证作业流畅。应根据作业要求，用绝缘电阻测试仪测量所需测试对象的绝缘性，并填写工单表 1-2。

绝缘电阻测试仪的使用

绝缘电阻测试仪的使用作业流程如图 1-2-6 所示。

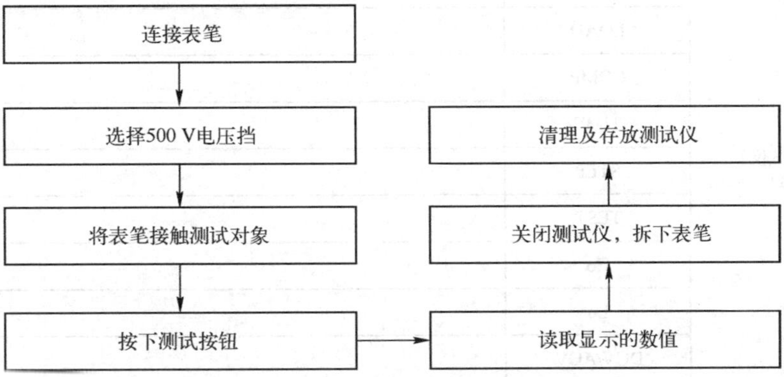

图 1-2-6　绝缘电阻测试仪的使用作业流程

2．绝缘测试虚拟仿真训练

计算机端登录：https://press.bjtu.edu.cn/h5trans/241122/17/。

移动端使用手机浏览器扫描左侧二维码进入虚拟仿真训练界面。

绝缘测试虚拟仿真软件　　绝缘测试操作手册

1.2.7 任务工单

任务 1.2 绝缘工具设备使用任务工单

扫描查阅电子工单

姓　名		班　级		学　号	
实训日期		评价方式	□自评 □互评 □师评	指导教师	

绝缘电阻测试仪的使用

	按钮名称	按钮功能
绝缘电阻测试仪按钮的认知	ON/OFF	
	CLEAR	
	SAVE	
	LOAD	
	COMP	
	TIME	
	STEP	
	TEST	
	Ho	
	Lo	
	DCV/ACV	
	E-STOP	
	▲▼	
	◂ ▸	

电压测量

表笔连接：黑表笔接入____________端子，测试笔接入____________端子

测量模式按钮选择：__________

测量操作：按定时键□　按测试键□　按比较键□　按锁定键□

记录测试信息：

序号	测试对象	测试数值
1		
2		
3		
4		
5		

续表

<table>
<tr><td rowspan="4">绝缘电阻测量</td><td>表笔连接：黑表笔接入______________________端子，测试笔接入__________端子</td></tr>
<tr><td>测量模式按钮选择：__________　测试电压选择：__________</td></tr>
<tr><td>测量操作：按定时键□　按测试键□　按比较键□　按锁定键□</td></tr>
<tr><td>记录测试信息：
<table>
<tr><th>序号</th><th>测试对象</th><th>测试数值</th><th>测试结果</th></tr>
<tr><td>1</td><td></td><td></td><td>正常□　损坏□</td></tr>
<tr><td>2</td><td></td><td></td><td>正常□　损坏□</td></tr>
<tr><td>3</td><td></td><td></td><td>正常□　损坏□</td></tr>
<tr><td>4</td><td></td><td></td><td>正常□　损坏□</td></tr>
<tr><td>5</td><td></td><td></td><td>正常□　损坏□</td></tr>
</table>
</td></tr>
<tr><td rowspan="4">低电阻测量</td><td>表笔连接：黑表笔接入____________________________端子，测试笔接入__________________________________端子</td></tr>
<tr><td>测量模式按钮选择：__________</td></tr>
<tr><td>测量操作：按定时键□　按测试键□　按比较键□　按锁定键□</td></tr>
<tr><td>记录测试信息：
<table>
<tr><th>序号</th><th>测试对象</th><th>测试数值</th></tr>
<tr><td>1</td><td></td><td></td></tr>
<tr><td>2</td><td></td><td></td></tr>
<tr><td>3</td><td></td><td></td></tr>
<tr><td>4</td><td></td><td></td></tr>
<tr><td>5</td><td></td><td></td></tr>
</table>
</td></tr>
</table>

1.2.8 任务标准

任务 1.2 绝缘工具设备使用任务标准

扫描查阅任务标准

姓　名		班　级		学　号	
实训日期		评价方式	□自评 □互评 □师评	指导教师	

序号	评价项目	评价内容	作业标准	分值	评分要求	实际得分
1	职业素养	工作安全 工作规范 工作态度	□1. 规范做好个人及设备安全防护工作（高压安全防护） □2. 规范开展场地、设备、工具安全检查（检查隔离栏设置、安全警示牌设置、灭火器压力值检查等） □3. 规范开展作业前和作业后工位 5S 操作 □4. 作业过程规范，未出现安全隐患或事故 □5. 积极主动、认真仔细地完成任务	20	每项扣 4 分，不超过 20 分	
2	专业能力	技术技能	□1. 能正确对绝缘电阻测试仪内部电池进行测试 □2. 能正确对绝缘电阻测试仪内部熔丝进行测试 □3. 能正确使用绝缘电阻测试仪进行绝缘电阻测试	40	每项扣 15 分，不超过 40 分	
3	信息应用能力	关键数据及信息查询	□1. 能正确查阅工具使用说明书，获取工具使用流程和规范 □2. 能正确查阅设备使用说明书，获取设备使用流程和规范	10	每项扣 5 分，不超过 10 分	
4	分析判断能力	数据的读取、分析、判断	□1. 能判断电阻测试仪是否能正常使用 □2. 能判断读取数据是否正确 □3. 能根据测试数据分析被测对象是否绝缘	10	每项扣 4 分，不超过 10 分	
5	表达能力	有效沟通和描述维修任务	□1. 能正确流畅地描述绝缘电阻测试仪的功能 □2. 能与团队有效沟通任务完成方案	10	每项扣 5 分，不超过 10 分	
6	表单填写能力	电子、纸质工单填写	□1. 字迹清晰 □2. 语句通顺 □3. 无错别字 □4. 无涂改 □5. 无抄袭	10	每项扣 2 分，不超过 10 分	
总分				100		

1.2.9　任务小结

经过本任务的学习，能够了解绝缘工具与设备的类型，并能正确使用绝缘拆装工具和检测设备，对高压线路、元器件进行绝缘检测。

1.2.10　知识链接

知识链接　　龙门式举升机操作使用方法　　数字万用表的使用

1.2.11　拓展创新

题目引导	绝缘工具使用完后须进行正确存放才能保证其长期有效的使用性能，但在实际工作中，时常会遗忘存放这一环节，你有什么方法能够提高绝缘工具的正确存放率吗？

任务 1.3　高压触电急救处理

1.3.1　工作任务

比亚迪秦 EV 车主将车开进汽车 4S 店，服务顾问热情地上前接待，了解到车主对使用新能源汽车时若不慎触电该如何急救疑虑重重，服务顾问将问题反馈给公司后，公司恰好要对新进人员进行安全考核，车主被安排旁观，请你在安全考核期间为车主的疑问进行解答。

1.3.2 岗课赛证（见表 1-3-1）

表 1-3-1 任务 1.3 岗课赛证融通

序 号	融通类型	名 称	具体内容
1	岗位融通	动力电池维修岗位	理解触电机制、掌握急救技术
2	证书融通	电池及电池系统维修保养师三级/高级工	1. 作业环境确认 2. 信息采集 3. 安全状态确认 4. 安全生产
3	大赛融通	全国职业院校技能大赛汽车故障检修赛项	熟悉车辆维修前的安全准备事项

1.3.3 任务目标

1. 素质目标

（1）能完成高压触电急救处理前后的工位 5S，具有良好的职业素养和职业习惯。

（2）高压触电急救处理严格执行 AB 岗核查确认，具有安全意识。

（3）勇于挑战高压触电急救处理课后的创新任务，具有知识迁移能力和创新意识。

（4）高压触电急救处理过程遵守评分标准，严谨细致，精益求精，具有工匠精神。

（5）高压触电急救处理的任务过程中执行分组实操，分工协作，具有团队精神。

2. 知识目标

（1）熟练掌握新能源汽车维修过程中人体触电的机理。

（2）熟练掌握新能源汽车高压电对人体造成的危害。

（3）熟练掌握新能源汽车维修时不同触电场景的急救方法与措施。

3. 能力目标

（1）能够安全规范地完成新能源汽车维修时的触电急救工作。

（2）能够按照标准流程完成心肺复苏急救工作。

（3）能够分析判断不同触电场景的特点并选择合适的急救方案。

1.3.4 大国工匠

大国工匠人物事迹——周东红

1.3.5 必备知识

1. 人体触电的方式

人体触电有直接触电（单线触电、两线触电）和间接触电（跨步电压触电、其他触电形式）两种方式。直接触电是指人体直接接触或过分靠近电气设备及线路的带电导体而发生的触电现象。间接触电指人体触及了在正常运行时不带电，而在意外情况下带电的金属部分。其他触电形式还有感应电压触电、剩余电荷触电、静电触电和雷电电击。

1）单线触电

单线触电是人体某一部分触及一相电源或接触到漏电的电气设备，电流通过人体流入大地造成触电，分为电源中性点搭铁的单线触电（占多数）和电源中性点不搭铁的单线触电。图 1-3-1（a）为中性点搭铁的单线触电方式，图 1-3-1（b）为中性点不搭铁的单线触电方式。

人体触电方式

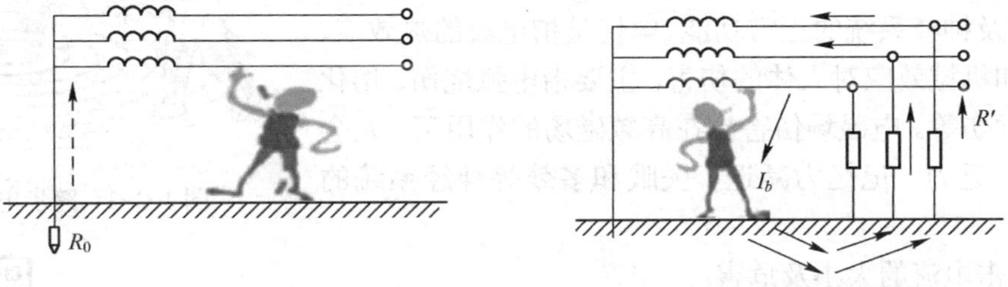

（a）中性点搭铁　　（b）中性点不搭铁

图 1-3-1　单线触电方式

人体接触某一相时，通过人体的电流取决于人体电阻 R_b 与输电线对地绝缘电阻 R'的大小。若输电线绝缘良好，绝缘电阻 R'较大，对人体的危害性就较小。但导线与地面间的绝缘可能不良（R'较小），甚至有一相接地，这时人体中就有电流通过。

2）两线触电

两线触电也叫作相间触电，是指人体与大地绝缘的情况下，当同时接触到两根不同的相线，或者人体同时触及电气设备的两个不同相的带电部位时，电流由一根相线经过人体流入另一根相线，形成闭合回路。人体承受的线电压将比单线触电时高，危险性更大。图 1-3-2 为两线触电方式。

3）接触带电的金属体

当电气设备内部绝缘损坏而与外壳接触时，将使其外壳带电。当人触及带电设备的外壳时，相当于单相触电。大多数触电事故属于这一种。

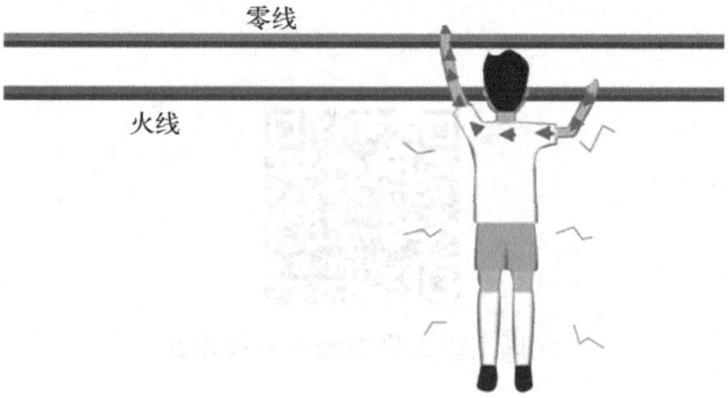

图 1-3-2　两线触电方式

4）跨步电压触电

跨步电压触电（见图 1-3-3）是指在高压电网接地点或防雷接地点，以及高压相线断落或绝缘损坏处，当有电流流入地下时，强大的电流在接地点周围的土壤中产生电压降。如果误入接地点附近，应双脚并拢或单脚跳出危险区。从安全防护的角度来看，在查找接地故障点时，应穿绝缘靴，以防跨步电压电击。

图 1-3-3　跨步电压触电

2．电对人体的伤害

人碰到带电的导线，电流通过人体就叫作触电。触电后，会对人体及人体内部组织造成不同程度的损伤。触电时，让人体受伤的是电流而不是电压。电流对人体的伤害有三种：电击、电伤和电磁场伤害。电击是指电流通过人体，破坏人体心脏、肺及神经系统的正常功能。电伤是指电流的热效应、化学效应和机械效应对人体的伤害，主要指电弧烧伤、熔化金属溅出烫伤等。电磁场伤害指在高频磁场的作用下，人会出现头晕、乏力、记忆力减退、失眠和多梦等神经系统的症状。

1）电击电流的大小及危害

电击是由于电流流过人体而造成的。当电流流过人体时，对人体造成的伤害程度与很多因素都有关，如个体的体质、心情状况、电流的大小和持续时间等。当人体通过大约 0.6 mA 的电流时就会引起人体麻刺的感觉；通过 50 mA 的电流时就会有生命危险。一般人体流过不同的电流后，身体的反应情况见表 1-3-2。

直流高压电对身体的危害

表 1-3-2　流过人体的电流与人体反应表

流过人体的电流/mA	人体的反应
0.6～1.5	手指开始感觉发麻
2～3	手指感觉强烈发麻
5～7	手指肌肉感觉痉挛，手指感觉灼热和刺痛
8～10	手指关节与手掌感觉疼痛，手已难以脱离电源
20～25	手指感觉剧痛，迅速麻痹，不能摆脱电源，呼吸困难

续表

流过人体的电流/mA	人体的反应
50～80	呼吸麻痹、困难，心房开始震颤、强烈灼痛
90～100	呼吸麻痹，持续 3 s 或更长时间后，心脏麻痹或心房停止跳动

2）摆脱电流

摆脱电流是指人在触电后能够自行摆脱带电体的最大电流。成年男性平均摆脱电流约为 16 mA，成年女性平均摆脱电流约为 10.5 mA，儿童的摆脱电流较成人要小。摆脱电流是人体可以忍受而一般不会造成危险的电流。若通过人体的电流超过摆脱电流且时间过长，会造成昏迷、窒息，甚至死亡。

电流强度对人体的伤害程度与时间的关系如图 1-3-4 所示。在强度范围①内，不论多长时间对人体都无不良影响；在强度范围②内，电流可能会导致器官受伤；在强度范围③内，电流可能会导致生命危险。

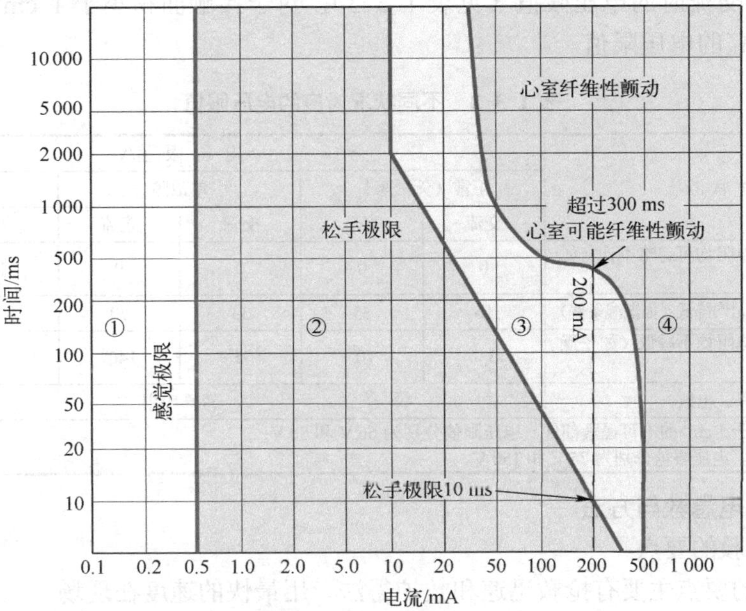

图 1-3-4　电流强度对人体的伤害程度与时间的关系

3）致命电流

在短时间内危及生命的最小电流为致命电流，即致命阈值。致命电流与电流持续时间关系密切。当电流持续时间超过心脏周期时，致命电流仅为 50 mA 左右；当电流持续时间短于心脏周期时，致命电流为数百毫安。通过人体的电流所引发的后果取决于接触位置、电压的强度、电流的强度和持续时间，还有电流的路径及频率。

4）交流电对人体的危害

工频（额定频率为 50 Hz）交流电的危害性大于直流电，因为交流电主要是麻痹破坏神经系统，往往难以自主摆脱。一般认为 40～60 Hz 的交流电对人体最危险。随着频率的增加，危险性将减低。当电源频率大于 2000 Hz 时，所产生的损害明显减小，但高压高频电流对人体仍然是十分危险的。对于交流电，如果电流在心脏的滞留时间大约为 10～15 ms，就会致命（心室纤维性颤动）。电流的类型不同，对人体的损伤也不同。直流电一般引起电伤，而对于交流电，则电伤与电击同时发生。

5）安全电压

虽然电流是让人受伤的主要原因，但由于人体可等效成一个电阻，将以时间为函数的接触电压（即通过人体的电流与人体阻抗的乘积）作为判断依据，人体的电阻随接触电压的变化而变化，所以电压也是能够让人受到伤害的重要原因之一。

根据 GB/T 3805 标准，电压限值是指由其内阻抗远低于人体阻抗的电源供电的电压限值，其规定值对于接触面积不大于 80 cm^2 的情况是保守的。对于频率不大于 100 Hz 交流电的小接触面积情况，则规定了更高的限值。电压限值的规定针对正常和故障（单故障和双故障）两种状态。这些限值与直接和间接接触的概念无关，也不用于区分接地和非接地电路。可认为这些限值及低于限值的电压在规定的条件下对人体不构成危险。该标准考虑了影响限值电压因素的四种状况，以及对应四种状况的稳态直流电压和频率范围为 15～100 Hz 的稳态交流时的电压限值（见表 1-3-3），对于接触面积小于 1 cm^2 的不可握紧部分，给出了更高的电压限值。

表 1-3-3　不同状况对应的电压限值

环境状况	电压限值/V					
	正常（无故障）		单故障		双故障	
	交流	直流	交流	直流	交流	直流
皮肤阻抗和对地电阻均可忽略不计（如人体浸没条件）	0	0	0	0	16	35
皮肤阻抗和对地电阻均降低（如潮湿条件）	16	35	33	70	不适用	
皮肤阻抗和对地电阻均不减低（如干燥条件）	33[a]	70[b]	55[a]	140[b]	不适用	
特殊状况（如电焊、电镀）	特殊应用					

a. 对接触面积小于 1 cm^2 的不可握紧部件，电压限值分别为 66 V 和 80 V；

b. 在电池充电时，电压限值分别为 75 V 和 150 V。

3. 人体触电急救与方法

1）触电急救的要点

触电急救的要点主要有抢救迅速和救护得法。用最快的速度在现场采取急救措施，保护触电者的生命，减轻伤情，减少痛苦，并根据伤情需要迅速联系医疗救护等部门救治。一旦发现有人触电后，周围人员首先应迅速拉闸断电，尽快使其脱离电源。若周围有电工人员，则应率先争分夺秒地实施抢救。

常见的触电应急处理方法

2）使触电者脱离电源的方法

触电急救的第一步是使触电者迅速脱离电源，因为电流对人体的作用时间越长，对生命的威胁越大。具体方法如下。

（1）脱离低压电源的方法

脱离低压电源可用“拉”“切”“挑”“拽”“垫”五字来概括。

① 拉：附近有电源开关或插座时，应立即拉下开关或拔掉电源插头。

② 切：若一时找不到断开电源的开关，应迅速用绝缘完好的钢丝钳或断线钳剪断电线，以断开电源。

③ 挑：对于由导线绝缘损坏造成的触电，急救人员可用绝缘工具、干燥的木棒等将电线挑开。

④ 拽：救护者可戴上手套或在手上包缠干燥的衣服等绝缘物品拖拽触电者；也可站在干燥的木板、橡胶垫等绝缘物品上，用一只手将触电者拖拽开来。

⑤ 垫：如果电流通过触电者入地，并且触电者紧握导线，可设法用干燥的木板塞到触电者身下，与地隔离。

（2）脱离高压电源的方法

由于装置的电压等级高，一般绝缘物品不能保证救护者的安全，而且高压电源开关距离现场较远，不便拉闸。因此使触电者脱离高压电源的方法与脱离低压电源的方法有所不同。通常做法如下。

① 立即打电话通知有关供电部门拉闸停电。

② 如果电源开关离触电现场不太远，则可戴上绝缘手套，穿上绝缘靴，拉开高压断路器或用绝缘棒拉开高压跌落熔断器以切断电源。

③ 往架空线路抛挂裸金属软导线，人为造成线路短路，迫使继电器保护装置动作，从而使电源开关跳闸。抛挂前，将短路线的一端先固定在铁塔或接地引下线上，另一端系重物。抛掷短路线时，应注意防止电弧伤人或断线危及人员的安全，也要防止重物砸伤人。

④ 如果触电者触及断落在地上的带电高压线束，在尚未确认线路无电之前，救护人员不可进入断线落地点 8～10 m 的范围内，以防止跨步电压触电。进入该范围的救护人员应穿上绝缘靴或临时双脚并拢跳跃地接近触电者。触电者脱离带电导线后应迅速将其带至 8～10 m 以外，立即开始触电急救。

（3）使触电者脱离电源的注意事项

① 救护人员不得采用金属和其他潮湿物品作为救护工具。

② 未采取绝缘措施前，救护人员不得直接触及触电者的皮肤和潮湿的衣服。

③ 在拉拽触电者脱离电源的过程中，救护人员要用单手操作，这样比较安全。

④ 当触电者位于高位时，应采取措施预防触电者在脱离电源后坠地摔死。

⑤ 夜间发生触电事故时，应考虑切断电源后的临时照明问题，以利救护。

3）触电急救措施

根据触电者受伤害的轻重程度，现场救护有以下几种措施。

（1）触电者未失去知觉的救护措施

如果触电者所受的伤害不太严重，神志尚清醒，只是心悸、头晕、出冷汗、恶心、呕吐、四肢发麻、全身乏力，甚至一度昏迷但未失去知觉，则可先让触电者在通风暖和的地方静卧休息，并派人严密观察，同时请医生前来或送往医院救治。

AED 的使用

（2）触电者已失去知觉的抢救措施

如果触电者已失去知觉，但呼吸和心跳尚正常，则应使其舒适地平卧着，解开衣服以利呼吸，四周不要围人，保持空气流通，冷天应注意保暖，同时立即请医生前来或送往医院诊治。若发现触电者呼吸困难或心跳失常，应立即施行人工呼吸或胸外心脏按压。

（3）对“假死”者的急救措施

如果触电者呈现“假死”现象，则可能有三种临床症状：一是心跳停止，但尚能呼吸；二是呼吸停止，但心跳尚存（脉搏很弱）；三是呼吸和心跳均已停止。“假死”症状的判定方法是“看”“听”“试”。“看”是观察触电者的胸部、腹部有无起伏动作；“听”是用耳贴近触电者的口鼻处，听有无呼吸气息声音；“试”是用手或小指测试口鼻有无呼吸的气流，再用两手指轻压一侧喉结旁凹陷处的颈动脉有无搏动感觉。若既无呼吸又无颈动脉搏动感觉，则可判定触电者呼吸停止，或心跳停止，或呼吸、心跳均停止。对“假死”者的急救措施如图 1-3-5 所示。

必备知识测试

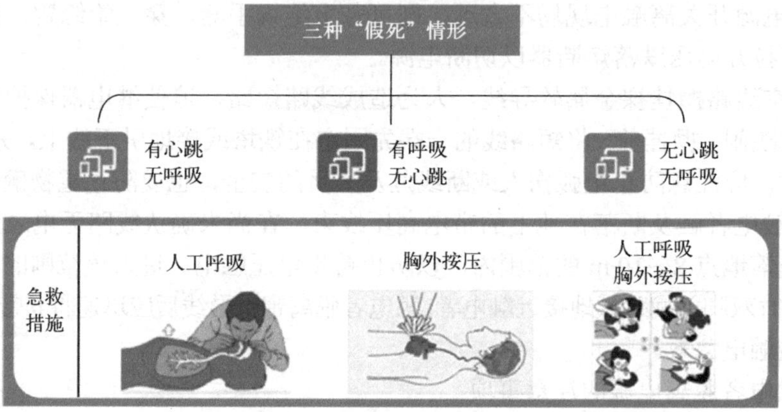

图 1-3-5　对“假死”者的急救措施

1.3.6　任务指南

1. 心肺复苏急救操作

通过触电急救的前期判断，触电者心跳及呼吸均已停止，时间就是生命，需要即刻按照心肺复苏急救操作流程（见图 1-3-6）对假人进行心肺复苏。在对假人进行心肺复苏前，需在仿真软件中熟悉操作流程，并完成心肺复苏任务工单 1-3。

心肺复苏急救操作

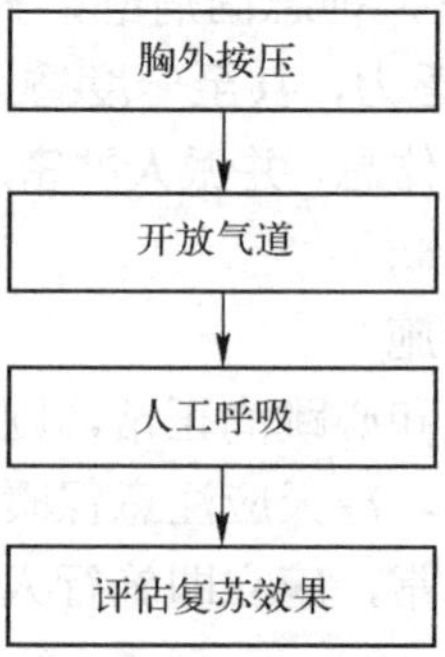

图 1-3-6　心肺复苏急救操作流程图

2．心肺复苏急救操作虚拟仿真训练

计算机端登录：https://press.bjtu.edu.cn/h5trans/241122/20/。

移动端使用手机浏览器扫描左侧二维码进入虚拟仿真训练界面。

心肺复苏急救操作虚拟仿真软件

心肺复苏急救操作操作手册

1.3.7 任务工单

任务 1.3 高压触电急救处理任务工单

扫描查阅电子工单

姓 名		班 级		学 号	
实训日期		评价方式	□自评 □互评 □师评	指导教师	

心肺复苏急救操作

胸外按压	按压胸骨中下	□1/3 □2/3 □1/4 □3/4
	按压手法	□有节奏下压 □冲击式下压 □拳击打
	按压幅度	□3 cm □8 cm □5 cm
	按压频率	□110～130 次/min 80～100 次/min □100～120 次/min
	胸外按压/人工呼吸	□20∶2 □30∶2 □35∶2
开放气道	清理异物位置	□口腔 □鼻腔 □头部 □胸口
	开放气道的方式	□捏鼻捂嘴 □双手展开 □仰头举颏
人工呼吸	送气时间	□1 s □2 s □3 s
	判断口鼻是否有气呼出	□有 □没有
	连续吹气两次，间隔时间不超过	□5 s □6 s □7 s □8 s
复苏效果	搏动判断	□有 □无
	呼吸判断	□有 □无
	其他标志	□散大的瞳孔缩小 □面色变红 □口唇有血色 □皮肤色泽转红
复苏成功	复苏成功后采取措施	□协助触电者取合适卧位，整理用物 □进行进一步生命支持

1.3.8　任务标准

任务 1.3　高压触电急救处理任务标准

扫描查阅任务标准

姓　名		班　级		学　号	
实训日期		评价方式	□自评 □互评 □师评	指导教师	

序号	评价项目	评价内容	作业标准	分　值	评分要求	实际得分
1	职业素养	工作安全 工作规范 工作态度	□1. 规范做好个人及设备安全防护工作 □2. 规范开展场地、设备、工具安全检查（检查隔离栏设置、安全警示牌设置、灭火器压力值检查、举升机检查、动力电池举升车检查等） □3. 规范开展作业前和作业后工位 5S 操作 □4. 作业过程规范、未出现安全隐患或事故 □5. 积极主动、认真仔细完成任务	10	每项扣 2 分，不超过 10 分	
2	专业能力	技术技能	（一）判断意识及呼救 □1. 判断意识(方法：呼叫触电者，轻拍触电者肩部 □2. 无反应，呼“120”或寻求帮助	3	□1. 拍打过重扣 1 分 □2. 未做全扣	
			（二）判断呼吸 □1. 食指和中指指尖触及触电者气管正中部（相当于喉结部位）旁开两指，至胸锁乳突肌前缘凹陷处 □2. 判断时间 T：5 秒＜T＜10 秒，确定有无颈动脉搏动 □3. 在检测大动脉时开始判断呼吸 □4. 无胸廓运动、叹息样呼吸与抽搐均视为无呼吸	5	□1. 未测定或位置不对扣 2 分 □2. 时间不对扣 1 分 □3. 无判断动作扣 1 分 □4. 无口述无呼吸扣 1 分	
			（三）摆放体位 □1. 迅速将触电者仰卧于硬板床或地上 □2. 头颈躯干无扭曲，双手放于躯干两侧	2	□1. 卧位不当扣 1 分 □2. 躯体放姿不对扣 1 分	
			（四）胸外按压 □1. 按压部位：胸骨中下 1/3 处 □2. 按压手法：一手掌跟部放于按压部位，另一手压在此手背上，双手指互扣，仅以掌根部接触按压部，双臂位于触电者胸骨的正上方，双肘关节伸直，利用上身重量垂直的有节奏下压，不能冲击式；按压时间/放松时间为 1∶1 □3. 按压幅度：使胸骨下陷 5 cm，而后迅速放松，反复进行	30	每循环扣分标准： □1. 定位错误每次扣 2 分 □2. 肘关节弯曲每次扣 2 分 □3. 双臂未在胸骨正上方每次扣 2 分 □4. 放松时掌根离开胸壁每次扣 2 分 □5. 按压时四指尖仍贴胸壁每次扣 1 分	

续表

序号	评价项目	评价内容	作业标准	分值	评分要求	实际得分
2	专业能力	技术技能	□4. 按压频率：100-120 次/min □5. 胸外心脏按压/人工呼吸为 30∶2 □6. 确保胸壁每次充分回弹	30	□6. 手掌未重叠每次扣 2 分 □7. 冲击式按压每次扣 2 分 □8. 比率不对每次扣 2 分 □9. 胸壁未回弹每轮扣 1 分 □10. 少或多一循环每次扣 5 分 □11. 按压错误显示每次扣 1 分扣完为止	
			（五）开放气道 □1. 按压一轮之后，将头偏向一侧，清理口腔、鼻腔分泌物 □2. 仰头举颏：以左手置于前额，使头向后倾 □3. 仰头举颏：右手食指、中指置于下颏或下颌角处，抬起下颏使下颌角与耳垂的连线和地面垂直	7	□1. 未清除异物扣 2 分 □2. 手法不妥扣 2 分 □3. 气道未开放扣 3 分	
			（六）人工呼吸 □1. 口对口人工呼吸， 捏紧鼻翼口包绕触电者口部用力呼气，使胸廓抬起 □2. 送气时间为 1 秒 □3. 脱离触电者口部，放松捏鼻孔的拇、食指 □4. 观察触电者胸廓复原，并感到患者口鼻部有气体呼出 □5. 连续吹起两次，间隔时间不超过 5 秒	20	每循环扣分标准： □1. 未捏鼻每次扣 1 分 □2. 吹气后未放鼻每次扣 1 分 □3. 吹气显示错误每次扣 2 分 □4. 间歇时间超过 5 秒扣 1 分	
			（七）复苏效果 □1. 5 轮后判断有无脉搏、呼吸 □2. 其他判断标志：散大的瞳孔缩小；面色、口唇、皮肤色泽转红；血压、尿量监测（计抢救结束时间）	8	□1. 未判断扣 8 分 □2. 位置不对扣 2 分 □3. 时间不足扣 1 分 □4. 第 2 点每缺一项扣 1 分	
			（八）复苏成功 □1. 协助触电者取合适卧位，整理用物 □2. 进行进一步生命支持	2	□1. 每项扣 1 分	
3	分析判断能力	数据的读取、分析、判断	□1. 能判断触电者是否有呼吸 □2. 能判断触电者是否有心跳	4	每项扣 2 分，不超过 4 分	
4	表达能力	有效沟通和描述维修任务	□1. 能与客户有效沟通维修方案 □2. 能与团队有效沟通维修方案	4	每项扣 2 分，不超过 4 分	
5	表单填写能力	电子、纸质工单填写	□1. 字迹清晰 □2. 语句通顺 □3. 无错别字 □4. 无涂改 □5. 无抄袭	5	每项扣 1 分，不超过 5 分	
总分				100		

1.3.9　任务小结

经过本任务的学习，能够了解人体触电的机制、电对人体的伤害，并且能够掌握新能源汽车在检修的过程中若遇到紧急情况下的应急急救措施及心肺复苏方法，确保人员的人身安全，为进一步进行故障检修打下坚实的基础。

1.3.10　知识链接

知识链接　　屏护　　电气间隙

1.3.11　拓展创新

题目引导	新能源汽车动力电池的电压为 200～750 V，目前的发展趋势是 800 V 平台（550～930 V）。如果在动力电池破损、绝缘失效等情况下进行故障诊断或维修都是很危险的，请你根据所学知识设计出一种防止触电事故发生的装置或工具。

项目 2　高压预检及断电作业

项目来源

本项目的内容是新能源汽车动力电池与充电系统检修工作中的前置作业。在对新能源汽车动力电池或充电系统进行故障诊断前，首先要对高压部件和动力电池的静置状态进行预检，排除高压连接器相关的故障，然后再进行高压断电，以保障检修时整车不存在高压风险。维修技师要辨认核心高压部件的状态，并且要具备高压断电作业的能力，以防止带电作业。

本项目依据新能源汽车维修动力电池与充电系统维修工作中高压预检及断电作业规范，使用相关实际工作任务为载体，将高压部件零件预检、动力电池状态预检及高压系统断电作业等相关知识和技能转化为教学任务。

知识图谱

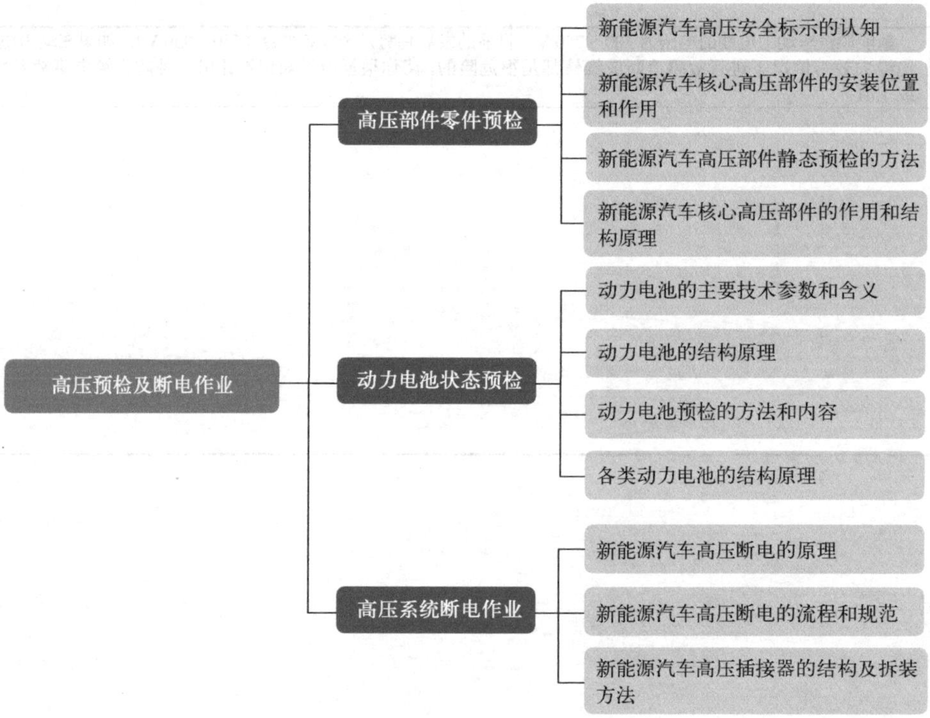

技能图谱

任务 2.1　高压部件零件预检

2.1.1　工作任务

比亚迪秦 EV 车主将车开进汽车 4S 店，服务顾问了解到车主是第一次使用新能源汽车，在使用过程中发现新能源汽车与传统燃油汽车在组成结构上有很大区别，为了使用安全，特意将爱车开来让专业人员对各部件进行一个简单的介绍，了解新能源汽车的结构及各部件的功能。

2.1.2 岗课赛证（见表 2-1-1）

表 2-1-1 任务 2.1 岗课赛证融通

序号	融通类型	名称	具体内容
1	岗位融通	动力电池维修岗位	高压部件的识别
2	证书融通	电池及电池系统维修保养师三级/高级工	安全状态确认
3	大赛融通	全国职业院校技能大赛汽车故障检修赛项	掌握电动汽车的结构、原理与运用

2.1.3 任务目标

1．素质目标

（1）能完成高压部件零件预检前后的工位 5S，具有良好的职业素养和职业习惯。

（2）高压部件零件预检严格执行 AB 岗核查确认，具有安全意识。

（3）勇于挑战高压部件零件预检课后创新任务，具有知识迁移能力和创新意识。

（4）高压部件零件预检过程中遵守评分标准，严谨细致，精益求精，具有工匠精神。

（5）高压部件零件预检任务过程中执行分组实操，分工协作，具有团队精神。

2．知识目标

（1）熟练掌握新能源汽车高压部件零部件的安装位置和静态预检方法。

（2）熟练掌握新能源汽车核心高压部件的作用和结构原理。

（3）熟悉新能源汽车高压系统的结构原理。

3．能力目标

（1）能够辨认和找到新能源汽车主要高压部件。

（2）能够对新能源汽车主要高压部件进行预检。

（3）能够说出新能源汽车常见高压部件的作用和原理。

2.1.4 大国工匠

大国工匠人物事迹——胡双钱

2.1.5 必备知识

1．高压安全警示标识认知

高压安全标识认知

1）高压部件的安全警示标识

为了使用安全，新能源汽车的高压部件上标有国际标准危险电压警告标识：黄色（警告）或红色（禁止）底色的高压触电警告图标。有的上面会有详尽的提示，让汽车或作业人员等可以通过安全警示牌或相关提示来提高警惕性，避免事故的发生。图 2-1-1 为贴有警告标识的高压部件。

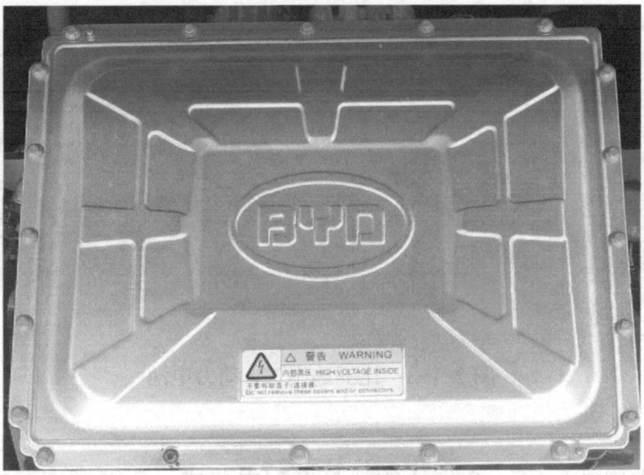

图 2-1-1　高压部件安全警告标识

2）高压线束的安全警示标识

由于高压线束可能较长，因此如果在一两处粘贴安全警告标识，难以起到警示作业人员的作用，如图 2-1-2 所示。所有高压线束、高压部件的插接器均应采用橙色警告色标记出。

高压线束认知

图 2-1-2　高压线束安全警告标识

2. 高压部件认知

1）动力电池

除了车架外，动力电池是新能源汽车最大的部件，其长宽接近车辆车厢底部面积，重量一般超过 200 kg。动力电池的内部结构如图 2-1-3（左）所示，因为动力电池较重且体积较大，为了提高行驶时的稳定性能，动力电池一般安装在车辆的底部，如图 2-1-3（右）所示。

认知 E5 高压电控系统

图 2-1-3 比亚迪秦 EV 动力电池

2）充配电总成

高压电离开动力电池后第一个到达的就是充配电总成，新能源汽车的充配电总成类似于大楼的电源配电箱和输入到各个房间的“空气开关”。

DC/DC（direct current/direct current，直流/直流）模块是将高压直流电转换为低压直流电的变压装置，它的作用是将动力电池的高压直流电转换为整车低压为 12 V 的直流电，给整车低压用电系统供电及给低压辅助蓄电池充电。

车载充电机能将 220 V 交流电转换为动力电池的高压直流电，给动力电池充电。随着集成化趋势的发展，近年来生产的新能源汽车基本上都将这两个功能集成在高压配电箱内。图 2-1-4 的比亚迪秦 EV 的高压充配电总成内就集成了这两个功能。

图 2-1-4 比亚迪秦 EV 的高压充配电总成

3）驱动电机系统

在驱动电机系统中，驱动电机的输出动作主要是靠控制单元给定命令，即控制器输出命令执行的。电机控制器的主要作用是将输入的直流电逆变成电压、频率可调的三相交流电，供给配套的三相交流永磁同步电机使用，如图 2-1-5 所示。

电机控制器是驱动电机系统的控制中心（见图 2-1-6），又称智能功率模块，以 IGBT（insulate-gate bipolar transistor，绝缘栅双极型晶体管）模块为核心，辅以驱动集成电路、主控集成电路。电机控制器不仅将直流电转换成交流电驱动电机工作，同时监控电机的工作状态并通过总线系统发送给整车控制器。

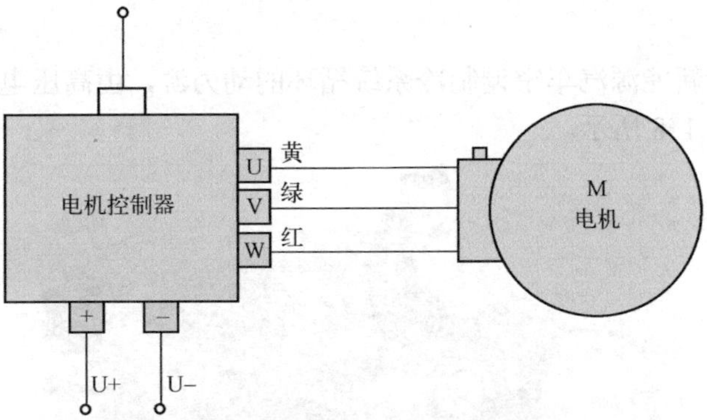

图 2-1-5　电机控制器和电机的连接关系

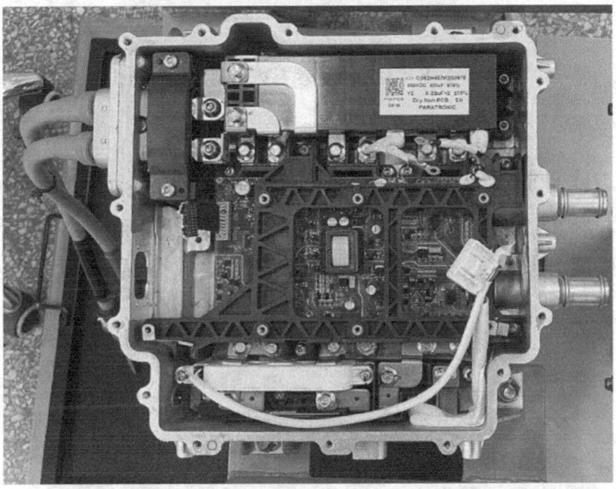

图 2-1-6　比亚迪秦 EV 的电机控制器

目前，永磁同步电机为新能源汽车驱动电机的主要形式，其主要特点是转子为永磁体，定子为线圈绕组。它是动力系统的重要执行机构，也是电能与机械能转化的部件，且自身的运行状态等信息可以被采集到驱动电机控制器。

图 2-1-7 为比亚迪秦 EV 的驱动电机结构。比亚迪车系的新能源汽车均采用永磁同步电机。

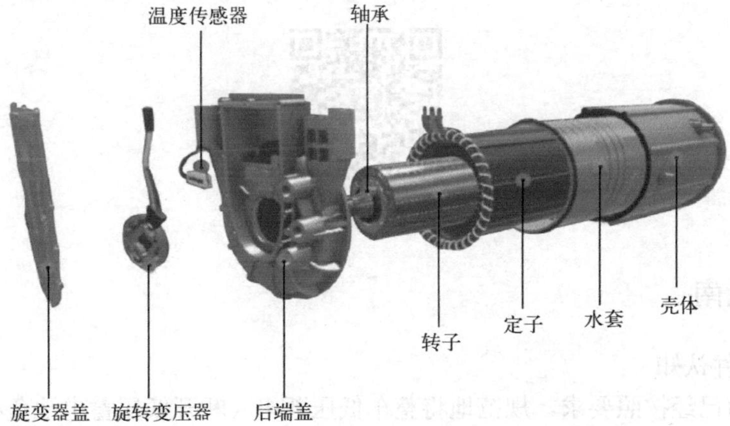

图 2-1-7　比亚迪秦 EV 的驱动电机结构

4）电动压缩机

电动压缩机作为新能源汽车空调制冷系统循环的动力源，由高压电进行驱动，安装在车辆前机舱内，如图 2-1-8 所示。

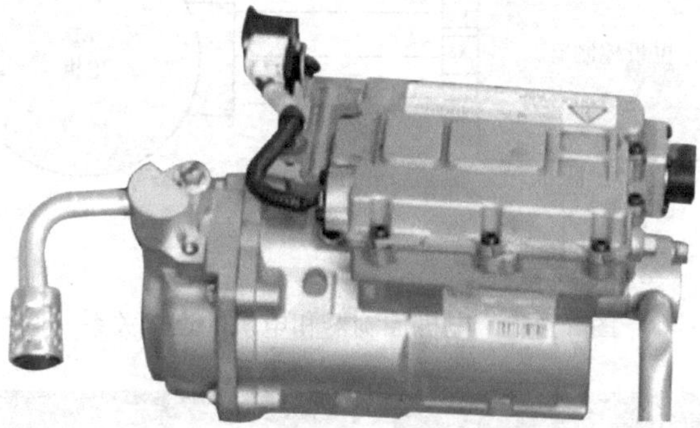

图 2-1-8　比亚迪秦 EV 的电动压缩机

5）PTC 加热器

如图 2-1-9 所示，比亚迪秦 EV 采用水加热式 PTC（positive temperature coefficient，正温度系数）加热器作为新能源汽车暖风系统的热源，PTC 加热器对内部的冷却液进行加热，加热后的冷却液进入暖风箱体，自然风通过暖风箱体加热变成热风，再被鼓风机吹入驾驶室。

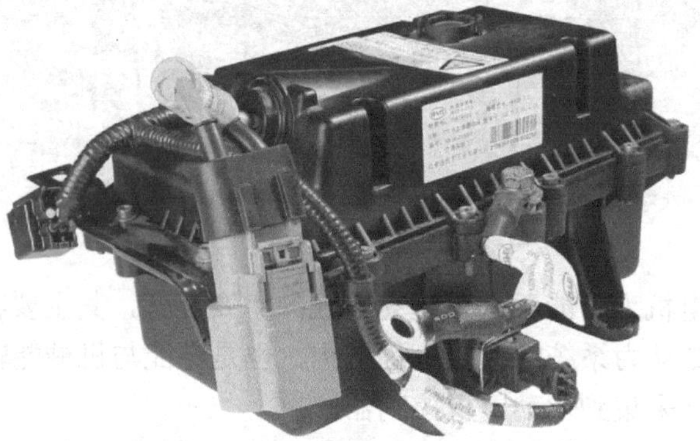

图 2-1-9　比亚迪秦 EV 的 PTC 加热器

必备知识测试

2.1.6　任务指南

1. 高压部件认知

老师在课前已经按照要求，规范地将整车低压断电（断开低压蓄电池负极）及高压断电（断开动力电池输出接头），并测量绝缘电阻值确保其在标准的范围内，可以安全地进行作业。

根据规范要求，学生分组模拟带客户对实训车辆进行实物辨识并进行讲解，在实际作业前可以通过仿真软件对高压部件结构进行多种角度的认知，作业流程如图 2-1-10 所示，同时填写新能源汽车高压部件零件预检任务工单 2-1。

高压部件认知

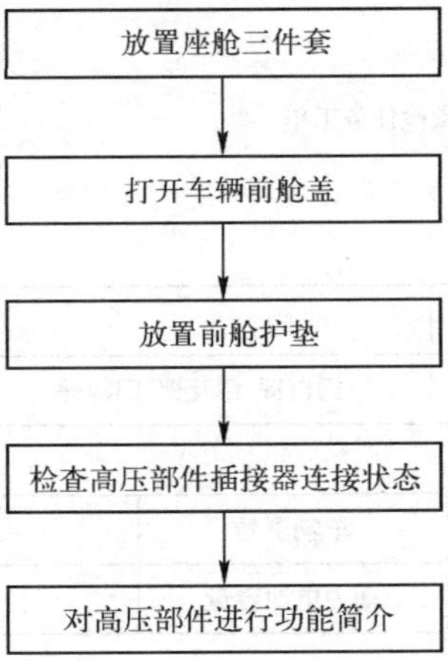

图 2-1-10　作业流程图

2．新能源汽车高压部件认知虚拟仿真训练

计算机端登录：https://press.bjtu.edu.cn/h5trans/241122/21/。

移动端使用手机浏览器扫描左侧二维码进入虚拟仿真训练界面。

新能源汽车高压部件认知虚拟仿真软件

新能源汽车高压部件认知操作手册

2.1.7 任务工单

任务 2.1 高压部件零件预检任务工单	扫描查阅电子工单

姓　名		班　级		学　号	
实训日期		评价方式	□自评 □互评 □师评	指导教师	

（一）车辆/台架信息记录

车辆品牌		车辆型号		生产日期	
动力电池型号		动力电池容量		行驶里程	
车辆识别码					

（二）高压部件插接器状态预检

元件名称	插接器外观情况判定	所处位置	高压线束连接关系简图
DC/DC 变换器	□正常 □异常		
动力电池	□正常 □异常		
驱动电机和控制器	□正常 □异常		
高压控制盒	□正常 □异常		
电动压缩机	□正常 □异常		

（三）高压部件功能识别

功能	高压部件判定
将动力电池的高压直流电转换为整车低压 12 V 直流电	□动力电池 □DC/DC 变换器 □驱动电机和控制器 □PTC 加热器
为高压用电设备提供电源	□动力电池 □DC/DC 变换器 □驱动电机和控制器 □PTC 加热器
将电能转化为机械能来驱动车辆	□动力电池 □DC/DC 变换器 □驱动电机和控制器 □PTC 加热器

续表

功能	高压部件判定
将动力电池的高压电分配给其他用电设备	□动力电池 □高压配电箱 □驱动电机和控制器 □PTC 加热器
新能源汽车空调系统循环的动力源	□电动压缩机 □高压配电箱 □驱动电机和控制器 □PTC 加热器
新能源汽车暖风系统的热源	□电动压缩机 □高压配电箱 □驱动电机和控制器 □PTC 加热器

2.1.8 任务标准

任务 2.1 高压部件零件预检任务标准

扫描查阅任务标准

姓　名		班　级		学　号	
实训日期		评价方式	□自评 □互评 □师评	指导教师	

序号	评价项目	评价内容	作业标准	分值	评分要求	实际得分
1	职业素养	工作安全 工作规范 工作态度	□1. 规范做好工作前的准备工作 □2. 规范开展场地、设备、工具安全检查（检查隔离栏设置、安全警示牌设置、灭火器压力值检查、举升机检查、动力电池举升车检查等） □3. 规范开展作业前和作业后工位 5S 操作 □4. 作业过程规范，未出现安全隐患或事故 □5. 积极主动、认真仔细地完成任务	20	每项扣 4 分，不超过 20 分	
2	专业能力	技术技能	实训子任务 1：高压部件识别 □1. 能正确调整仿真结构 □2. 能正确识别高压部件 □3. 能正确讲述部件位置及连接关系 实训子任务 2：高压部件功能识别 □1. 能正确放置三件套 □2. 能正确放置前格栅及翼子板防护垫 □3. 能正确讲述高压部件的功能	60	每项扣 4 分，不超过 60 分（其中子任务 1 的第 3 点和子任务 2 的第 3 点每辨识错 1 个扣 4 分）	
3	表达能力	有效沟通和描述维修任务	□1. 能与客户有效沟通维修方案 □2. 能与团队有效沟通维修方案	10	每项扣 5 分，不超过 10 分	
4	表单填写能力	电子、纸质工单填写	□1. 字迹清晰 □2. 语句通顺 □3. 无错别字 □4. 无涂改 □5. 无抄袭	10	每项扣 2 分，不超过 10 分	
总分				100		

2.1.9　任务小结

经过本任务的学习，能够掌握纯电动新能源汽车机舱里高压部件上（旁）的高压安全警示标识的含义及高压部件的识别，为进一步进行故障检修打下坚实的基础，为更好地服务车主解决问题进行能力储备。

2.1.10　知识链接

知识链接　　IGBT 基本原理

2.1.11　拓展创新

题目引导	新能源汽车高压系统中存在多个高压部件，为了能让非专业人员更快、更好地理解高压系统中各高压部件的工作原理及结构，你有什么解决办法？

任务 2.2　动力电池状态预检

2.2.1　工作任务

比亚迪秦 EV 车主将车开进汽车 4S 店，服务顾问了解到车主是第一次使用新能源汽车，在使用过程中发现新能源汽车的动力电池特别重要，特意将爱车开来让专业人员对动力电池的结构进行一个简单的介绍，了解新能源汽车动力电池的功能。

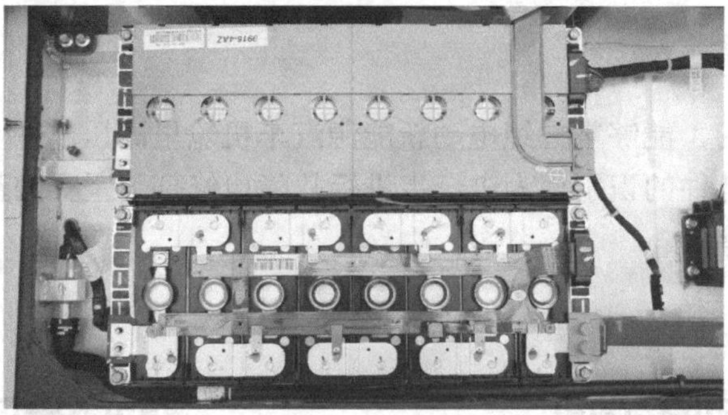

2.2.2 岗课赛证（见表 2-2-1）

表 2-2-1 任务 2.2 岗课赛证融通

序号	融通类型	名称	具体内容
1	岗位融通	动力电池维修岗位	动力电池内部部件的识别
2	证书融通	电池及电池系统维修保养师三级/高级工	1. 安全状态确认 2. 系统组件检测（A）
3	大赛融通	全国职业院校技能大赛汽车故障检修赛项	熟悉动力电池的结构与原理

2.2.3 任务目标

1. 素质目标

（1）能够完成动力电池状态预检前后的工位 5S，具有良好的职业素养和职业习惯。

（2）动力电池状态预检严格执行 AB 岗核查确认，具有安全意识。

（3）勇于挑战动力电池状态预检课后创新任务，具有知识迁移能力和创新意识。

（4）动力电池状态预检过程遵守评分标准，严谨细致，精益求精，具有工匠精神。

（5）动力电池状态预检任务过程中执行分组实操，分工协作，具有团队精神。

2. 知识目标

（1）熟练掌握动力电池的主要技术参数和含义。

（2）熟练掌握动力电池的结构原理。

（3）熟练掌握动力电池预检的方法和内容。

3. 能力目标

（1）能够对动力电池的装车状态进行预检。

（2）能够根据预检结果分析和判断动力电池的基本状态。

（3）能够辨认动力电池内部主要组成部件并描述其作用。

2.2.4 大国工匠

大国工匠人物事迹——王怀奇

2.2.5　必备知识

动力电池结构

1．比亚迪秦 EV 动力电池的技术参数

动力电池总电压：3.65（V）×112（节）=408.8（V）。

电池模组数量：10 个。

动力电池接口：电池模组 1——电池组正极，电池模组 10——电池组负极。

电池类型：三元锂电池。

完全充放电次数：2 000 次。

动力电池容量：408.8 V 130 A·h（53.1 kW·h）。

工作温度：-20℃～60℃。

2．动力电池的结构简介

比亚迪秦 EV 动力电池主要由铜排、采集器、配电盒、通信转换模块、电池模组、冷却管道、上盖和电池托盘组成，如图 2-2-1 所示。

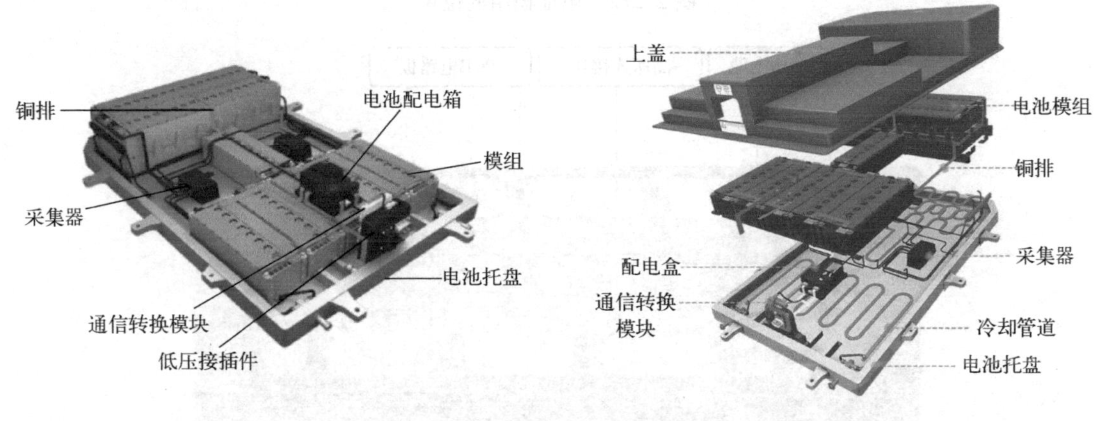

图 2-2-1　动力电池的结构

（1）铜排

铜排作为电池模组之间高压电流流通的介质，一般是由铜材质制作的，截面为矩形或倒角（圆角）矩形的长导体，由铝质材料制作的称为铝排，在电路中起输送电流和连接电气设备的作用。

（2）电池托盘

电池托盘是动力电池的骨架，可为电池组起到抗冲击、抗震动及保护作用，其重量占动力电池的 20%～30%，它需要高精度、耐腐蚀、耐高温、抗冲击等性能。

（3）电池模组

动力电池内部共有 10 个电池模组，如图 2-2-2 所示。电池模组间通过铜排进行串联，前部和中间的电池模组内部又由 8 个单体组成，后部电池模组内由 16 个单体组成。共 112 节单体电池，每节 3.65 V，所以电池组标称电压是 408.8 V。

电池模组主要由单体电池、高压连接片、PCB 电路板组成，如图 2-2-3 所示。单体电池采用串联的方式组合在一起，通过高压连接片传递电流，PCB 电路板可以监测每个单体电池的温度、电压等数据，并把数据传给控制器执行相关操作。

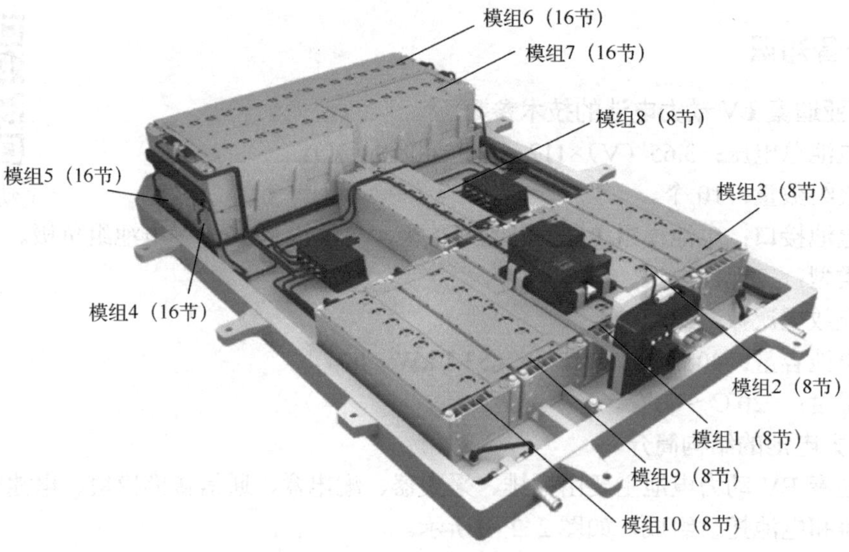

图 2-2-2 电池模组的位置

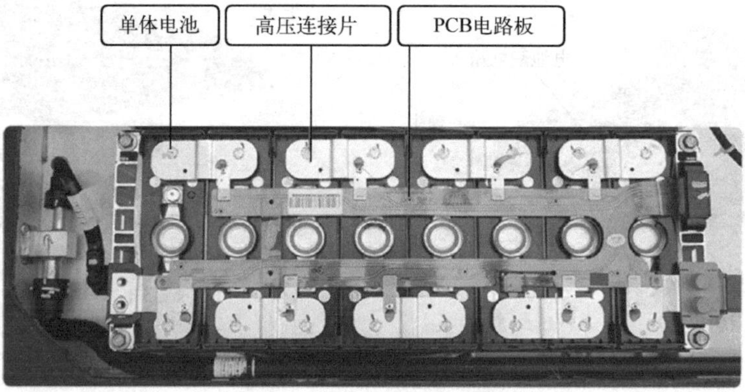

图 2-2-3 电池模组的结构

比亚迪秦 EV 单体电池采用三元锂电池，其结构主要由正极耳、负极耳、隔膜（电解质）、正极、负极和外壳等组成，如图 2-2-4 所示。

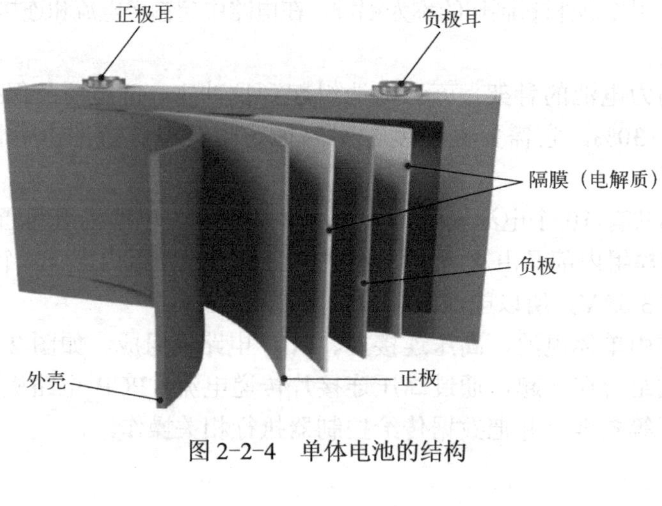

图 2-2-4 单体电池的结构

（4）通信转换模块

通信转换模块的作用是将内部采样芯片之间的菊花链通信架构协议转换为 CAN（controller area network，控制器局域网）通信，因为比亚迪的电池管理器在动力电池箱体外部，内外部之间需要通过 CAN 通信。这个模块的作用就是协议转换，其安装位置如图 2-2-5 所示。

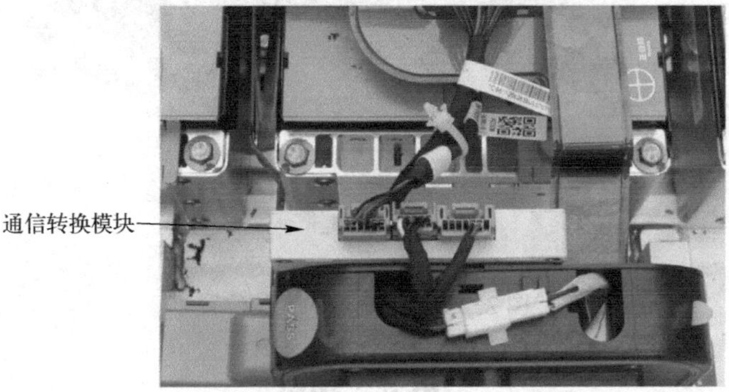

图 2-2-5　通信转换模块的安装位置

（5）电池配电箱

电池配电箱内部主要包含霍尔传感器、预充接触器、预充电阻、保险丝、正极接触器和负极接触器，如图 2-2-6 所示。电池管理器通过控制接触器吸合断开来控制电池组高压电的通断。

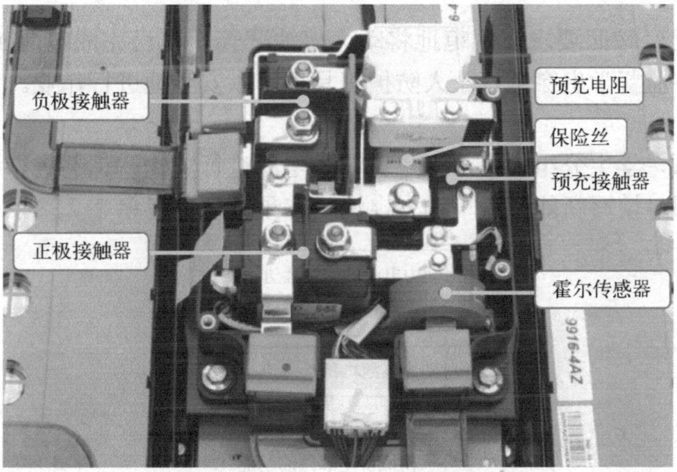

图 2-2-6　电池配电箱的组成

（6）采集器

比亚迪秦 EV 的动力电池有 4 个采集器，分别位于电池组两侧，如图 2-2-7 所示。信号采集器的主要功用是采集电池的温度、电压信号，并将这些信号提供给电池管理器。电池管理器根据这些信号判断电池冷却、加热和均衡管理等。

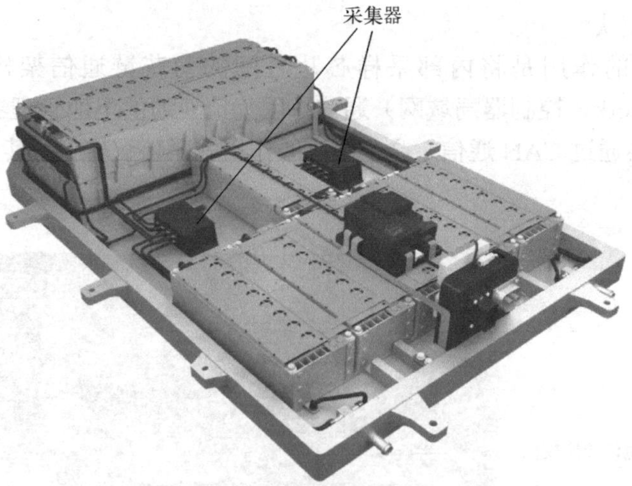

图 2-2-7　采集器的安装位置

必备知识测试

2.2.6　任务指南

动力电池结构认知

老师在课前已经按照要求，规范地将动力电池开箱，且已完成电池断电、验电工作，并监督学生穿戴好个人防护工具，可以安全地进行作业。

根据规范要求，学生分组模拟带客户对动力电池进行实物辨识并进行讲解，作业流程如图 2-2-8 所示，同时填写新能源汽车动力电池状态预检任务工单 2-2。

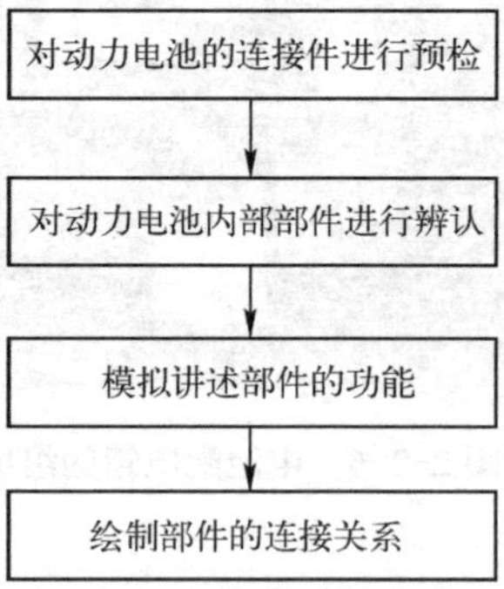

图 2-2-8　作业流程图

2.2.7　任务工单

任务 2.2　动力电池状态预检任务工单

扫描查阅电子工单

姓　名		班　级		学　号	
实训日期		评价方式	□自评 □互评 □师评	指导教师	

（一）车辆/台架信息记录

车辆品牌		车辆型号		生产日期	
动力电池型号		动力电池容量		行驶里程	
车辆识别码					

（二）动力电池的状态预检

部件名称	外观情况判定	所处位置
直流母线插接器	□正常 □异常	
低压插接器	□正常 □异常	
冷却液进水管	□正常 □异常	
冷却液出水管	□正常 □异常	

（三）动力电池的部件识别

功能	动力电池部件判定	部件线束连接关系简图（高压、低压）
在电路中输送电流和连接电气设备	□通信转换模块 □电池模组 □铜排 □采集器	
抗冲击、抗震动及保护电池组	□电池托盘 □电池模组 □铜排 □采集器	
采用串联的方式组合在一起，通过高压连接片传递电流	□通信转换模块 □电池模组 □电池托盘 □铜排	
动力电池内部与外部的通信协议转换	□采集器 □电池模组 □电池配电箱 □通信转换模块	
电流检测、预充保护、熔断保护	□电池配电箱 □电池模组 □电池托盘 □通信转换模块	
采集电池的温度、电压信号	□电池托盘 □电池模组 □通信转换模块 □采集器	

2.2.8 任务标准

任务 2.2 动力电池状态预检任务标准

扫描查阅任务标准

姓 名		班 级		学 号	
实训日期		评价方式	□自评 □互评 □师评	指导教师	

序号	评价项目	评价内容	作业标准	分值	评分要求	实际得分
1	职业素养	工作安全 工作规范 工作态度	□1. 规范做好工作前的准备工作 □2. 规范开展场地、设备、工具安全检查（检查隔离栏设置、安全警示牌设置、灭火器压力值检查、举升机检查、动力电池举升车检查等） □3. 规范开展作业前和作业后工位 5S 操作 □4. 作业过程规范，未出现安全隐患或事故 □5. 积极主动、认真仔细完成任务	20	每项扣 4 分，不超过 20 分	
2	专业能力	技术技能	（一）动力电池的状态预检 □1. 能正确检查直流母线插接器 □2. 能正确检查低压插接器 □3. 能正确检查冷却液水管 （二）动力电池结构认知 □1. 能正确识别组成部件 □2. 能正确讲述动力电池部件的功能 □3. 能正确绘制动力电池部件的连接关系简图	60	每项扣 10 分，不超过 60 分	
3	表达能力	有效沟通和描述维修任务	□1. 能与客户有效沟通维修方案 □2. 能与团队有效沟通维修方案	10	每项扣 5 分，不超过 10 分	
4	表单填写能力	电子、纸质工单填写	□1. 字迹清晰 □2. 语句通顺 □3. 无错别字 □4. 无涂改 □5. 无抄袭	10	每项扣 2 分，不超过 10 分	
总分				100		

2.2.9　任务小结

经过本任务的学习，能够掌握纯电动新能源汽车动力电池内部部件的识别，了解其相应的作用，为进一步进行故障检修打下坚实的基础，为更好地服务车主解决问题进行能力储备。

2.2.10　知识链接

知识链接　　燃料电池工作原理　　固态电池

2.2.11　拓展创新

题目引导	目前新能源汽车动力电池的主流方案是磷酸铁锂和三元锂电池，但二者在续航里程、安全性、经济性上或多或少都有所局限，而新能源汽车的性能往往受限于动力电池，请你概念性地提出一种较为全面的动力电池方案，使其能够突破目前动力电池所面临的限制。

任务 2.3　高压系统断电作业

2.3.1　工作任务

王先生拥有一台新能源汽车，在洗车等日常维护时由于担心其他人员触电，因此想学会新能源汽车高压系统断电的方法，你能教会王先生怎么断掉汽车高压电吗？

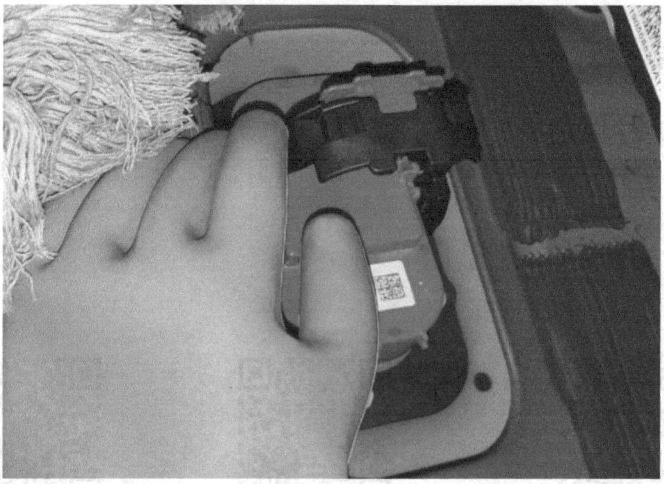

2.3.2 岗课赛证（见表 2-3-1）

表 2-3-1 任务 2.3 岗课赛证融通

序 号	融 通 类 型	名 称	具 体 内 容
1	岗位融通	动力电池维修岗位	高压系统断电、验电
2	证书融通	电池及电池系统维修保养师三级/高级工	1．作业环境确认 2．安全状态确认 3．功能检测 4．系统组件检测（A）
3	大赛融通	全国职业院校技能大赛汽车故障检修赛项	能做好车辆维修前的安全准备事项

2.3.3 任务目标

1．素质目标

（1）能完成高压系统断电作业检前后的工位 5S，具有良好的职业素养和职业习惯。

（2）高压系统断电作业严格执行 AB 岗核查确认，具有安全意识。

（3）勇于挑战高压系统断电作业课后创新任务，具有知识迁移能力和创新意识。

（4）高压系统断电作业过程遵守评分标准，严谨细致，精益求精，具有工匠精神。

（5）高压系统断电作业的任务过程中执行分组实操，分工协作，具有团队精神。

2．知识目标

（1）熟练掌握新能源汽车高压断电的流程和规范。

（2）熟练掌握新能源汽车高压断电的原理和方法。

（3）熟练掌握新能源汽车高压插接器的结构及拆装方法。

3．能力目标

（1）能够按照企业标准流程完成高压断电操作。

（2）能够对断电后的高压系统进行验电和放电。

（3）能够分析和判断高压系统是否断电。

2.3.4　大国工匠

大国工匠人物事迹——张冬伟

2.3.5　必备知识

1. 高压断电原理

高压系统断电

1）维修开关

新能源汽车的维修开关（见图 2-3-1）也称为手动维修开关（manual service disconnect，MSD），是一种为了保护在高压环境下维修新能源汽车的技术人员安全或应对某些突发的事件，可以快速分离高压电路的连接，使维修等工作处于一种较为安全的状态的应急救援必备的断开装置。

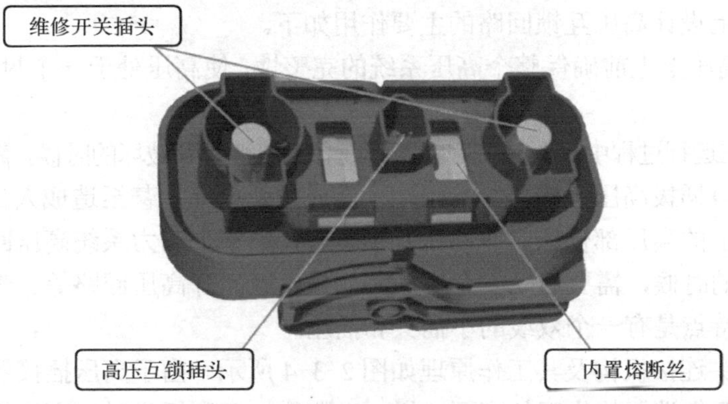

图 2-3-1　维修开关

维修开关与新能源汽车的钥匙不同，它直接关断的是动力电池输出的高压线束。新能源汽车动力电池的电压最高有 700 V，断开维修开关，同时也意味着在维修开关端口仍存在电压，如图 2-3-2 所示。

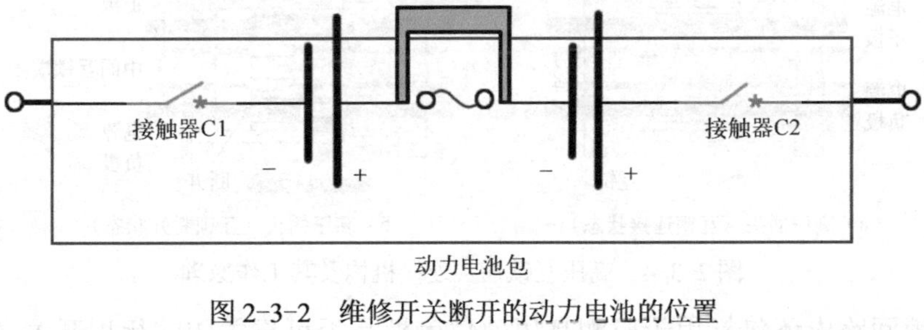

图 2-3-2　维修开关断开的动力电池的位置

图 2-3-2 显示的是从动力电池中间断开的设计。当维修开关断开后，动力电池在维修开关插座上的失效电压为总电压的一半，但由于其最小值也达到了 60 V，高于安全电压，为了

避免人员触碰到该危险电压，MSD 基座必须采用防触指设计，如图 2-3-3 所示。

防触指设计的维修开关的最大特点是基座上带电的端口是看不见的，而且确保了手指无法接触到带电端口。

图 2-3-3　防触指设计的维修开关

2）高压互锁

高压互锁（high voltage interlock loop，HVIL），也叫危险电压互锁回路，是指通过使用低压信号来检查新能源汽车上所有与高压母线相连的各分路，包括整个动力电池、导线、插接器、DC/DC、电机控制器、高压盒及保护盖等系统回路的电气连接完整性（连续性），当识别到回路异常断开时，及时断开高压电。

新能源汽车上设计高压互锁回路的主要作用如下。

（1）整车在高压上电前确保整个高压系统的完整性，使高压处于一个封闭的环境下工作，提高安全性。

（2）当整车在运行过程中高压系统回路断开或者完整性受到破坏的时候，需要启动安全防护。

（3）防止带电插拔高压插接器给高压端子造成拉弧损坏，甚至造成人身伤害。

新能源汽车上的高压部件应具有高压互锁装置，当整个动力系统高压回路连接断开或者完整性受到破坏的时候，需要启动安全措施，如报警或断开高压回路等。带有高压互锁功能的高压插接器的特点是有一个双线的小插头和插座。

高压互锁插头连接机构及其工作原理如图 2-3-4 所示。由于高压插接器中高压电源的正负极端子和中间互锁端子的物理长度不一样，当要连接高压插头时，高压插头的电源正负极端子先于中间互锁端子连接好；当要断开高压插头时，高压插头的中间互锁端子先于高压插头中的电源正负极端子脱开。这样的设计也避免了拉弧的产生。

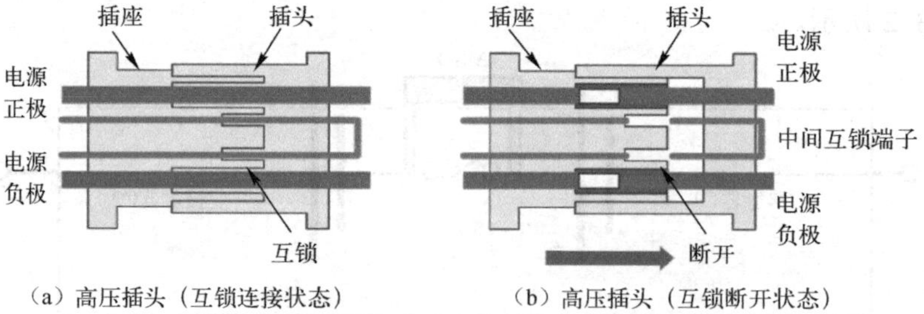

（a）高压插头（互锁连接状态）　（b）高压插头（互锁断开状态）

图 2-3-4　高压互锁插头连接机构及其工作原理

高压互锁回路内还包括用于监测高压部件盖板是否可靠关闭的行程开关（开盖保护开关）。信号线将所有高压器件上的监测点全部串联起来，组成一条监测信号回路，即互锁信号回路。如果高压回路内某一个部位没有连接好，当互锁信号被送入整车控制器内时，整车控制器就会断开动力电池对外供电。

2. 高压断电流程

进行新能源车辆高压安全操作，对储能装置的高压电进行断电是必须要做的第一步。断电遵循“先断低压再断高压”的原则进行。

1）关闭启动开关

新能源汽车的“启动开关”有带钥匙和按键启动两种，位于方向盘转向柱旁，高压断电须先关闭“启动开关”，并将钥匙移开智能钥匙系统探测范围。关闭启动开关，使控制单元进入休眠状态，实际上也同时断开了电源输出的接触器。简单地说就是车辆已经断开高压电。常见新能源汽车启动开关如图 2-3-5 所示。

图 2-3-5　启动开关

2）断开 12 V 蓄电池和直流母线插接器

拧松 12 V 蓄电池上的负极接头螺栓，脱开负极需在接线柱上做绝缘处理，一般缠绕绝缘胶带或使用专用的绝缘套，目的是防止接线柱或接头接触到其他电气设备，避免车辆突然上电或短路，如图 2-3-6 所示。

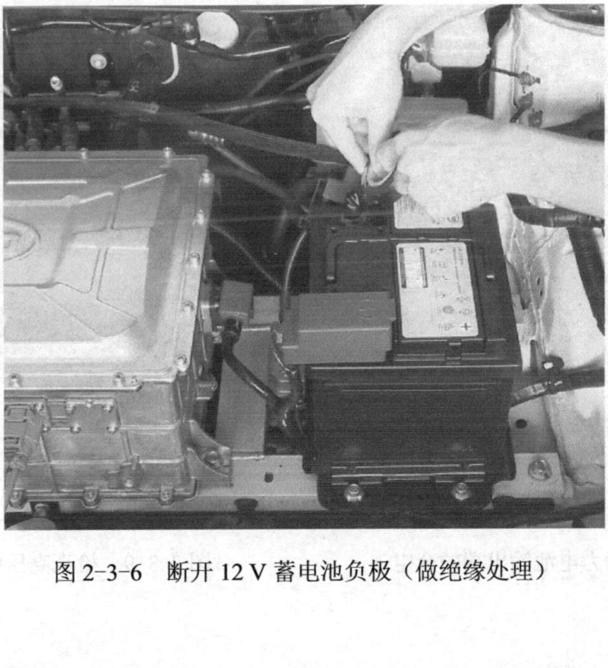

图 2-3-6　断开 12 V 蓄电池负极（做绝缘处理）

比亚迪秦 EV 没有装配手动维修开关。其高压系统带有高压互锁功能，如果断开某一高压系统的插接器，如图 2-3-7 所示，高压系统就会自动断电。为安全起见，应断开动力电池至充配电总成的直流母线，从而起到高压系统断电的目的。

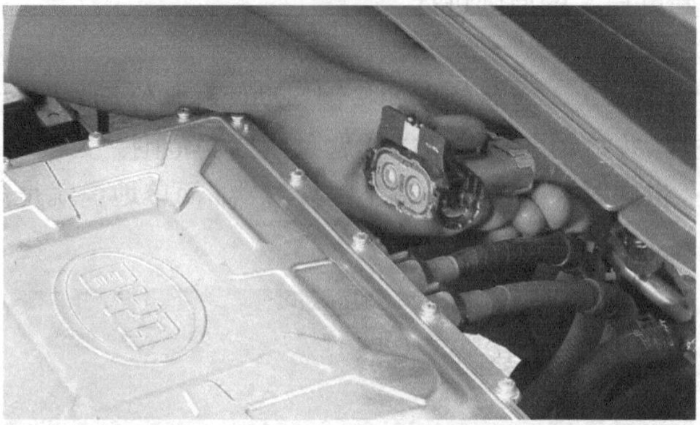

图 2-3-7　断开直流母线插接器

3）检查高压系统余电

在检查高压系统余电时必须穿戴绝缘手套，避免残余电量造成高压触电。在断开直流母线（或维修开关）5 min 之后，使用万用表（调整到直流 1 000 V 电压挡）测量整车高压回路，确保无残余高压电。

检查高压系统有无余电包含对两部分电气设备的测量。一个是测量动力电池正负极输出端（见图 2-3-8）的余电，正常值为 0 V，此部分测量是确认动力电池内的接触器已经脱开。

另一个是测量高压电气设备的余电，如高压配电盒、DC/DC 模块和电机控制器等。因为此部分的电气设备内部都有电容储能元器件，需要确保电容放电后才能进行维修作业，避免二次伤害。图 2-3-9 为比亚迪秦 EV 测量充配电总成的余电。

图 2-3-8　检查动力电池输出端的余电

图 2-3-9　检查高压电气设备的余电

3. 高压插接器的拔插方法

高压插接器要达到线束本身的基本性能，重点是要保证连接线的机械强度、无接触电阻、防水和具有连接处的屏蔽作用，为了检查维修等的需要，还需要方便拆装。高压插接器按照其材料的不同可分为金属和塑料插接器，如图 2-3-10 所示。

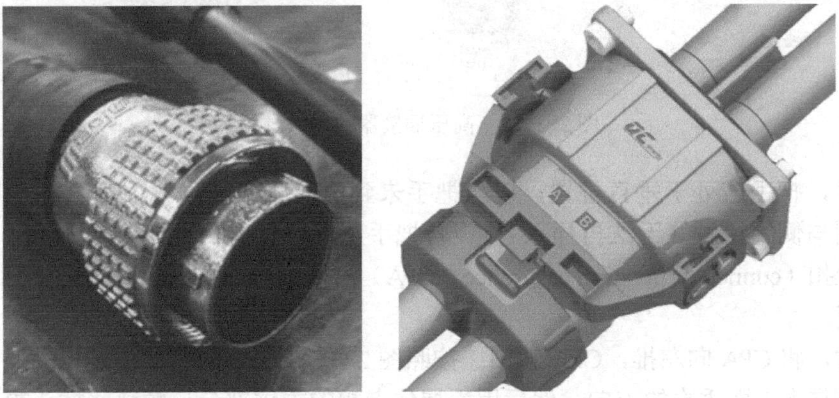

（a）金属插接器　（b）塑料插接器

图 2-3-10　高压插接器的种类

高压电缆接插器解锁操作

金属插接器的外壳由铝合金或锌合金制成，插接器的绝缘层由热塑性阻燃工程塑料制成，关键的接触件由铜合金镀银构成，为了防水设计的密封由高强度的橡胶和弹性体构成。

塑料插接器的外壳由热塑性工程塑料制成，屏蔽的材料为铜合金箔材内附在外壳内，接触件和防水设计与金属插接器是一样的，如图 2-3-11 所示。

图 2-3-11　高压插接器的结构

高压插接器一般包括卡扣、锁止扣和插头三种结构，使用的时候须保证不要插错。另外，如果不解除锁止扣，高压插接器是无法拔出的，当插接器连接到位时都会听到卡扣锁止的声音。需要提醒的是，对于高压插接器，千万不要蛮力拔插，否则往往会起到适得其反的作用。一个典型的高压插接器的插入过程如图 2-3-12 所示。

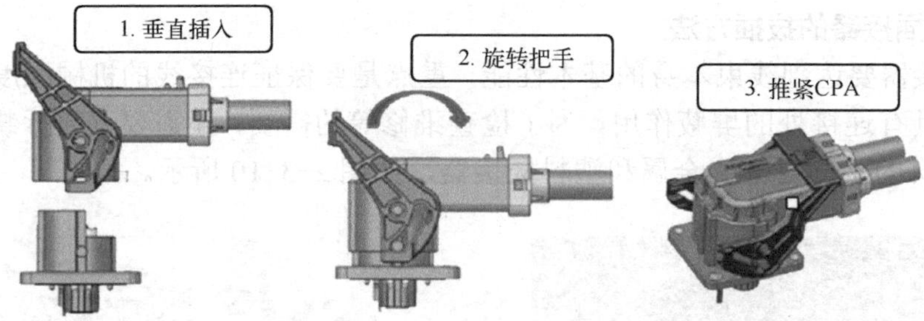

图 2-3-12　高压插接器的插入过程

插入时，把手应处于垂直位置，以防把手未到位造成产品损坏；垂直插入后，当把手入口处内圆与侧柱接触（无法再插入），旋转把手至水平位置，此时会有一声“咯哒”响；将红色锁止扣（connector position assurance，CPA）沿箭头向右推入，并与把手贴合，完成插头插入过程。

拔出时，将 CPA 向左推，CPA 解锁；按照图 2-3-13 所示的箭头位置推动并旋转把手，将把手推至与水平面垂直的方向，然后用手握住卡扣的主体部分，顺势将插头提起。

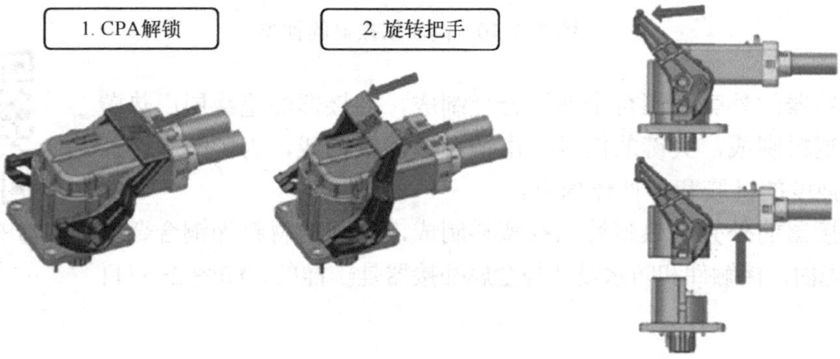

图 2-3-13　高压插接器的拔出过程

必备知识测试

2.3.6　任务指南

1．高压系统断电操作

1）高压断电

根据规范要求完成比亚迪秦 EV 高压系统的断电作业，在实际作业前可以通过仿真软件熟悉操作流程（如图 2-3-14 所示），并填写高压系统断电作业任务工单 2-3。

高压系统断电操作

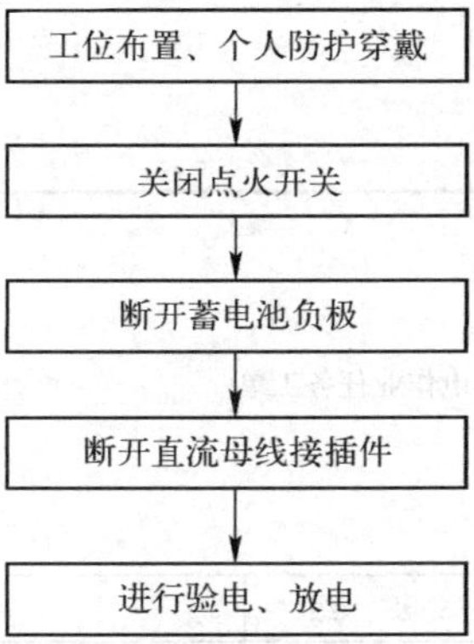

图 2-3-14　高压断电操作流程

2）高压验电

高压验电、放电操作流程如图 2-3-15 所示。

使用绝缘万用表测量所维修高压部件插接器的各个高压端子，检查在执行高压断电以后是否还存在高压。若电源侧显示电压值较大，则说明动力电池存在故障。

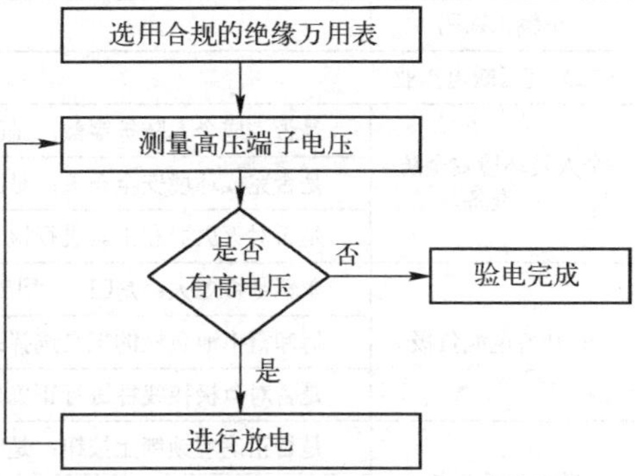

图 2-3-15　高压验电、放电操作流程

高压验电操作应注意以下几点。

（1）在检验高压端子期间，必须佩戴个人安全防护用品。

（2）验电时，必须使用电压等级合适且合格的绝缘万用表。

（3）验电后如果仍有高压电，需再次进行放电，在确保没有高压电的情况下再进行下一步操作。

3）高压部件放电

维修新能源汽车时，虽然对电气设备进行了断电处理，但所维修的高压部件仍可能存在残余电量，应使用绝缘万用表对所维修部位进行电压测量。如果测量值大于零，则应使用放电工装对该部位进行放电。确认电压为零后方可进行下一步操作。

高压部件放电作业的注意事项如下。

（1）放电操作时，需佩戴绝缘橡胶手套。

（2）放电完毕时，必须再次验电，保证放电有效。

2. 高压系统断电作业虚拟仿真训练

计算机端登录：https://press.bjtu.edu.cn/h5trans/241122/14/。

移动端使用手机浏览器扫描左侧二维码进入虚拟仿真训练界面。

高压系统断电作业虚拟仿真软件　　　高压系统断电作业操作手册

2.3.7 任务工单

任务 2.3　高压系统断电作业任务工单	扫描查阅电子工单

姓　名		班　级		学　号	
实训日期		评价方式	□自评 □互评 □师评	指导教师	

（一）车辆/台架信息记录

车辆品牌		车辆型号		生产日期	
动力电池型号		动力电池容量		行驶里程	
车辆识别码					

（二）高压断电作业

个人及环境安全防护准备	是否完成个人防护穿戴：是□　否□　其他：______
	是否完成环境安全布置：是□　否□　其他：______
	是否对灭火器和工具进行检查：是□　否□　其他：______
断开蓄电池负极	车辆是否熄火：是□　否□　其他：______
	拆卸蓄电池负极的工具选择：______
	是否对负极接线柱进行正确处理：绝缘胶带□　防尘帽□　其他：______
断开直流母线插接器	是否正确解锁锁止按钮：是□　否□　其他：______
	是否正确推动锁止扣：向左□　向右□　其他：______
	是否将直流母线插接器悬空：是□　否□　其他：______
高压系统验电、放电	测量方法为：在接触器断开条件下，采用绝缘万用表测量直流母线正极与负极的电压；测量高压部件的正负极电压。 判定标准：正负极电压小于 3 V 为正常。 测量并记录下面的表格：

序号	测试项目	测试条件、测试工具、测试部位	测试值	测试结果
1	直流母线正负极电压			正常□ 损坏□
2	充配电总成直流母线插接器电压			正常□ 损坏□
3	PTC 输出电压			正常□ 损坏□
4	空调压缩机输出电压			正常□ 损坏□

2.3.8　任务标准

任务 2.3　高压系统断电作业任务标准

扫描查阅任务标准

姓　名		班　级		学　号	
实训日期		评价方式	□自评 □互评 □师评	指导教师	

序号	评价项目	评价内容	作业标准	分值	评分要求	实际得分
1	职业素养	工作安全 工作规范 工作态度	□1. 规范做好个人及设备安全防护工作（高压安全防护） □2. 规范开展场地、设备、工具安全检查（检查隔离栏设置、安全警示牌设置、灭火器压力值检查、举升机检查、动力电池举升车检查等） □3. 规范开展作业前和作业后工位 5S 操作 □4. 作业过程规范，未出现安全隐患或事故 □5. 积极主动、认真仔细地完成任务	20	每项扣 4 分，不超过 20 分	
2	专业能力	技术技能	高压断电作业 □1. 能正确断开蓄电池负极 □2. 能正确对蓄电池做绝缘处理 □3. 能正确断开高压线束插接器 □4. 能正确进行高压部件验电 □5. 能正确对高压部件进行放电	40	每项扣 8 分，不超过 40 分	
3	信息应用能力	关键数据及信息查询	□1. 能正确查阅高压部件的高压插接器信息 □2. 能正确查阅电压值	10	每项扣 5 分，不超过 10 分	
4	分析判断能力	数据的读取、分析、判断	□1. 能判断动力电池高压放电是否安全	10	每项扣 5 分，不超过 10 分	
5	表达能力	有效沟通和描述维修任务	□1. 能与客户有效沟通维修方案 □2. 能与团队有效沟通维修方案	10	每项扣 5 分，不超过 10 分	
6	表单填写能力	电子、纸质工单填写	□1. 字迹清晰 □2. 语句通顺 □3. 无错别字 □4. 无涂改 □5. 无抄袭	10	每项扣 2 分，不超过 10 分	
总分				100		

2.3.9 任务小结

经过本任务的学习，能够清楚掌握高压系统断电操作的规范流程、注意事项及验电方法，有效避免事故发生。

2.3.10 知识链接

知识链接

2.3.11 拓展创新

题目引导	在学习完高压断电原理和流程后我们知道，现有的断电操作都需要较为烦琐的流程来实现，你能否设计一种高效的、安全的高压电切断装置？

项目 3　动力电池总成拆装

项目来源

本项目的内容是新能源汽车动力电池与充电系统检修工作中最常见的工作内容，动力电池是一个密封的整体，通常对动力电池进行检查、维护、保养等作业都是在动力电池不开箱的条件下进行的，维修技师需要熟练掌握在动力电池不开箱的条件下的保养和检查方法。

本项目以动力电池受损更换作业为载体，在动力电池不开箱的情况下对动力电池进行拆装、保养维护、气密性检查等动力电池整箱作业，将动力电池整箱拆装、整箱检查、气密性检查等相关知识和技能转化为教学任务。

知识图谱

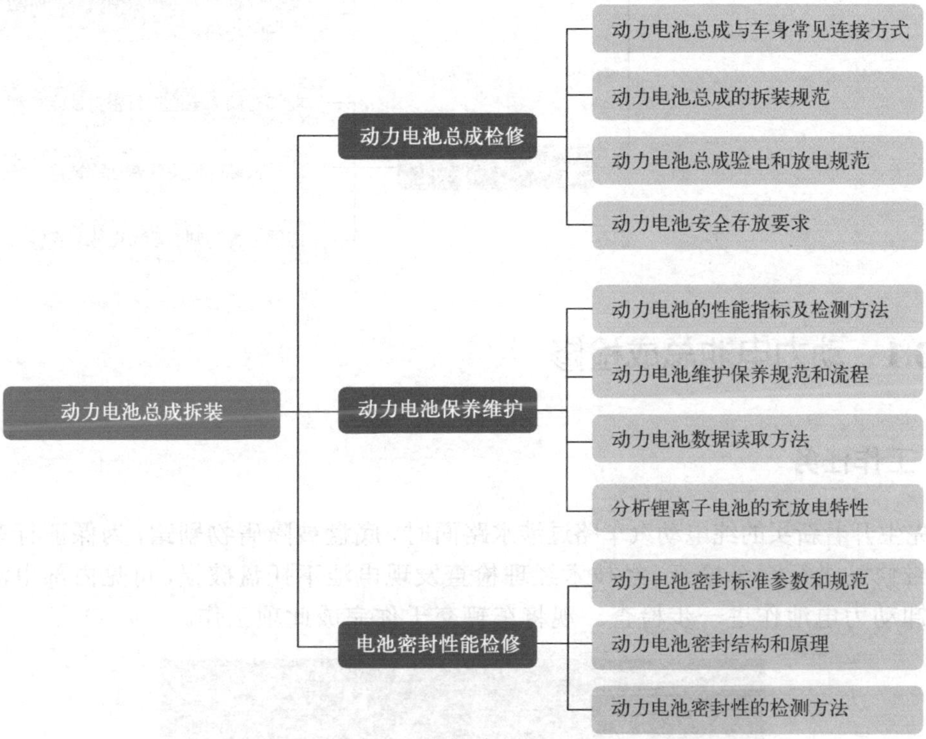

技能图谱

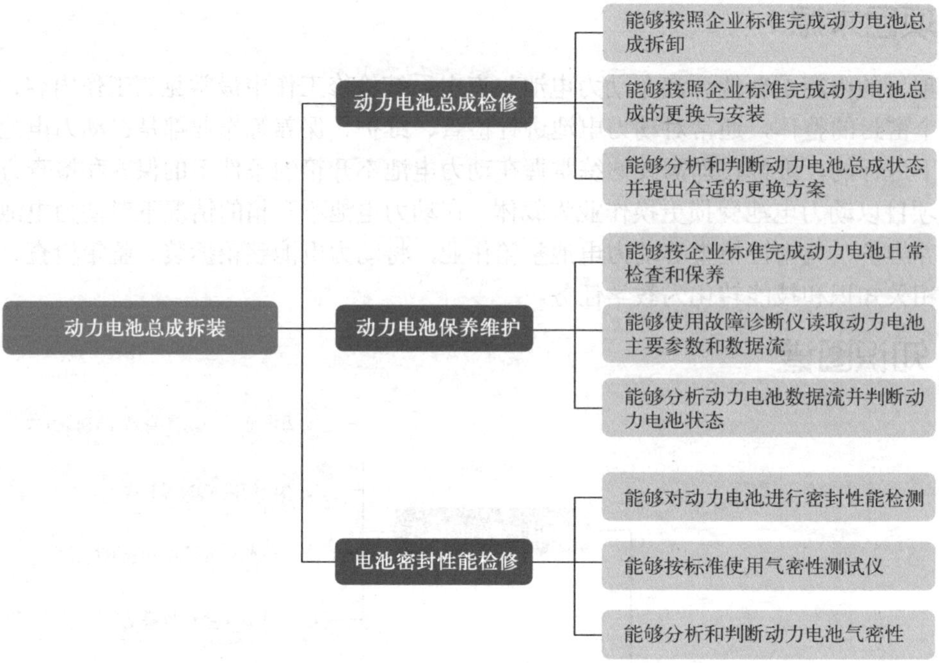

任务 3.1 动力电池总成检修

3.1.1 工作任务

秦先生开着新买的纯电动汽车路过涉水路面时，底盘被障碍物剐蹭，为保证行车安全，他来到维修站进行汽车检查。经技术经理检查发现电池下托盘破损，可见内部电池模组，需要拆卸动力电池作进一步检查。现将车辆交于你完成此项工作。

3.1.2　岗课赛证（见表 3-1-1）

表 3-1-1　任务 3.1 岗课赛证融通

序　号	融通类型	名　称	具体内容
1	岗位融通	动力电池维修岗位	更换动力电池
2	证书融通	电池及电池系统维修保养师三级/高级工	1. 安全状态确认 2. 电池系统外部组件维修
3	大赛融通	全国职业院校技能大赛汽车故障检修赛项	具备动力电池拆装与检修的能力

3.1.3　任务目标

1. 素质目标

（1）能完成动力电池状态预检前后工位 5S，具有良好的职业素养和职业习惯。

（2）动力电池总成检修严格执行 AB 岗核查确认，具有安全意识。

（3）勇于挑战动力电池总成检修课后创新任务，具有知识迁移能力和创新意识。

（4）动力电池总成检修过程遵守评分标准，严谨细致，精益求精，具有工匠精神。

（5）动力电池总成检修的任务过程中执行分组实操，分工协作，具有团队精神。

2. 知识目标

（1）熟练掌握动力电池总成的拆装规范。

（2）熟练掌握动力电池总成与车身常见的连接方式。

（3）熟练掌握动力电池总成验电和放电规范。

3. 能力目标

（1）能够按照企业标准完成动力电池总成拆卸。

（2）能够按照企业标准完成动力电池总成的更换与安装。

（3）能够分析和判断动力电池总成状态并提出合适的更换方案。

3.1.4　大国工匠

大国工匠人物事迹——卢仁峰

3.1.5　必备知识

1. 动力电池总成与车身的连接方式

1）动力电池安装位置

现在电动汽车的动力电池组一般安装于汽车底盘中部，在早期的一些电动汽车中，由于其车身还是采用传统汽车车身，动力电池也有的安装于汽车尾部。电动巴士的动力电池一般体积巨大，常常安装于行李箱内部，如图 3-1-1 所示。

图 3-1-1　动力电池安装位置图

2）动力电池连接方式

动力电池总成与车身的连接方式主要为螺栓连接，例如，比亚迪秦 EV 的动力电池安装在车辆底部，通过 10 个螺栓与车辆底盘连接。其安装位置如图 3-1-2 所示。

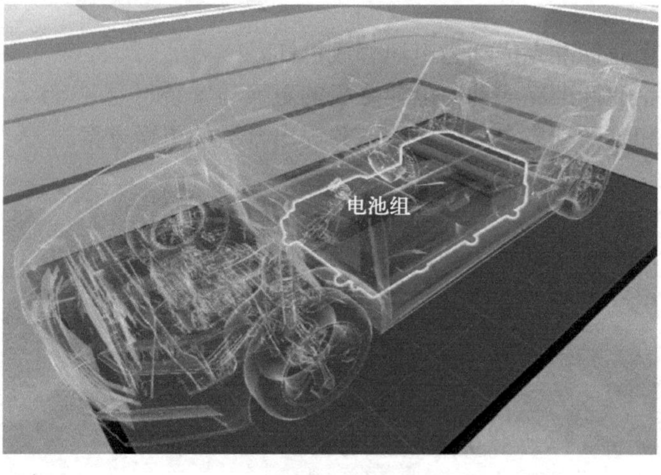

图 3-1-2　比亚迪秦 EV 动力电池安装位置

动力电池除用螺栓安装在车上外，也有热管理管路和高低压线束与车辆连接，热管理管路通常在车辆的前部，冷却液或制冷剂需要通过空调系统进行加热或冷却。高压母线需要通过高压配电装置将高压电分配给其他高压用电设备，所以高压母线的方向与高压配电装置位置有关，例如，比亚迪秦 EV 的高压配电装置在前舱的充配电总成中，所有高压和低压插接器的线束都在动力电池前部，如图 3-1-3 所示。而大众 ID.4 的高压配电装置集成在动力电池后部，通过后部的高压母线给驱动装置等供电。

图 3-1-3 比亚迪秦 EV 热管理管路和高低压插接器在前部

2．动力电池的拆装注意事项

（1）拆装动力电池需要在专门的维修场所或绝缘的工作台上进行，确保操作环境干燥、通风良好且防静电。

（2）拆装动力电池前必须做好个人安全防护措施，如佩戴绝缘手套、绝缘鞋、护目镜、绝缘安全帽等，必要时穿绝缘服。

（3）在拆装动力电池前，需要先切断电池组与车辆的连接，如拔出高压维修开关和动力电池高压母线，切勿在动力电池电量过高的状态下进行拆装操作。

（4）高压电池动力输出出口插座必须进行绝缘覆盖保护，避免异物落入造成触电。

（5）在拆卸过程中，禁止以下行为：暴力拆卸、跌落、碰撞、模组倾斜、重压模组、采样线过度拉扯、人为短路等非正常工作行为，禁止非工作人员拆卸。

（6）在拆卸过程中，需要使用专门的工具和设备，避免使用普通金属工具或带电器具进行操作。

（7）拆卸时要轻拿轻放，避免撞击或剧烈震动，以免发生电火花引起爆炸或火灾。

（8）在电池组拆卸后，清洗电池外表面上的污物，或由腐蚀、爆胀、碎裂等造成的残留物。

（9）动力电池需要在环境温度为 0℃～40℃、湿度在 10%～90%的通风场所存放。电池需要放置于支架、木制箱或金属箱中，切勿在潮湿或有腐蚀性物质的环境下进行存放。

3．动力电池验电和放电

在执行动力电池高压断电操作后，如果接触器烧结或者泄放模块有故障不能泄放高电压，系统中可能还存在高压电，此时对高压部件进行操作有一定危险。因此在拆装动力电池前需要验证高压系统是否存在高电压。通常高压验电方法如下。

（1）佩戴绝缘手套，拆卸充配电总成的高压母线插接器。

（2）将万用表调节到直流 60 V 挡位，测量充配电总成端电压，电压应低于 10 V。

（3）将万用表调节到直流 600 V 挡位，测量高压母线端电压，电压应低于 10 V。

如果万用表测量的电压过高，需要对充配电总成（负载）或动力电池进行放电处理。可直接使用图 3-1-4 所示的放电工装对其进行放电处理。将放电工装的正负极表笔连接充配电总成高压母线接插器（动力电池高压输出）的正极和负极进行放电，直到放电指示灯不亮为止，此时放电完成。

图 3-1-4 放电工装

4．动力电池举升设备的使用

1）动力电池举升机

将动力电池从车身拆卸或安装时，需要使用动力电池举升机对动力电池进行托举。动力电池举升机如图 3-1-5 所示。

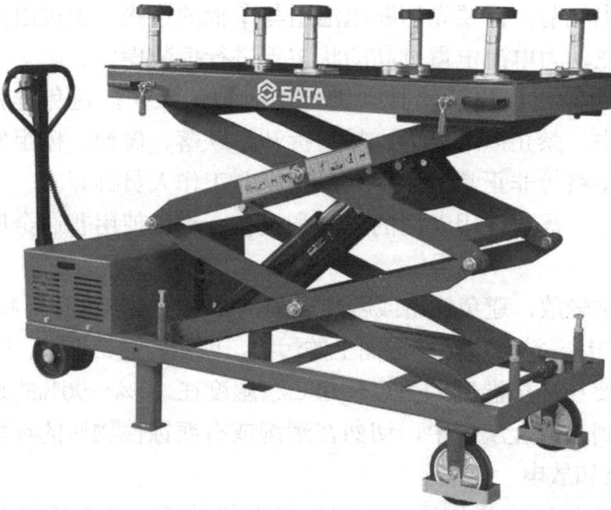

图 3-1-5 动力电池举升机

动力电池举升机通常采用双剪式结构，电动液压驱动举升平台工作，举升平台可以沿 X 轴和 Y 轴有一定角度的倾斜调节。举升平台与动力电池间必须有绝缘装置，但绝缘性能≥1500 V，与电池堆高机/发动机吊架等配合使用时不得有干涉。

动力电池举升机的使用

2）动力电池举升机使用注意事项

（1）举升的动力电池质量应在举升机的额定举升质量范围内。

（2）使用前应清除举升机附近妨碍作业的器具及杂物，并检查液压油量是否足够，操纵按钮及安全保险装置等是否正常。

（3）拆卸动力电池时，举升机应停放在正确的位置，尽量使动力电池的重心与举升机的重心一致，避免左右、前后偏载。

（4）待万向轮固定，举升机平稳后，按下上升开关即可升起平台。

（5）当下降到需要高度时，确保安全锁止机构在锁止情况下移动举升机，直至移动到安全位置，当万向轮固定后才能进行作业。

（6）升降过程中，随时观察举升机，如果发现异常，要及时停机，检查并排除故障后方能投入使用。

（7）举升机不得频繁起落，在有人作业时严禁升降举升机。

（8）当举升机停用时，应将举升机电源切断。

（9）应定期（半年）请专业人员对举升机进行保养和维护。

5．动力电池总成的检查

1）动力电池总成拆装前检查

（1）检查动力电池总成表面是否有泥巴等异物，并及时清理。

（2）检查动力电池总成外观是否有变形、裂痕、锈蚀等情况，若有则需要及时更换动力电池总成。

（3）检查动力电池总成安装螺栓是否牢靠，是否存在松动情况。

（4）记录动力电池铭牌信息，查明单体电池的化学体系类型和动力电池系统的基本参数以便识别。基本参数包括：动力电池类型、额定电压、总能量、最大放电电流、最大充电电流、动力电池整体质量。

（5）对动力电池外观进行清洁时，避免使用高压水流对高低压插接器部位进行冲洗，以免造成电气故障。

2）动力电池检查要点

（1）检查动力电池高压线缆、动力电池端插件状况是否正常。

（2）检查低压控制线束动力电池端插件状况是否正常。

（3）测量动力电池高压输出端的正负极电压。

（4）检查动力电池外观有无变形、裂纹、大面积氧化和脱漆等情况。

（5）检查动力电池壳体紧固螺栓有无松动和缺失。

（6）戴上绝缘手套用干抹布清洁动力电池表面，使动力电池表面无灰尘和油渍等异物。

必备知识测试

3.1.6　任务指南

1．拆卸动力电池

动力电池的拆卸

动力电池带有高压电，在实训前需在仿真软件中进行虚拟仿真拆卸，以了解拆卸流程，仿真通过后再到实车上拆卸动力电池，实车操作需做好个人安全防护，拆卸动力电池可按照图 3-1-6 的步骤进行。若带有高压维修开关，在拆卸维修开关时需做好个人高压安全防护。

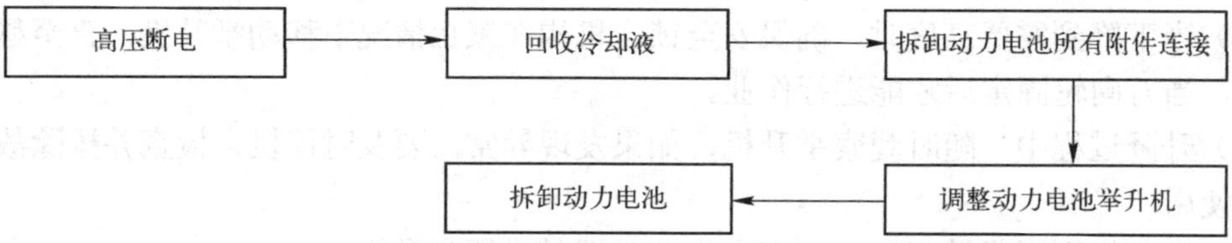

图 3-1-6 拆卸动力电池的步骤

2．拆卸动力电池总成虚拟仿真训练

计算机端登录：https://press.bjtu.edu.cn/h5trans/241122/10/。

移动端使用手机浏览器扫描左侧二维码进入虚拟仿真训练界面。

动力电池总成拆卸虚拟仿真软件　　动力电池总成拆卸操作手册

3．安装动力电池

安装动力电池按照与拆卸相反的步骤进行，先在虚拟仿真软件中进行仿真操作，仿真安装通过后再到实车安装。在安装维修开关时需要做好个人高压安全防护，在安装完成后需进行冷却液排空。安装动力电池可按照图 3-1-7 的步骤进行。

动力电池的安装

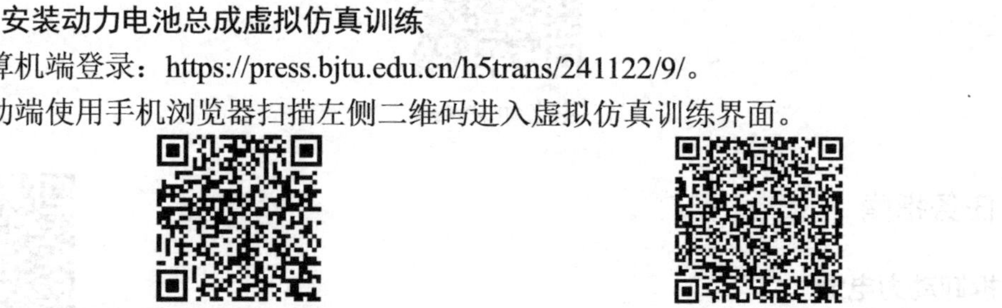

图 3-1-7 安装动力电池步骤

4．安装动力电池总成虚拟仿真训练

计算机端登录：https://press.bjtu.edu.cn/h5trans/241122/9/。

移动端使用手机浏览器扫描左侧二维码进入虚拟仿真训练界面。

动力电池总成安装虚拟仿真软件　　动力电池总成安装操作手册

3.1.7 任务工单

任务 3.1 动力电池总成检修任务工单

扫描查阅电子工单

姓 名		班 级		学 号	
实训日期		评价方式	□自评 □互评 □师评	指导教师	
一、车辆/台架信息记录					
车辆品牌		车辆型号		生产日期	
动力电池型号		动力电池容量		行驶里程	
车辆识别码					
二、拆卸动力电池					
车辆断电	是否按下启动按钮断电：是□ 否□ 按钮位置：________				
	将高压断电：是□ 否□ 断电方式：________				
	安全防护：是□ 否□ 防护用具：________				
	是否验电通过：是□ 否□ 等待时长：________，残余电压：________				
拆卸冷却液水管	举升机类型：电动式□ 液压式□ 高度锁止：是□ 否□				
	拆卸水管位置：________ 使用工具：________				
	冷却液颜色：红□ 绿□ 黑□ 冷却液处理：________				
	如何防止残余冷却液溢出：________				
断开动力电池与车身附件的连接	低压插接器：是□ 否□ 插接器位置：________				
	高压插接器：是□ 否□ 注意事项：________				
	等电位连接线：是□ 否□ 作用：________				
调整动力电池举升机	动力电池举升机绝缘胶（垫）：正常□ 老化□ 裂痕□ 破损□				
	举升平台倾斜角度：________ 是否紧贴电池：是□ 否□				
	注意事项：________				
拆卸动力电池	拆卸注意事项：________				
	使用工具：________ 固定螺栓数量：________				
	电池清洁：污物□ 腐蚀□ 爆胀□ 其他：________				
	存放环境：干燥□ 通风□ 阳光照射□ 腐蚀物质□ 危险源□				
三、安装动力电池					
举升动力电池并定位	安装注意事项：________				
	电池电压：________ 电池外观：污物□ 腐蚀□ 爆胀□				
	举升平台绝缘：是□ 否□ 举升机平台角度：________				
	电池定位方法：________				
安装并紧固动力电池	画出螺栓安装位置及紧固顺序：				
	螺栓分________次紧固，最后一次拧紧力矩：________				

续表

安装动力电池与车身的附件连接	等电位连接线：是□ 否□ 紧固力矩：____________
	低压插接器：是□ 否□ 注意事项：____________
	高压插接器：是□ 否□ 注意事项：____________
	冷却水管接头：快捷式□ 卡箍式□ 是否施涂密封胶：是□ 否□
安装其他附件	高压母线复位：是□ 否□
	安装维修开关复位：是□ 否□
	低压辅助蓄电池负极复位：是□ 否□ 拧紧力矩：____________
	其他元件复位：____________
加注冷却液	冷却液颜色：红□ 绿□ 第一次添加：____________
	排空方法：____________ 第二次添加：____________
	检查是否漏水：泄漏□ 不泄漏□

3.1.8　任务标准

任务 3.1　动力电池总成检修任务标准

扫描查阅任务标准

姓　名		班　级		学　号	
实训日期		评价方式	□自评 □互评 □师评	指导教师	

序号	评价项目	评价内容	作业标准	分值	评分要求	实际得分
1	职业素养	工作安全 工作规范 工作态度	□1. 规范做好工作前的准备工作 □2. 规范开展场地、设备、工具安全检查（检查隔离栏设置、安全警示牌设置、灭火器压力值检查、举升机检查、动力电池举升车检查等） □3. 规范开展作业前和作业后工位 5S 操作 □4. 作业过程规范、未出现安全隐患或事故 □5. 积极主动、认真仔细地完成任务	20	每项扣 4 分，不超过 20 分	
2	专业能力	技术技能	一、拆卸动力电池 □1. 能正确执行高压断电 □2. 能正确检测残余电压 □3. 能正确使用动力电池举升机 □4. 能正确排放电池冷却液 □5. 能正确放置动力电池 二、安装动力电池 □1. 能正确检查动力电池电压输出 □2. 能正确做好动力电池绝缘工作 □3. 能正确紧固动力电池 □4. 能正确连接动力电池高低压插接器 □5. 能正确安装冷却液管路 □6. 能正确安装低压辅助蓄电池接线柱 □7. 能正确添加冷却液	40	每项扣 4 分，不超过 40 分	
3	信息应用能力	关键数据及信息查询	□1. 能正确查阅动力电池维修手册 □2. 能正确查阅使用说明书 □3. 能正确查阅动力电池编号	10	每项扣 5 分，不超过 10 分	
4	分析判断能力	数据的读取、分析、判断	□1. 能判断动力电池总成是否正常 □2. 能判断动力电池是否漏电 □3. 能分析动力电池总成故障原因	10	每项扣 5 分，不超过 10 分	
5	表达能力	有效沟通和描述维修任务	□1. 能与客户有效沟通维修方案 □2. 能与团队有效沟通维修方案	10	每项扣 5 分，不超过 10 分	
6	表单填写能力	电子、纸质工单填写	□1. 字迹清晰 □2. 语句通顺 □3. 无错别字 □4. 无涂改 □5. 无抄袭	10	每项扣 2 分，不超过 10 分	
			总分	100		

3.1.9 任务小结

经过本任务的学习，能掌握常见新能源汽车动力电池总成的拆装与更换方法，并且能够规范检查动力电池总成是否应该更换，帮助车主解决问题。

3.1.10 知识链接

知识链接

3.1.11 拓展创新

题目引导	设计一个电池总成布置方案，让电池包在车辆上更加安全。

任务 3.2 动力电池保养维护

3.2.1 工作任务

秦先生根据仪表的保养提示，开着比亚迪秦 EV 汽车到店进行保养，主要为动力电池维护保养。请按照任务标准完成保养工作，并提交任务工单。

3.2.2　岗课赛证（见表 3-2-1）

表 3-2-1　任务 3.2 岗课赛证融通

序　号	融通类型	名　称	具体内容
1	岗位融通	动力电池维修岗位	高压部件的识别
2	证书融通	电池及电池系统维修保养师三级/高级工	1．安全状态确认 2．功能检测 3．系统组件检测（A） 4．基础养护（A）
3	大赛融通	全国职业院校技能大赛汽车故障检修赛项	电脑诊断技术

3.2.3　任务目标

1．素质目标

（1）能完成动力电池保养维护前后工位 5S，具有良好的职业素养和职业习惯。

（2）动力电池保养维护严格执行 AB 岗核查确认，具有安全意识。

（3）勇于挑战动力电池保养维护课后创新任务，具有知识迁移能力和创新意识。

（4）动力电池保养维护过程遵守评分标准，严谨细致，精益求精，具有工匠精神。

（5）动力电池保养维护的任务过程中执行分组实操，分工协作，具有团队精神。

2．知识目标

（1）熟练掌握常见动力电池的性能指标及含义。

（2）熟练掌握动力电池维护保养的规范和流程。

（3）熟练掌握动力电池的数据读取方法。

3．能力目标

（1）能够按企业标准完成动力电池的日常检查和保养。

（2）能够使用故障诊断仪读取动力电池的主要参数和数据流。

（3）能够分析动力电池的数据流并判断动力电池的状态。

3.2.4　大国工匠

大国工匠人物事迹——郑志明

3.2.5　必备知识

1．动力电池的性能指标及检测方法

常用的动力电池性能指标包括：SOC（state of charge，荷电状态）、内阻、容量、循环寿命、一致性等。

1）SOC

电池的 SOC 反映电池的剩余容量状况，其数值上定义为电池剩余容量占电池容量的比值。SOC=1 即表示电池为充满状态。随着电池放电，电池的电荷逐渐减少，此时可以用 SOC 的百分数的相对量来表示电池中电荷的变化状态。一般电池放电高效率区为 50%～80%SOC。对 SOC 精确地实时辨识，是电池管理系统的一个关键技术。

SOC 的检测方法有开路电压法、安时积分法和内阻法。

（1）开路电压法

开路电压法是利用电池的开路电压与其 SOC 之间的对应关系，通过测量电池的开路电压来估计 SOC。开路电压法比较简单，但是，该方法只适用于测试稳定状态下的电池 SOC，不能用于动态的电池 SOC 估算。

（2）安时积分法

安时积分法是通过负载电流的积分估算 SOC，可以实时测量充入电池和从电池放出的电量，从而能够给出电池在任意时刻的剩余电量。该方法实现起来较简单，受电池本身情况的限制小，宜于发挥实时监测的优点，简单易用，算法稳定，成为目前电动汽车上使用最多的 SOC 估算方法。

（3）内阻法

电池的 SOC 与其内阻有一定的联系，可以利用电池的内阻与 SOC 之间的关系来预测电池的荷电状态。图 3-2-1 为 IT5101 电池内阻测试仪。

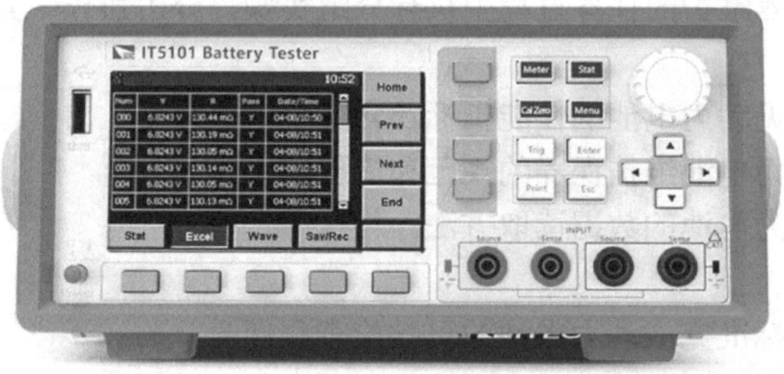

图 3-2-1　IT5101 电池内阻测试仪

2）内阻

不同电池的内阻不同，即使是型号相同的电池，由于各电池内部的电化学性能不一致所以内阻也不同。对于电动汽车动力电池而言，电池的放电倍率很大，在设计和使用过程中应尽量减小电池的内阻，确保电池能够发挥其最大功率特性。

锂离子电池的内阻不是常数，在使用过程中主要受 SOC 和温度等因素的影响。

电池内阻的测量目前主要有两种方法：直流放电法和交流阻抗法。

（1）直流放电法

直流放电法是对蓄电池进行瞬间大电流放电（一般为几十到上百安培），然后测量电池两端的瞬间压降，再通过欧姆定律计算出电池内阻。

（2）交流阻抗法

交流阻抗法是以小幅值的正弦波电流或者电压信号作为激励源，注入蓄电池，通过测定其响应信号来推算电池内阻。用交流阻抗法测量的时间较短，不会因大电流放电对电池本身造成太大的损害。

动力电池性能参数的识读

3）容量

电池容量是指在一定条件下（包括放电率、环境温度、终止电压等），供给电池或者电池放出的电量，即电池存储电量的大小，是电池另一个重要的性能指标。电池容量常用 C 来表示，常用单位有安培·小时数（A·h）或者毫安·小时数（mA·h）。电池的容量参数有以下几种。

（1）理论容量。根据蓄电池活性物质的特性，按法拉第定律计算出的最高理论值，一般用质量容量 A·h/kg 或体积容量 A·h/L 来表示。说明：这里的法拉第定律指的是法拉第第一定律，即在电极界面上发生化学变化物质的质量与通入的电量成正比。

（2）实际容量。在一定条件下所能输出的电量，等于放电电流与放电时间的乘积。

（3）标称容量（公称容量）。用来鉴别电池容量的适当的近似值，由于没有指定放电条件，因此，只标明电池的容量范围而没有确切值。

（4）额定容量（保证容量）。按一定标准所规定的放电条件，电池应该放出的最低限度的容量。额定容量可以从电池的铭牌中直接读取。

电池容量可以用万用表的电容模式直接测量，也可以使用专门的电池容量测试仪测试。图 3-2-2 为正在测量的电池容量测试仪。

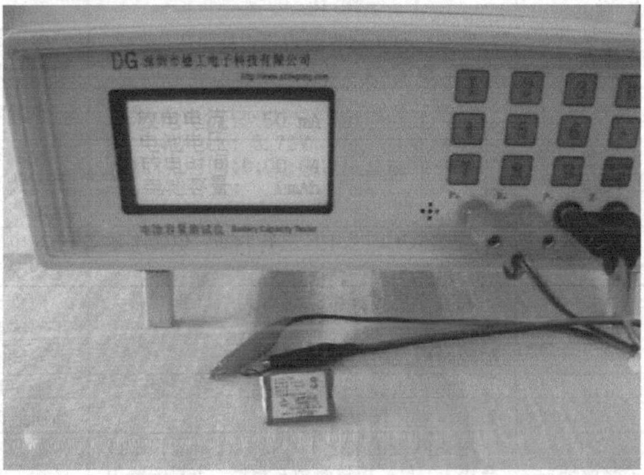

图 3-2-2　电池容量测试仪

4）循环寿命

电池的寿命有循环寿命和日历寿命之分，其中应用最多的是循环寿命。从蓄电池开始第一次充电到报废所经历的充/放电次数称为循环次数，也称为循坏寿命。蓄电池的循环次数与电池的充电和放电的形式、电池的温度和放电深度有关，放电深度浅时，有利于延长电池的寿命。特别是电池在电动汽车上的使用环境，包括电池组中各个电池的均衡性、安装方式、固定方式、所受的振动和线路的安装等，都会影响电池的工作循环次数。日历寿命即电池的使用年限，从蓄电池开始使用到报废所经历的年数。

将蓄电池充满电，蓄电池在特定温度和电流下放电，直到放电容量达到某一预先设定的数值，如此连续重复若干次。再将蓄电池充满电，然后将电池放电到放电截止电压，检查其容量。如果蓄电池容量小于额定容量的 80%即可终止试验，充放电循环在规定条件下重复的次数为循环寿命数。

5）一致性

电池容量分为单元电池的容量和电池组的容量。在现有的动力电池技术水平下，电动汽车必须使用多块电池构成的电池组来满足使用要求。

由于同一类型、同一规格、同一型号的电池间在开路电压、内阻、容量等方面的参数值存在差别，即电池性能存在不一致性，致使动力电池组在电动汽车上使用时，性能指标往往达不到单体电池原有水平，使用寿命缩短，严重影响其在电动汽车上的应用，有必要对电池组的一致性进行测试与评价。

锂离子电池通常采用电压比较法进行一致性检测，这是因为锂离子电池具有很好的一致性，且各单体电池之间的内阻差异较小，所以电压比较法能够快速地检测出异常电池。不过在检测前，还需要将电池充满，放置数小时，让电池的电势稳定，以提高测试的准确性。然后使用电池包充放电维护仪查看并记录各电池的电压，比较各电池的电压差异是否在一定范围内。

2. 动力电池维护保养

动力电池日常维护保养内容见表 3-2-2。

表 3-2-2 日常维护保养内容

序号	保养内容	操作方法	注意事项
1	电池组信息排查	在车上显示屏界面查看电池电压、温度、电流、SOC 信息是否正常并记录	发现有电压、温度、电流、SOC 等电池故障时必须及时处理
2	检查有无故障报警	查看车上显示屏故障指示灯和故障提示	有故障提示要及时处理
3	检查 SOC 是否准确	查看车辆显示屏数据，判断 SOC 是否准确	发现有 SOC 不准时应及时查找是霍尔传感器故障还是其他问题，立即处理
4	检查总电量是否足够	通过 SOC、总电压进行判断，电量不足时要及时充电	充电时要佩戴绝缘手套、保证在绝缘情况下进行
5	检查充电是否正常	通过充电过程数据进行判断，查看有无数据中断及充电电流中断等现象，有充电故障时应及时排查问题点	检查充电枪连接是否正常时要确保在绝缘状态，不能带有液体，容易导电，同时要佩戴绝缘手套进行操作
6	检查线束是否完好	目测检查高压母线、通信线有无脱落、破损、老化现象	不可用力拉扯线束以免拉断，检查高压线时要戴上绝缘手套
7	检查电池有无漏电情况	用兆欧表的表笔一根接触在电池正极或负极上，另一根接触整车搭铁，查看绝缘电阻，一般应大于 40 MΩ	注意兆欧表量程的选择，尽量选大量程，和电池正负极接触时注意身体勿与电池正负极直接接触

动力电池常规维护保养内容见表 3-2-3。

表 3-2-3 常规维护保养内容

序号	保养内容	操作方法	注意事项
1	对高压母线插接器进行检查，确定是否有松动现象	戴上绝缘手套，手握高压母线绝缘胶套轻轻摇动	检查电池高压母线等高压部分时应先戴上绝缘手套，防止触电，同时不能用力太大
2	检查高压母线是否有大电流致使变形	打开前舱盖或举升车辆观察	请勿用手用力拉扯高压母线
3	检查有无故障报警	查看车上显示屏故障代码	有故障提示时应及时处理
4	温度检测	使用红外测温仪对高压母线插接器部位进行温度检测	检测时不能用手碰高压母线插接器，以免触电
5	电池组信息排查	在车上显示屏界面查看电池电压、温度、电流、SOC 信息是否正常并记录	发现有电压、温度、电流、SOC 等电池故障时必须及时处理，不能让车辆带病工作

续表

序　号	保养内容	操作方法	注意事项
6	检查线束是否完好	肉眼检查高压母线、低压通信线有无脱落、破损、老化现象	不可用力拉扯线束以免拉断，检查高压母线时要戴上绝缘手套
7	检查电池有无漏电情况	用兆欧表的表笔一根接触在电池正极或负极上，另一根接触整车搭铁，查看绝缘电阻，一般应大于 10 MΩ	注意兆欧表量程的选择，尽量选大量程，和电池正负极接触时，应注意身体勿与电池正负极直接接触
8	检查电池箱体固定螺栓	举升车辆，使用扭力扳手按标准力矩检查螺栓是否紧固	螺栓紧固后，须使用记号笔做标记
9	检查充电是否正常	通过充电过程数据进行判断，查看有无数据中断及充电电流中断等现象，有充电故障时应及时排查问题点	检查充电枪连接是否正常时要确保手是干燥状态，不能带有液体，容易导电，同时要佩戴绝缘手套进行操作
10	检查动力电池是否刮蹭、变形	举升车辆，查看电池托盘是否有破损或变形	动力电池出现损坏或变形时，必须及时更换

对于已经拆卸并分解的动力电池，也可以用图 3-2-3 中的充放电维护仪连接电池模组，对电池模组进行检查及维护。

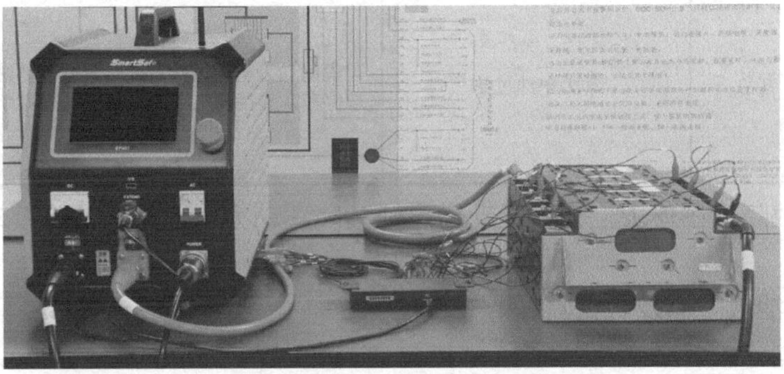

图 3-2-3　充放电维护仪的使用

充放电维护仪的使用

3. 动力电池数据读取及状态分析

1）仪表故障指示灯的含义

新能源汽车各模块都装有控制单元，控制单元含有故障自诊断系统，可以用控制单元对下属的工作电子元件工作状态进行自动检查和监测。当汽车出现故障时，装在仪表板上的故障指示灯就会点亮，警告车主汽车可能出问题了，要及时进行维修处理，以免故障恶化。对于专业的维修技师来说，可以将故障灯作为对故障进行初步判断的依据。

电池管理系统（BMS）出现故障时，仪表板上的故障指示灯会点亮，常见电池管理系统即动力电池和充电系统故障指示灯的含义见表 3-2-4。

表 3-2-4　动力电池和充电系统故障指示灯的含义

指示灯	颜　色	含　义	说　明
	黄色	电量不足	当动力电池电量低于 30%时点亮，高于 35%时熄灭
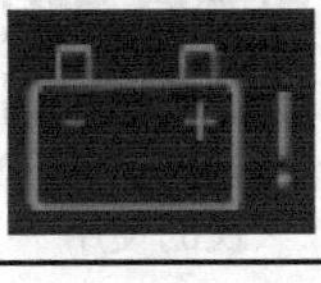	红色	动力电池故障	动力电池内部故障，大部分情况下不能行驶，少数情况下可以缓慢行驶，但是不能加速

续表

指示灯	颜色	含义	说明
	黄色	动力电池高压断开	通常为电池接触不良或电源断开，造成车内高压系统发生严重故障
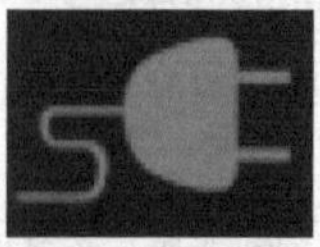	红色	充电枪已连接	插入充电枪时点亮
	红色	动力电池绝缘电阻低	表示动力电池绝缘性能降低，很多时候都是由长时间淋雨造成的，可静放几天等车辆干燥；如问题不能解决，只能去维修店
	红色	动力电池过热	说明动力电池过热，此时最好不要继续行驶，应该靠边停车，等待蓄电池冷却，直到故障灯熄灭后再行驶

关于动力电池故障，在仪表上只显示动力电池故障、动力电池绝缘故障及动力电池系统断开 3 种故障信息。

2）读取动力电池故障码及数据流

（1）故障等级划分

根据故障对整车的影响，电池管理系统故障可划分为以下 3 个等级。

① 一级故障（非常严重）。动力电池上报该故障一段时间后会造成整车出现安全事故，如起火、爆炸、触电等。动力电池在正常工作时不会上报该故障，BMS 一旦上报该故障，则表明动力电池处于严重滥用状态。

② 二级故障（严重）。动力电池上报该故障会造成整车进入跛行、暂时停止能量回馈、停止充电等状态。动力电池在正常工作时不会上报该故障，BMS 一旦上报该故障，则表明动力电池某些硬件出现故障或动力电池处于非正常工作的条件下。

③ 三级故障（轻微）。动力电池上报该故障对整车无影响或将会不同程度地造成整车进入限功率行驶状态。动力电池在正常工作时可能上报该故障，BMS 一旦上报该故障，则表明动力电池处于极限环境温度下或单体蓄电池的一致性出现一定劣化等。

（2）读取故障码和数据流

维修技师可使用故障诊断仪读取电池管理系统故障码和相关数据进行分析。以故障诊断仪读取比亚迪秦 EV 汽车电池管理系统故障码为例，操作步骤如下。

① 连接诊断仪接口至车辆 OBD 诊断座。

② 踩下制动踏板并按下启动开关上电。

③ 进入诊断仪主界面，点击进入诊断。

④ 选择车系：全新秦_EV。

⑤ 点击“模块分布扫描”对整车 ECU 模块分别进行扫描。

比亚迪秦 EV 诊断仪的使用

⑥ 扫描完成，进入整车诊断检测。

⑦ 双击进入（比亚迪）电池管理系统。

⑧ 选择“故障检测”执行读取系统故障码。

表 3-2-5 为比亚迪秦 EV 汽车电池管理系统故障码（DTC）及其含义。

表 3-2-5　比亚迪秦 EV 汽车电池管理系统故障码及其含义（节选）

DTC	含　义	DTC	含　义
P1A0000	严重漏电故障	P1A3F00	预充接触器回检故障
P1A0100	一般漏电故障	P1A4000	充电接触器回检故障
P1A0200	BIC1 工作异常故障	P1A4100	主接触器烧结故障
P1A0300	BIC2 工作异常故障	P1A4200	负极接触器烧结故障
P1A0C00	BIC1 电压采样异常故障	P1A4C00	漏电传感器失效故障
P1A0D00	BIC2 电压采样异常故障	P1A4D04	电流霍尔传感器故障
P1A2000	BIC1 温度采样异常故障	P1A5C00	分压接触器 1 回检故障
P1A2100	BIC2 温度采样异常故障	P1A6000	高压互锁 1 故障
P1A3400	预充失败故障	U20B000	BIC1 通信超时故障
P1A3522	动力电池单节电压严重过高	U20B100	BIC2 通信超时故障
P1A3622	动力电池单节电压一般过高	U02A100	与漏电传感器通信故障
P1A3721	动力电池单节电压严重过低	P1A5B00	因双路供电故障断开接触器
P1A3922	动力电池单节温度严重过高	P1A5500	电池管理器 12 V 电源输入过高
P1A3A22	动力电池单节温度一般过高	P1A5600	电池管理器 12 V 电源输入过低
P1A3B21	动力电池单节温度严重过低	P1AC200	高压互锁 2 故障
P1A3C00	动力电池单节温度一般过低	P1AF100	烧结光耦不导通
P1A3D00	负极接触器回检故障	P1AF000	烧结光耦误导通
P1A3E00	主接触器回检故障		

⑨ 返回电池管理系统，选择“数据流”执行读取电池管理系统数据流。可读取动力电池的 SOC、总电压、总电流、充电功率、接触器状态、高压互锁状态、所有单体电池状态、均衡状态、接收到的指令等电池系统实时状态。图 3-2-4 为使用比亚迪 VDS2000 专用诊断仪读取电池管理系统数据流。

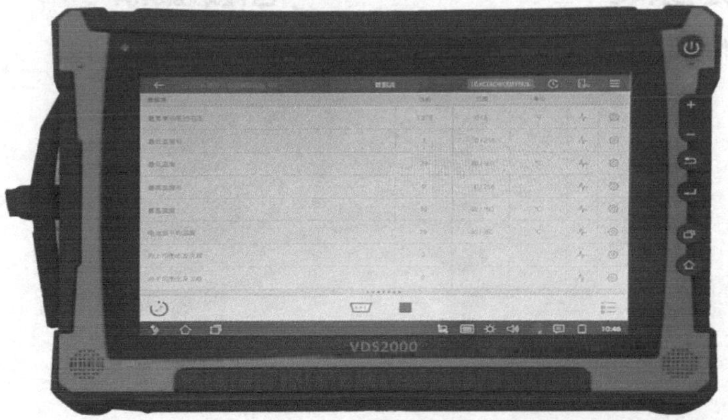

图 3-2-4　VDS2000 读取电池管理系统数据流

必备知识测试

3.2.6　任务指南

1．动力电池保养维护

动力电池在整车上的保养维护主要是查看动力电池的相关数据是否在正常范围及是否储存故障码，动力电池外部、线束及插接器等是否破损，并紧固动力电池的连接。在对实车动力电池操作前需在仿真软件中对动力电池进行虚拟维护，虚拟维护通过后再到实车进行操作。实车动力电池保养维护可按照图 3-2-5 的流程进行保养维护。

动力电池保养维护

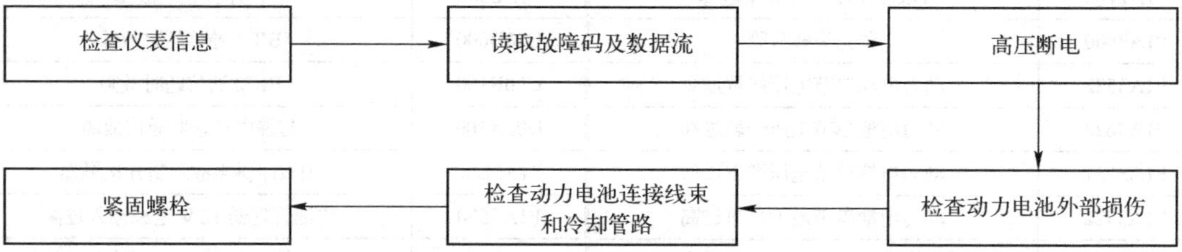

图 3-2-5　动力电池保养维护流程

2．动力电池保养维护虚拟仿真训练

计算机端登录：https://press.bjtu.edu.cn/h5trans/241122/4/。

移动端使用手机浏览器扫描左侧二维码进入虚拟仿真训练界面。

动力电池保养维护虚拟仿真软件　　动力电池保养维护操作手册

3.2.7 任务工单

任务 3.2 动力电池保养维护任务工单	扫描查阅电子工单

姓 名		班 级		学 号	
实训日期		评价方式	□自评 □互评 □师评	指导教师	
一、车辆/台架信息记录					
车辆品牌		车辆型号		生产日期	
动力电池型号		动力电池容量		行驶里程	
车辆识别码					
二、动力电池保养维护					
检查仪表信息	故障指示灯：动力电池□ 电池温度□ 充电□ 其他：________				
	故障提示：________				
	电池电压：________ 电池温度：________				
	SOC：________ 可行驶里程：________				
数据流读取	OBD 接口位置：________ 传输方式：硬线□ 蓝牙□ WiFi□				
	故障码：________				
	总电压：________ 总电流：________				
	SOC：________ 互锁状态：________				
	最高单节温度：________ 电池编号：________				
	最低单节温度：________ 电池编号：________				
	最高单节电压：________ 电池编号：________				
	最低单节电压：________ 电池编号：________				
	正极接触器：闭合□ 断开□ 负极接触器：闭合□ 断开□				
	其他异常数据：________				
检查前舱	辅助蓄电池断电：是□ 否□ 负极处理：________				
	残余电压：________ 等待时间：________				
	高压母线检查：正常□ 变形□ 烧蚀□ 松动□ 其他：________				
	冷却液颜色：红□ 绿□ 黑□ 冷却液冰点：________				
	冷却液高度：□ <MIN< □ <MAX< □ 添加冷却液：________				
	冷却液温度：________ 是否更换：是□ 否□				
检查动力电池外观	举升机类型：电动式□ 液压式□ 高度锁止：是□ 否□				
	外观检查：破损□ 腐蚀□ 爆胀□ 其他：________				
	线束检查：脱落□ 松动□ 破损□ 其他：________				
	冷却管路检查：正常□ 老化□ 泄漏□ 其他：________				
紧固螺栓	检查螺栓：紧固□ 松动□ 缺失□ 检查力矩：________				
	等电位线：紧固□ 松动□ 破损□ 其他说明：________				
	存放环境：干燥□ 通风□ 阳光照射□ 腐蚀物质□ 危险源□				

3.2.8 任务标准

任务 3.2 动力电池保养维护任务标准

扫描查阅任务标准

姓　名		班　级		学　号		
实训日期		评价方式	□自评 □互评 □师评	指导教师		
序号	评价项目	评价内容	作业标准	分值	评分要求	实际得分
1	职业素养	工作安全 工作规范 工作态度	□1. 规范做好工作前的准备工作 □2. 规范开展场地、设备、工具安全检查（检查隔离栏设置、安全警示牌设置、灭火器压力值检查、举升机检查、动力电池举升车检查等） □3. 规范开展作业前和作业后工位 5S 操作 □4. 作业过程规范、未出现安全隐患或事故 □5. 积极主动、认真仔细地完成任务	20	每项扣 4 分，不超过 20 分	
2	专业能力	技术技能	□1. 能正确检查仪表显示信息 □2. 能正确断开车辆低压辅助蓄电池负极 □3. 能正确检查高压母线 □4. 能正确检查动力电池外部工况 □5. 能正确测量动力电池绝缘电阻 □6. 能正确紧固动力电池螺栓	40	每项扣 4 分，不超过 40 分	
3	信息应用能力	关键数据及信息查询	□1. 能正确查阅动力电池绝缘电阻值 □2. 能正确查阅动力电池螺栓紧固力矩 □3. 能正确查阅动力电池维修手册	10	每项扣 5 分，不超过 10 分	
4	分析判断能力	数据的读取、分析、判断	□1. 能判断动力电池总成是否正常 □2. 能判断动力电池故障原因 □3. 能分析动力电池数据流	10	每项扣 5 分，不超过 10 分	
5	表达能力	有效沟通和描述维修任务	□1. 能与客户有效沟通维修方案 □2. 能与团队有效沟通维修方案	10	每项扣 5 分，不超过 10 分	
6	表单填写能力	电子、纸质工单填写	□1. 字迹清晰 □2. 语句通顺 □3. 无错别字 □4. 无涂改 □5. 无抄袭	10	每项扣 2 分，不超过 10 分	
总分				100		

3.2.9　任务小结

经过本任务的学习，能掌握新能源汽车动力电池的保养和维护方法，并且能够规范使用故障诊断仪读取动力电池故障码和数据流辅助检查，独立完成动力电池的保养操作。

3.2.10　知识链接

知识链接

3.2.11　拓展创新

题目引导	有没有不需要维护保养的动力电池？如果有，它可能是什么样的？请提出你的方案或概念。

任务 3.3　电池密封性能检修

3.3.1　工作任务

前两天下了一场大暴雨，秦先生的比亚迪秦 EV 开过了一段涉水路，因担心动力电池内部进水，今日特地过来进行检查，你能在不解体的情况下检查电动汽车的动力电池密封性是否符合要求吗？

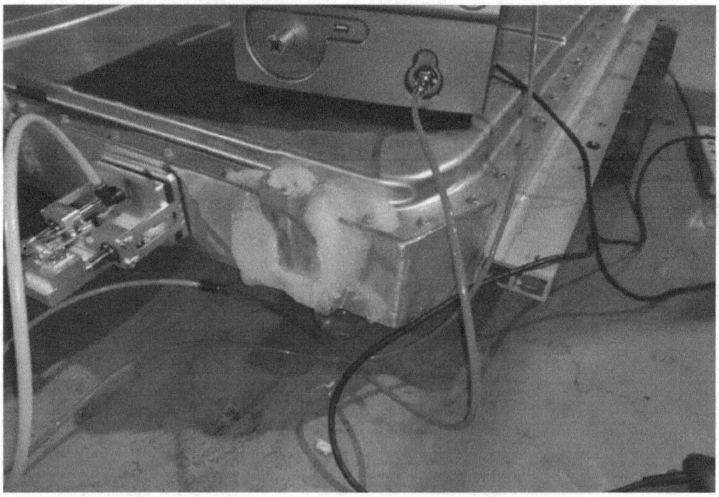

3.3.2 岗课赛证（见表 3-3-1）

表 3-3-1 任务 3.3 岗课赛证融通

序 号	融 通 类 型	名 称	具 体 内 容
1	岗位融通	动力电池维修岗位	动力电池维修
2	证书融通	电池及电池系统维修保养师三级/高级工	系统内部组件维修
3	大赛融通	全国职业院校技能大赛汽车故障检修赛项	掌握电动汽车结构、原理与运用

3.3.3 任务目标

1. 素质目标

（1）能完成电池密封性能检修前后的工位 5S，具有良好的职业素养和职业习惯。

（2）电池密封性能检修严格执行 AB 岗核查确认，具有安全意识。

（3）勇于挑战电池密封性能检修课后创新任务，具有知识迁移能力和创新意识。

（4）电池密封性能检修过程遵守评分标准，严谨细致，精益求精，具有工匠精神。

（5）电池密封性能检修的任务过程中执行分组实操，分工协作，具有团队精神。

2. 知识目标

（1）熟练掌握动力电池密封标准参数和规范。

（2）熟练掌握动力电池密封原理。

（3）熟练掌握动力电池密封性能的检测方法。

3. 能力目标

（1）能够对动力电池进行密封性能检测。

（2）能够按标准使用气密性测试仪。

（3）能够分析和判断动力电池气密性。

3.3.4　大国工匠

大国工匠人物事迹——何文勋

3.3.5　必备知识

1．动力电池封装技术

目前常用的动力电池封装技术包括钢壳封装、软包封装、铝壳封装和模块化封装。

1）钢壳封装技术

钢壳封装技术是目前应用最广泛的动力电池封装技术之一。这种封装技术主要采用把几个电池管壳子焊接成为电池组的方法，然后采用特殊机械和设备来填充电解液。该技术可以降低出现熔断或短路等安全事故的概率；缺点是重量和体积较大，不利于电池组设计。

2）软包封装技术

软包封装技术采用聚合物材料将电池正负极片包裹成为薄膜，然后通过叠层组装成为电池组。该封装技术具有结构简单、安全性高等特点，易于制造大规模的电池组件，相比于钢壳封装技术，降低了材料成本；但该技术会增加组件生产和安装成本。

3）铝壳封装技术

铝壳封装技术采用铝合金作为电池盒，与钢壳封装技术相比，更容易生产，且制造成本更低。铝壳电池具有较高的性价比，容易处理常用的问题。但是，该技术存在密封性较差的难题，尤其是在高温高压的环境下，还需要对其进行一些特殊的防护措施。

4）模块化封装技术

模块化封装技术是现代动力电池技术发展的趋势，它能够使电池组制造商采用标准化的设计和生产方式。相对于传统钢壳封装技术和软包封装技术，模块化封装技术不需要进行焊接等加工工序，有助于提升电池组件的生产效率和组装质量。同时，模块化封装技术还可以有效地降低电池组件的制造成本。

2．动力电池密封结构和原理

1）动力电池密封结构

比亚迪秦 EV 动力电池的密封主要由承载框体（上盖、托盘）和接线口（高压接插器、低压接插器、冷却接口等）组成，如图 3-3-1 所示。

上盖或者托盘一般都有两个以上的件拼焊在一起，组成动力电池的基本密封面。上盖和托盘之间都是采用上下两个框面，中间加密封材料进行密封。图 3-3-2 为比亚迪刀片电池的上盖和托盘密封结构。

电池组的上箱体和下箱体的密封面都很大，因此密封效果对整个电池组的密封性能影响很大。上盖与密封垫通过紧固螺栓充分压紧耦合，保证了动力电池 IP67 的防尘防水等级。

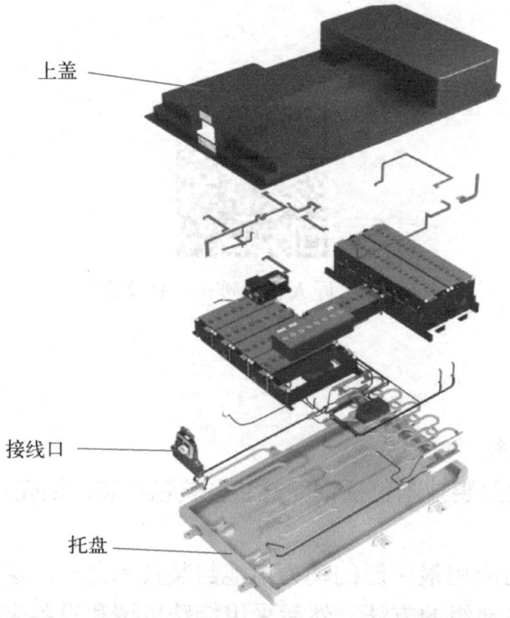

图 3-3-1 比亚迪秦 EV 动力电池结构

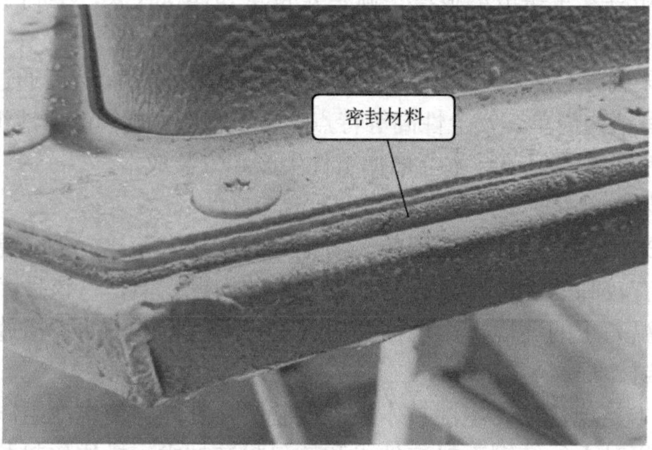

图 3-3-2 比亚迪刀片电池的密封

值得注意的是，动力电池上盖和托盘要有足够的密封接触面边距（见图 3-3-3），只有 $B_1 \geqslant 20$ mm、$B_2 \geqslant 6$ mm，才能有效地保证密封接触面良好。

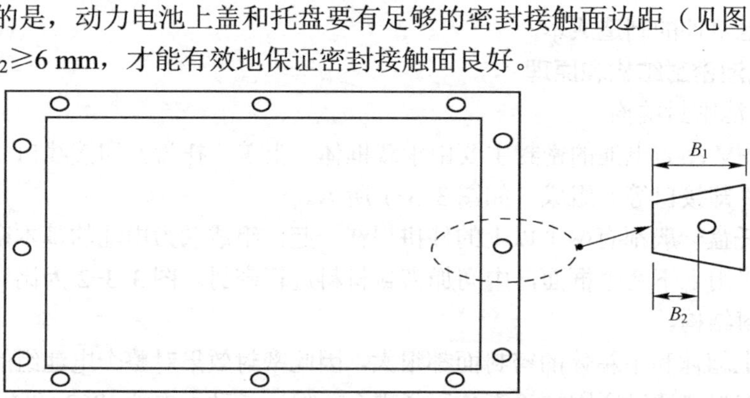

图 3-3-3 动力电池托盘有效密封边距

2）动力电池密封原理

在动力电池组的设计过程中，考虑到密封性能、使用环境温度、成本、可维护性、耐腐蚀性等因素，大部分垫片都会选择较为常见的硅胶泡棉材料。这种发泡材料设计的密封结构也可称为压缩密封，通过使密封垫形成适当的预压缩量，利用材料的反弹力将盖子压紧，起到密封作用。

硅胶泡棉材料是以硅橡胶生胶、填充料、硫化促进剂、发泡胶等为原材料，混炼均匀后，再经特殊工艺在高压高温下制成的一种多孔、密度低、可压缩的高分子弹性体。因其既有硅橡胶的高弹性，又具备泡沫材料所具有的隔音、避震等性能，在生活中应用广泛，多用作减振垫、密封垫片、吸音材料、绝缘层材料、航空公司保温材料等。根据泡孔结构，有机硅胶泡棉分为闭孔型、开孔型及混合型三种。

闭孔发泡的有机硅胶泡棉材料具有较好的防震缓冲、隔音、隔热保温及阻燃防爆等特性，其在汽车领域主要用于汽车车载空调用隔热泡沫管材、汽车减震、新能源汽车电池用发泡硅胶密封垫圈等。

3）动力电池封装结构虚拟仿真训练

计算机端登录：https://press.bjtu.edu.cn/h5trans/241122/5/。

移动端使用手机浏览器扫描左侧二维码进入虚拟仿真训练界面。

动力电池封装结构　　　　动力电池封装结构

3．动力电池密封方法

在 GB/T 4208—2017《外壳防护等级（IP 代码）》中对新能源汽车电池包的外壳防护等级做出了具体要求，为了保证电池包的安全性及正常工作，对动力电池提出了密封防水的要求。采用快速、高效且安全的方法来检测电池包的防水等级成为一项重要的环节。目前，动力电池包防水等级通常采用 IPX7 或 IPX8 的标准。

因此，动力电池包的密封、防水和除湿是重要的内容，各大动力电池厂商也在这方面做了很多工作，出现了不同的动力电池密封防水设计，主要有以下两种方法。

1）压力密封

采用压力密封方式的动力电池包，上盖和动力电池包箱体的连接方式通常为螺栓连接，通过上下箱体间安装密封垫圈来实现密封。密封垫圈主要为泡沫硅橡胶密封垫圈等。这种密封方式成本低，易拆装，因此得到了较好应用。图 3-3-4 为采用压力密封方式的比亚迪刀片电池箱机。

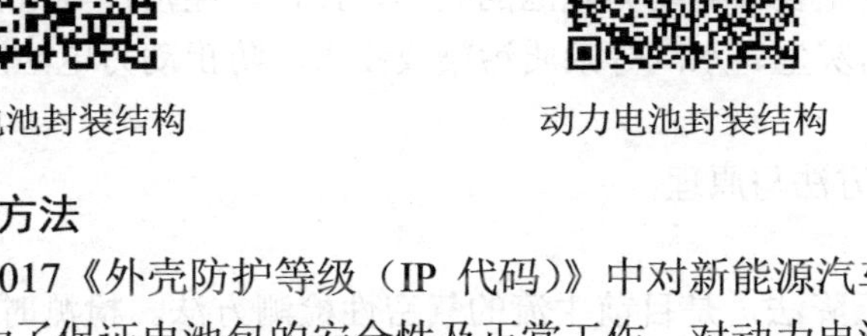

图 3-3-4　动力电池箱体压力密封方式

2）粘接密封

采用粘接密封方式的动力电池包，上盖和动力电池包箱体连接方式多为铆接或者螺栓连接，为便于粘接，上盖设计相对较薄，上盖和箱体间涂抹高强度密封胶，再通过铆接或者螺栓的连接方式确保密封效果。这种密封方式密封效果好，但其拆装性差，如果需要对动力电池包进行开箱作业，通常需要破坏上盖。图 3-3-5 为正在开箱的粘接密封动力电池。

图 3-3-5　动力电池箱体粘接密封方式

4．气密性检测

1）气密性检测的作用

动力电池作为新能源汽车的核心部件，其安全性至关重要。防水密封性是动力电池安全性的重要指标之一，气密性检测是动力电池安全性测试中必不可少的重要环节。

电池包气密性检测主要针对动力电池的壳体、接口、连接件等进行检测，以确保动力电池内部不受外界环境的灰尘、水汽等杂质污染或侵入，防止动力电池发生短路、爆炸等安全事故。

2）气密性检测的方法与原理

（1）压力衰减法

压力衰减法也叫压降法，是目前主流的气密性检测方法。检测时将动力电池充入一定压力的气体，然后观察气压的变化。如果气压下降，则表示动力电池存在泄漏。

气密仪的使用

（2）氦气检漏法

氦气检漏法也叫氦检法，是目前主流的气密性检测方法。检测时将氦气注入动力电池内部，然后通过氦气探测器检测动力电池内部是否存在氦气泄漏。

（3）水浸法

水浸法也叫泡水法，由于测试效率慢和精度较差已被压降法和氦检法取代。检测时将动力电池浸入水中，然后观察动力电池内部是否存在气泡。如果存在气泡，则表示动力电池存在泄漏。

3）气密故障的危害

如果动力电池的密封不足，有可能导致湿气、水分或其他外部物质进入电池内部。

（1）安全风险：水分进入电池内部可能引发短路或电解液泄漏，增加了电池过热或爆炸的风险。

（2）性能下降：水分与电池内部的化学物质相互作用，可能导致电池容量减少、功率输出下降或其他性能问题。

（3）寿命缩短：水分或湿气的存在可能会导致电池内部腐蚀或损坏，使电池的使用寿命变短。

（4）维修或更换电池：保持动力电池的密封性非常重要，以确保电池的正常运行和安全性。如果发现电池密封不足或有进水的迹象，应及时维修或更换，以避免可能发生的安全风险。

必备知识测试

3.3.6 任务指南

1．电池密封性能检修

动力电池总成在封装时通常会留有排气阀或测试孔，在测试时可将气密仪的气管连接到排气阀或测试孔加压测试，对于有泄漏的动力电池可使用肥皂水等排查可能泄漏的具体部位，若涂抹肥皂水后有气泡冒出，说明该处密封不良。请先在仿真软件中虚拟检修电池密封性能，掌握操作步骤后，可按照图 3-3-6 的步骤进行电池密封性能检修。

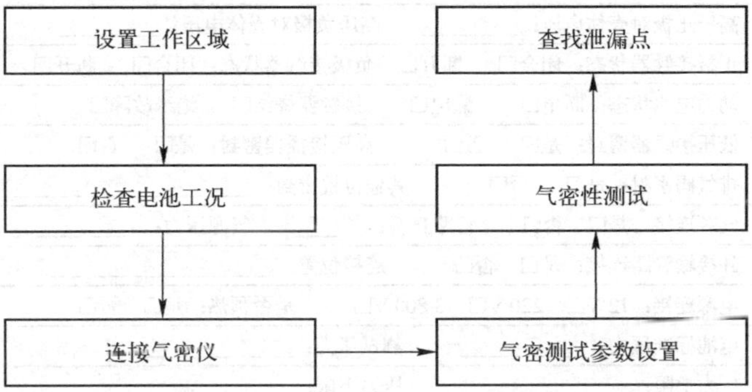

电池密封性能检修

图 3-3-6 电池密封性能检修步骤

2．电池密封性能检修

计算机端登录：https://press.bjtu.edu.cn/h5trans/241122/2/。

移动端使用手机浏览器扫描左侧二维码进入虚拟仿真训练界面。

电池密封性能检修虚拟仿真软件

电池密封性能检修操作手册

3.3.7 任务工单

任务 3.3 电池密封性能检修任务工单	扫描查阅电子工单

姓　名		班　级		学　号	
实训日期		评价方式	□自评 □互评 □师评	指导教师	

一、车辆/台架信息记录					
车辆品牌		车辆型号		生产日期	
动力电池型号		动力电池容量		行驶里程	
车辆识别码					

二、电池密封性能检修	
设置工作区域	工作区域大小：__________ 是否拉好安全警戒线：是□ 否□
	竖立安全警示牌：是□ 否□ 警示牌数量：__________
	是否配备灭火器：是□ 否□ 其他：______ 配备数量：______个
	灭火器类型：干粉灭火器□ 二氧化碳灭火器□ 水基灭火器□
	灭火器压力：__________ 有效期时间：______年___月___日
检查动力电池工况	高压正极对壳体电压：________ 高压负极对壳体电压：________
	正极接触器状态：闭合□ 断开□ 负极接触器状态：闭合□ 断开□
	动力电池状态：断电□ 漏电□ 接触器烧结□ 绝缘故障□
	低压接插器密封：是□ 否□ 高压接插器密封：是□ 否□
	排气阀密封：是□ 否□ 其他位置密封：____________________
连接气密仪	气源连接：是□ 否□ 管路直径：______ 气源压力：________
	外接输管路连接：是□ 否□ 连接位置：__________________
	电源连接：12 V□ 220 V□ 3 800 V□ 是否预热：是□ 否□
设置气密仪测试参数	电池标准压力：__________ 测试压力：____________
	压力上限：____________ 压力下限：____________
	充气压力：____________ 充气时间：____________
	保压压力：____________ 保压时间：____________
	泄漏压力：____________ 测试时间：____________
	排气方式：____________ 排气时间：____________
气密性测试	充气终了压力：____________ 正常□ 异常□
	保压终了压力：____________ 正常□ 异常□
	测试终了压力：____________ 正常□ 异常□
	测试结果：正常□ 异常□ 异常说明：____________________
	漏气点：____

3.3.8　任务标准

任务 3.3　电池密封性能检修任务任务标准

扫描查阅任务标准

姓　名			班　级	学　号		
实训日期			评价方式　□自评 □互评 □师评	指导教师		
序号	评价项目	评价内容	作业标准	分值	评分要求	实际得分
1	职业素养	工作安全 工作规范 工作态度	□1. 规范做好工作前的准备工作 □2. 规范开展场地、设备、工具安全检查（检查隔离栏设置、安全警示牌设置、灭火器压力值检查、举升机检查、动力电池举升车检查等） □3. 规范开展作业前和作业后工位 5S 操作 □4. 作业过程规范、未出现安全隐患或事故 □5. 积极主动、认真仔细地完成任务	20	每项扣 4 分，不超过 20 分	
2	专业能力	技术技能	□1. 能正确使用气密性测试仪 □2. 能正确连接动力电池插接器 □3. 能正确连接测试管 □4. 能正确密封透气孔 □5. 能正确读取密封压力	40	每项扣 10 分，不超过 40 分	
3	信息应用能力	关键数据及信息查询	□1. 能正确查阅气密仪使用说明书 □2. 能正确查阅维修手册 □3. 能正确查阅动力电池气密资料	10	每项扣 5 分，不超过 10 分	
4	分析判断能力	数据的读取、分析、判断	□1. 能判断动力电池密封性能是否正常 □2. 能判断动力电池漏气点 □3. 能分析动力电池密封不良原因	10	每项扣 5 分，不超过 10 分	
5	表达能力	有效沟通和描述维修任务	□1. 能与客户有效沟通维修方案 □2. 能与团队有效沟通维修方案	10	每项扣 5 分，不超过 10 分	
6	表单填写能力	电子、纸质工单填写	□1. 字迹清晰 □2. 语句通顺 □3. 无错别字 □4. 无涂改 □5. 无抄袭	10	每项扣 2 分，不超过 10 分	
总分				100		

3.3.9 任务小结

经过本任务的学习，能了解动力电池密封方式，掌握动力电池总成的密封原理及检测方法，并能进一步利用气密仪检测动力电池的密封性能，在动力电池封装后能检测出气密性是否符合要求。

3.3.10 知识链接

知识链接

3.3.11 拓展创新

题目引导	关于动力电池密封和气压平衡，你有什么更好的方案吗？

项目 4　动力电池内部故障检修

项目来源

动力电池的成本占到新能源汽车总成本的50%以上，而动力电池是由一个个的单体电池组成，并辅有对应的传感器检测单体电池及总成。动力电池的故障有时可能只是由于内部的一个传感器故障，或者是由于某节单体电芯不均衡而导致动力电池不能正常使用。如果仅仅因为一个传感器的问题而更换整个动力电池，对车主来说将是一个很大的负担。

本项目以新能源汽车动力电池内部故障案例为任务载体，将动力电池高压回路元件检修、电池保护电路检修、电池单体和模组检修、电池内部传感器检修、电池内部通信检修等动力电池开箱维修作业相关知识和技能转化为教学任务，并延伸至电池绝缘性能检修、电池续航性能检修、电池管理系统检修等电池管理功能的检修。

知识图谱

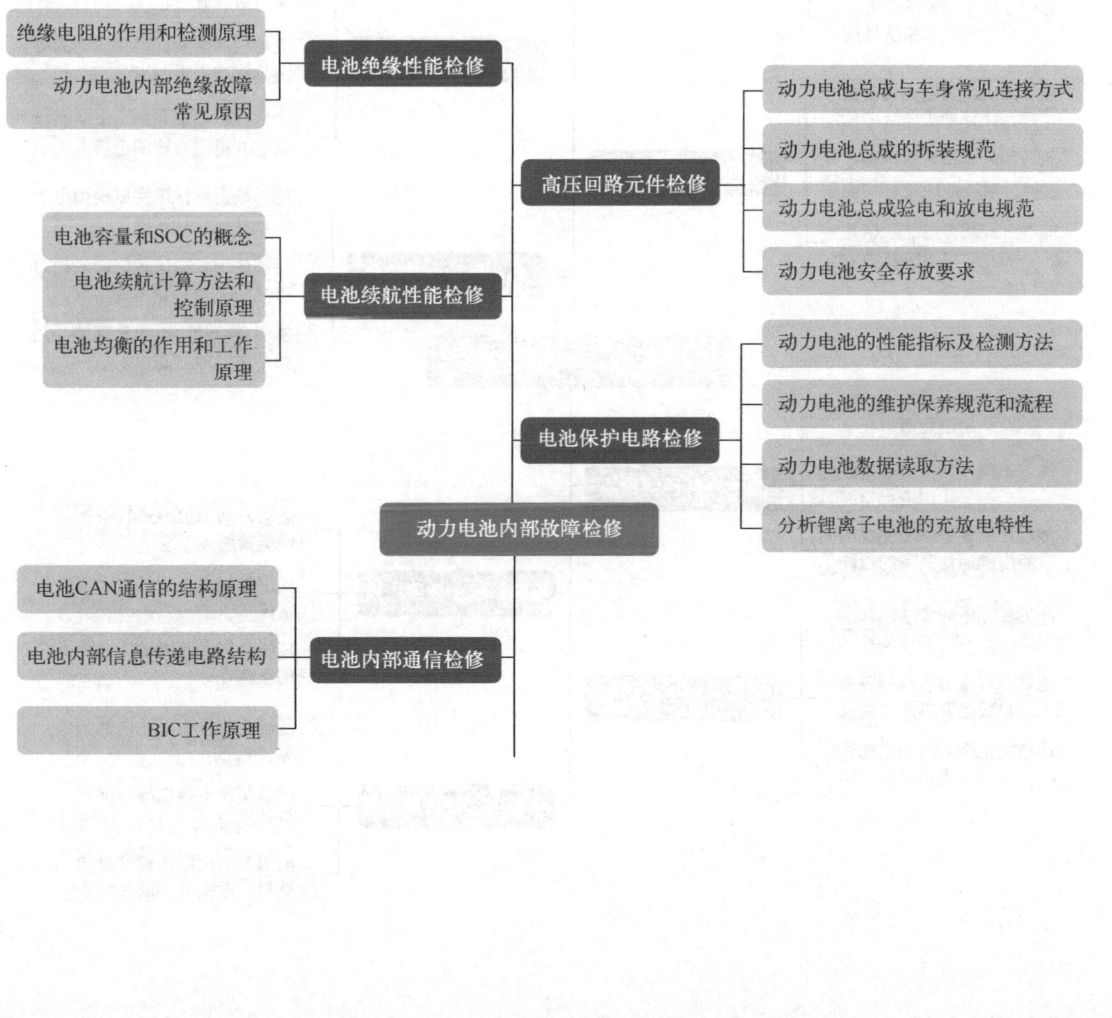

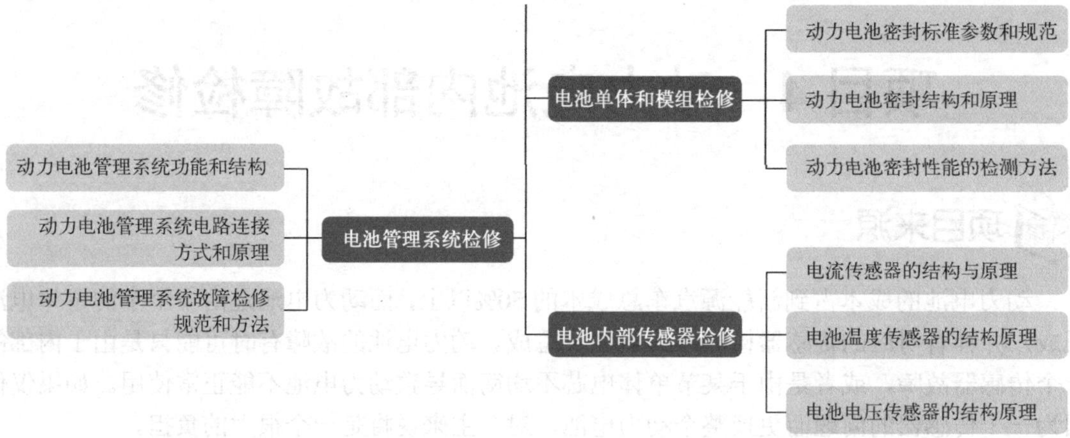
电池单体和模组检修
动力电池密封标准参数和规范
动力电池密封结构和原理
动力电池密封性能的检测方法
动力电池管理系统功能和结构
动力电池管理系统电路连接方式和原理
动力电池管理系统故障检修规范和方法
电池管理系统检修
电池内部传感器检修
电流传感器的结构与原理
电池温度传感器的结构原理
电池电压传感器的结构原理

技能图谱

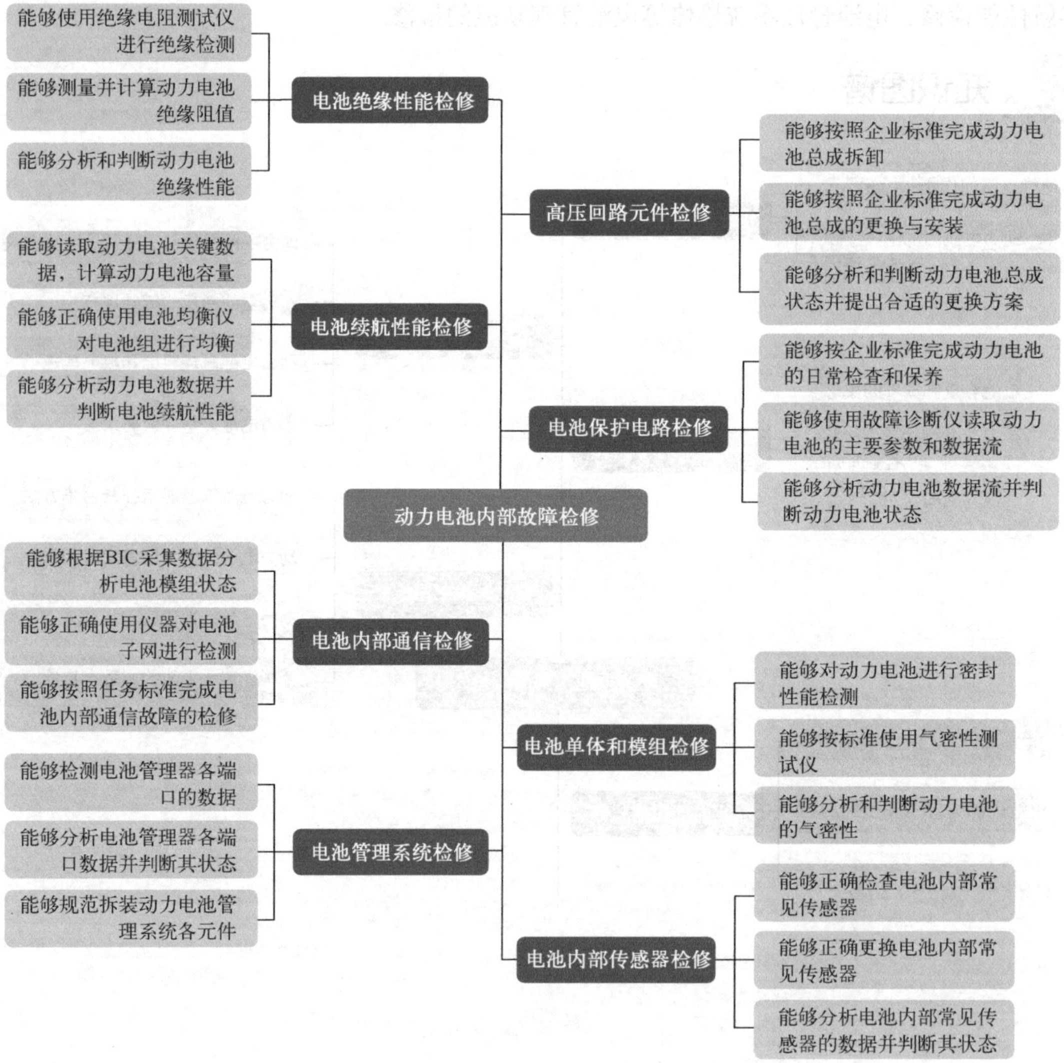
能够使用绝缘电阻测试仪进行绝缘检测
能够测量并计算动力电池绝缘阻值
能够分析和判断动力电池绝缘性能
电池绝缘性能检修
高压回路元件检修
能够按照企业标准完成动力电池总成拆卸
能够按照企业标准完成动力电池总成的更换与安装
能够分析和判断动力电池总成状态并提出合适的更换方案
能够读取动力电池关键数据，计算动力电池容量
能够正确使用电池均衡仪对电池组进行均衡
能够分析动力电池数据并判断电池续航性能
电池续航性能检修
电池保护电路检修
能够按企业标准完成动力电池的日常检查和保养
能够使用故障诊断仪读取动力电池的主要参数和数据流
能够分析动力电池数据流并判断动力电池状态
动力电池内部故障检修
能够根据BIC采集数据分析电池模组状态
能够正确使用仪器对电池子网进行检测
能够按照任务标准完成电池内部通信故障的检修
电池内部通信检修
电池单体和模组检修
能够对动力电池进行密封性能检测
能够按标准使用气密性测试仪
能够分析和判断动力电池的气密性
能够检测电池管理器各端口的数据
能够分析电池管理器各端口数据并判断其状态
能够规范拆装动力电池管理系统各元件
电池管理系统检修
电池内部传感器检修
能够正确检查电池内部常见传感器
能够正确更换电池内部常见传感器
能够分析电池内部常见传感器的数据并判断其状态

任务 4.1　高压回路元件检修

4.1.1　工作任务

秦先生的比亚迪秦 EV 汽车挂挡后不能行驶，组合仪表上的 OK 灯一直没点亮，用充电枪给车辆充电也充不进去。技术经理检查后诊断为电池内部接触器故障，现将车辆交于你做进一步开箱检查。

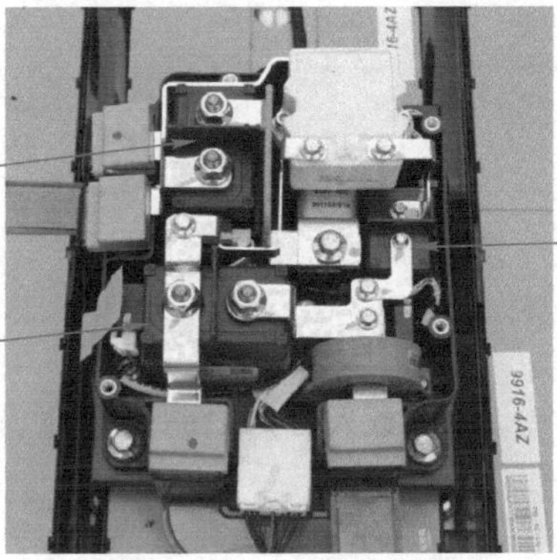

4.1.2　岗课赛证（见表 4-1-1）

表 4-1-1　任务 4.1 岗课赛证融通

序　号	融通类型	名　称	具体内容
1	岗位融通	动力电池维修岗位	动力电池维修
2	证书融通	电池及电池系统维修保养师三级/高级工	1．安全状态确认 2．系统内部组件维修
3	大赛融通	全国职业院校技能大赛汽车故障检修赛项	掌握电动汽车的结构、原理与运用

4.1.3　任务目标

1．素质目标

（1）能完成高压回路元件检修前后工位 5S，具有良好的职业素养和职业习惯。

（2）高压回路元件检修严格执行 AB 岗核查确认，具有安全意识。

（3）勇于挑战高压回路元件检修课后创新任务，具有知识迁移能力和创新意识。

（4）高压回路元件检修过程遵守评分标准，严谨细致，精益求精，具有工匠精神。

（5）高压回路元件检修的任务过程中执行分组实操，分工协作，具有团队精神。

2．知识目标

（1）熟练掌握动力电池开箱作业的流程和规范。

（2）熟练掌握动力电池高压回路的结构及工作原理。

（3）熟练掌握动力电池上电控制逻辑。

3．能力目标

（1）能够对动力电池执行开箱作业。

（2）能够按标准流程更换高压接触器。

（3）能够正确检测高压接触器的参数并分析其状态。

4.1.4 大国工匠

大国工匠人物事迹——张帅坤

4.1.5 必备知识

1．动力电池开箱作业

1）注意事项

（1）必须佩戴绝缘手套和护目镜进行作业。

（2）开箱前需要检测动力电池是否存在漏电故障。

（3）需要对冷却系统接口进行密封处理，防止杂物进入管路内。

（4）在拆卸上盖板过程中应注意扭力大小，防止螺栓扭断与螺纹滑丝。

（5）匀速抬下上盖板，避免上盖板折断。

（6）动力电池上盖板安装后需进行气密性检测。

2）工作步骤

（1）佩戴个人安全防护用具：绝缘服、绝缘鞋、绝缘手套、安全绝缘帽、护目镜等。

（2）用万用表检测电池是否漏电。检测方法为：将万用表正极分别搭在动力电池正、负极接口，万用表负极接电池壳体接地点。正常值为 1 V 以下。若所测值过大则不具备拆卸条件，需要先检测漏电原因和位置，排除后再进行后续拆卸工作。

（3）使用工具均匀用力旋转上盖固定螺栓直至螺栓脱离箱体。

（4）检查螺栓是否已全部拆除完毕。

（5）两人一前一后配合，力道与速度同步均匀抬下电池上盖板。

3）动力电池开箱虚拟仿真训练

计算机端登录：https://press.bjtu.edu.cn/h5trans/241122/8/。

移动端使用手机浏览器扫描左侧二维码进入虚拟仿真训练界面。

动力电池开箱虚拟仿真软件　　　　动力电池开箱操作手册

2．动力电池高压回路结构及工作原理

图 4-1-1 为比亚迪秦 EV 动力电池总成，电池组内部共有 10 个模组。模组间通过铜排进行串联，前部和中间的模组内部又由 8 个单体组成，后部模组内由 16 个单体组成。因此电池组共有 112 节单体电池，每节 3.65 V，则电池组标称电压是 408.8 V。

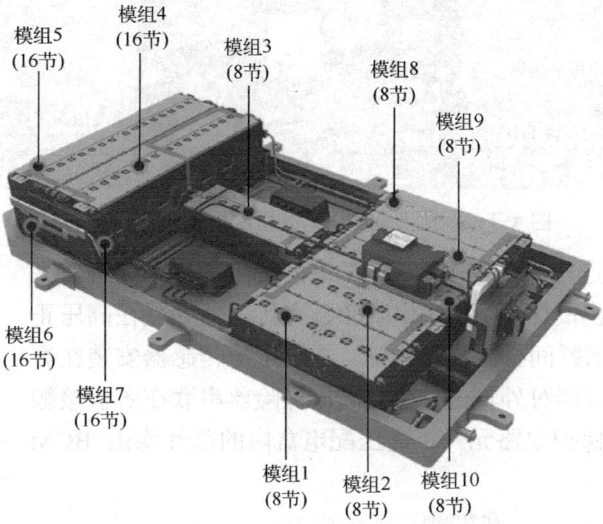

图 4-1-1　比亚迪秦 EV 动力电池总成

每个电池模组间串联的铜排又称为汇流铜排，它是新能源汽车动力电池常用的一种软性导电装置，利用软性伸缩节的弹性起保护作用，可以防止因短路或热胀冷缩引起开关或母线拉断，在装配时也不受角度问题的限制，具有安装方便、灵活性强、散热快、导电性能好的特点。汇流铜排多用于新能源汽车锂电池模组的导电，如图 4-1-2 中框线所示，其原料通常使用紫铜、镍片或铝带。

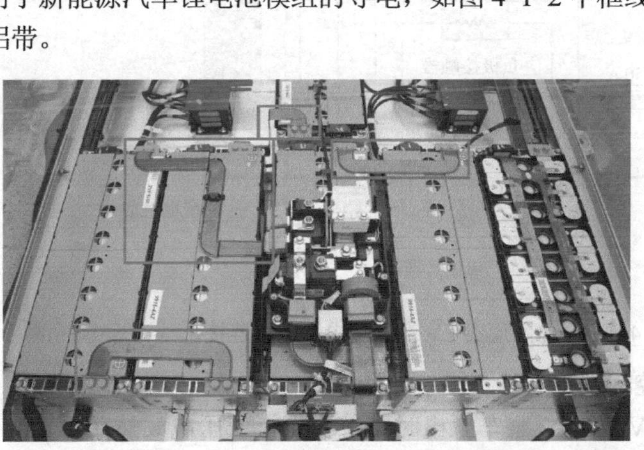

图 4-1-2　比亚迪秦 EV 汇流铜排

模组 1（负极）和模组 10（正极）都通过高压配电盒对外输出高压电，高压配电盒安装在电池模组 10 的上方，高压配电盒内部结构如图 4-1-3 所示。

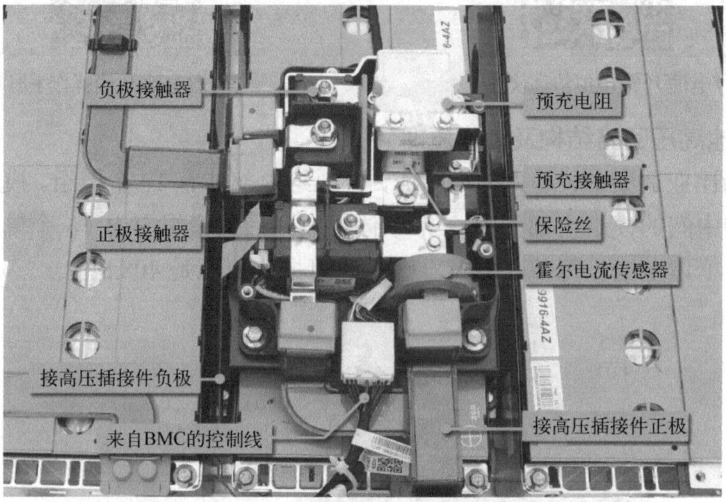

图 4-1-3　比亚迪秦 EV 高压配电盒内部结构

高压配电盒电路连接如图 4-1-4 所示，里面采用了 3 个接触器来完成动力电池对外输出高压电，预充电阻和预充接触器并联在高压正极电路中，在上电接通瞬间抑制高压电流。霍尔电流传感器安装在高压正极输出电路上，检测对外输出电流。高压保险丝串联在负极接触器前，当电流过高时保护电路元件。高压配电盒内的部件均由 BCM 直接控制工作。

高压预充电阻认知

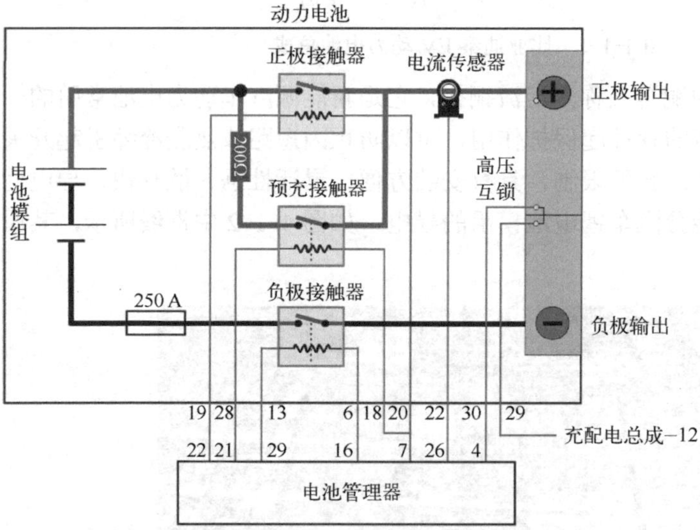

图 4-1-4　比亚迪秦 EV 高压配电盒电路连接

3．高压上电控制逻辑

以比亚迪秦 EV 为例，整车上电时系统会先上低压电，然后再上高压电，在高压系统故障等不能上高压电的情况下，系统只上低压电。比

高压上电控制逻辑

亚迪秦 EV 高压上电控制框图如图 4-1-5 所示。

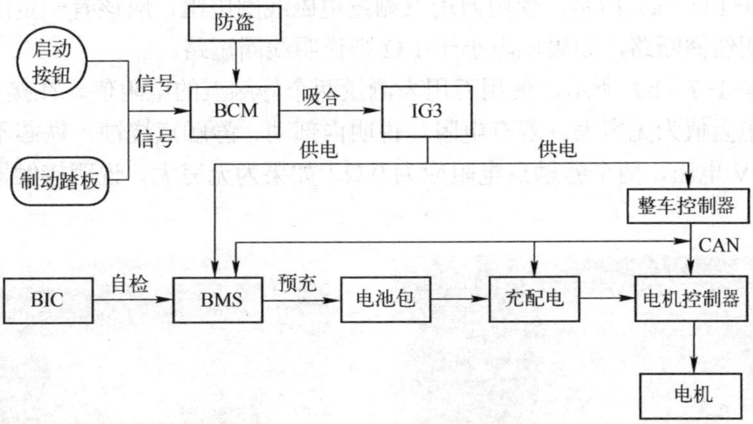

图 4-1-5　高压上电控制框图

比亚迪秦 EV 的低压电由 BCM 控制，上电时 BCM 会检测上电的合法性，合法性通过后，通过控制继电器给各功能模块供电来唤醒各功能模块控制单元。

控制单元唤醒后会进行自检，自检通过后由整车控制器判断是否上高压电。整车控制器会汇总其他控制单元的自检结果进行判断，如果可以上高压电，则发送高压上电命令给 BMS，由 BMS 执行高压上电流程。BMS 上电完成后将信号反馈给整车控制器，整车控制器再通知仪表点亮“OK”灯提示上电完成。

4．接触器

1）接触器结构原理

接触器是动力电池对外输出高压电的开关，在新能源汽车上一般作为高压直流电的通断控制，能承受的电流可达到 200 A 以上，最高达到 500 A 的瞬时大电流控制，其内部结构如图 4-1-6 所示。其工作原理为电磁线圈通电产生磁场，动铁芯吸引上移接通两个静触点；当电池线圈不通电时，返力弹簧向下拉动铁芯，使触点断开。

高压直流接触器的结构与工作原理

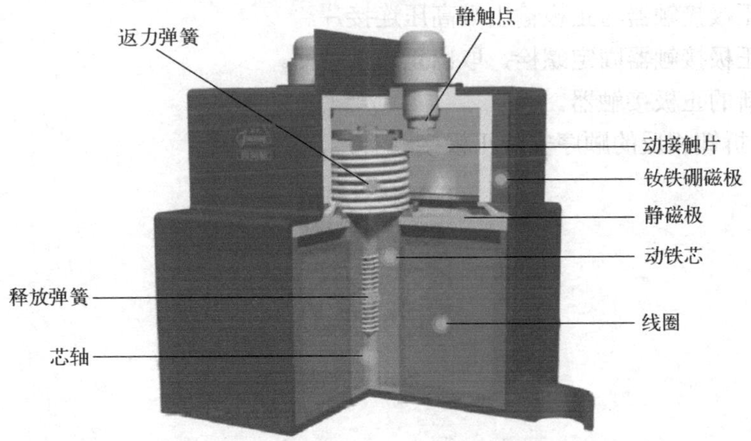

图 4-1-6　接触器内部结构

2）测试方法

（1）如图 4-1-7（a）所示，使用万用表测量电磁线圈电阻，应该有一定阻值的电阻，如电阻无穷大说明线圈断路，如果电阻小于 1 Ω 则说明线圈短路。

（2）如图 4-1-7（b）所示，使用万用表测量两个静触点的电阻值。在接触器不工作时，两个静触点的电阻值为无穷大，若有电阻，说明内部动、静触点烧蚀，铁芯不回位。如果给电磁线圈通 12 V 电压，两个静触点电阻应为 0 Ω，如果为无穷大，说明接触器内部损坏，触点不能闭合。

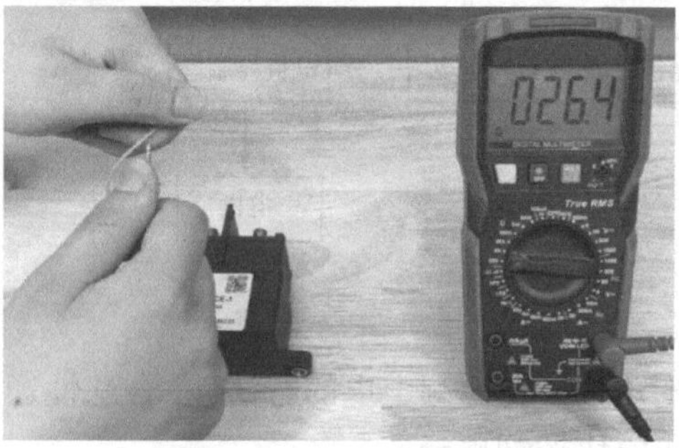

（a）测量电磁线圈

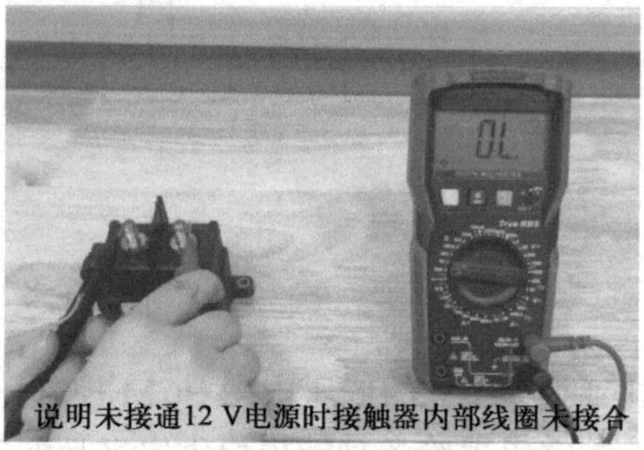

（b）测量静触点

图 4-1-7　接触器的测试

3）更换方法

以更换比亚迪秦 EV 动力电池内的正极接触器为例，假设动力电池已经拆卸并开盖，具体更换步骤如下。

（1）佩戴绝缘手套。

（2）拆卸高压配电盒上盖。

（3）拔出正极接触器线圈插接器。

（4）拆卸预充电阻与正极接触器间高压连接片。

（5）拆卸正极接触器与电池模组端高压连接片。

（6）拆卸预充接触器与正极接触器间高压连接片。

（7）拆卸正极接触器与正极输出端高压连接片。

（8）拆卸正极接触器固定螺栓，取出正极接触器。

（9）放入新的正极接触器。

（10）按与拆卸相反的顺序安装正极接触器。

必备知识测试

4.1.6　任务指南

1. 高压接触器的检查及更换

动力电池带有高压电，在拆卸前需做好个人高压安全防护；为避免因拆装引起断路而造成安全问题，在对配电箱操作前，需断开动力电池与配电箱的连接。建议按照图 4-1-8 中的流程，将高压接触器拆卸后再进行检查及安装。

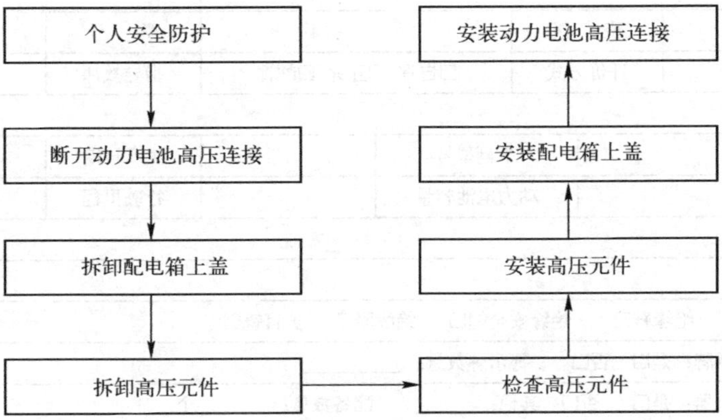

图 4-1-8　高压接触器的检查及更换流程

高压接触器的检查及更换

2. 高压接触器的更换仿真训练

计算机端登录：https://press.bjtu.edu.cn/h5trans/241122/13/。

移动端使用手机浏览器扫描左侧二维码进入虚拟仿真训练界面。

高压接触器的更换虚拟仿真软件　　高压接触器的更换操作手册

4.1.7 任务工单

任务 4.1 高压回路元件检修任务工单	扫描查阅电子工单

姓　名		班　级		学　号	
实训日期		评价方式	□自评 □互评 □师评	指导教师	

一、车辆/台架信息记录

车辆品牌		车辆型号		生产日期	
动力电池型号		动力电池容量		行驶里程	
车辆识别码					

二、高压接触器的检查及更换

个人安全防护	绝缘手套□　绝缘鞋□　绝缘安全帽□　绝缘服□　护目镜□
	竖立安全警示牌：是□　否□　警示牌数量：______
	是否配备灭火器：是□　否□　其他：______　配备数量：______个
	灭火器类型：干粉灭火器□　二氧化碳灭火器□　水基灭火器□
	灭火器压力：______　有效期时间：　　年　　月　　日
拆卸高压接触器	接触器作用：正极接触器□　负极接触器□　预充接触器□
	注意事项：______
	拆卸高压连接片数量：______
	低压电源线颜色：______　控制线颜色：______
	拆卸其他元件：高压熔断器□　电流传感器□　预充电阻□ 高压连接片□　低压插接器□　配电盒上盖□
检查高压接触器	电磁线圈阻值：______ 通电测试：无反应□　清脆□　低沉□　通电电压：______
	高压触点静态阻值：______　通电阻值：______
	判断：正常□　异常□　异常情况说明：______
安装高压接触器	接触器作用：正极接触器□　负极接触器□　预充接触器□
	注意事项：______
	配件号：______　驱动电压：______
	相关元件安装：高压熔断器□　电流传感器□　预充电阻□ 高压连接片□　低压插接器□　配电盒上盖□

4.1.8　任务标准

任务 4.1　高压回路元件检修任务标准

扫描查阅任务标准

姓　名		班　级		学　号	
实训日期		评价方式	□自评 □互评 □师评	指导教师	

序号	评价项目	评价内容	作业标准	分值	评分要求	实际得分
1	职业素养	工作安全 工作规范 工作态度	□1. 规范做好工作前的准备工作 □2. 规范开展场地、设备、工具安全检查（检查隔离栏设置、安全警示牌设置、灭火器压力值检查、举升机检查、动力电池举升车检查等） □3. 规范开展作业前和作业后工位 5S 操作 □4. 作业过程规范、未出现安全隐患或事故 □5. 积极主动、认真仔细地完成任务	20	每项扣 4 分，不超过 20 分	
2	专业能力	技术技能	□1. 能正确拆卸高压配电盒上盖 □2. 能正确拆卸高压连接片 □3. 能正确拔插接触器控制端 □4. 能正确测量电磁线圈 □5. 能正确测量高压静触点端子 □6. 能正确使用万用表 □7. 能正确更换正极接触器 □8. 能正确安装正极接触器 □9. 能正确紧固和检查接触器和高压连接片安装情况 □10. 能正确使用拆装工具	40	每项扣 4 分，不超过 40 分	
3	信息应用能力	关键数据及信息查询	□1. 能正确查阅接触器维修标准 □2. 能正确查阅动力电池维修手册	10	每项扣 5 分，不超过 10 分	
4	分析判断能力	数据的读取、分析、判断	□1. 能判断正/负极接触器工况 □2. 能判断电磁线圈技术状况 □3. 能分析接触器故障原因	10	每项扣 5 分，不超过 10 分	
5	表达能力	有效沟通和描述维修任务	□1. 能与客户有效沟通维修方案 □2. 能与团队有效沟通维修方案	10	每项扣 5 分，不超过 10 分	
6	表单填写能力	电子、纸质工单填写	□1. 字迹清晰 □2. 语句通顺 □3. 无错别字 □4. 无涂改 □5. 无抄袭	10	每项扣 2 分，不超过 10 分	
总分				100		

4.1.9 任务小结

经过本任务的学习，能掌握常见高压回路元件的拆装与更换方法，能够规范检查高压接触器并判断是否出现故障，帮助车主解决问题。

4.1.10 知识链接

知识链接

大众 ID.4MEB 高压控制系统认知

预充接触器或控制线路故障诊断与排除方法

4.1.11 拓展创新

题目引导	有没有什么办法能精准识别动力电池内部回路元件的工作状态，帮助我们更快地锁定并掌握动力电池内部回路情况？

任务 4.2 电池保护电路检修

4.2.1 工作任务

一辆新能源汽车在行驶中撞到左前方的护栏，动力电池也托底，事故发生后车辆就紧急切断高压不能行驶。请按照任务标准完成检修，并提交任务工单。

4.2.2 岗课赛证（见表 4-2-1）

表 4-2-1 任务 4.2 岗课赛证融通

序 号	融通类型	名 称	具体内容
1	岗位融通	动力电池维修岗位	动力电池维修
2	证书融通	电池及电池系统维修保养师三级/高级工	系统内部组件维修
3	大赛融通	全国职业院校技能大赛汽车故障检修赛项	掌握电动汽车的结构、原理与运用

4.2.3 任务目标

1. 素质目标

（1）能完成电池保护电路检修前后工位 5S，具有良好的职业素养和职业习惯。

（2）电池保护电路检修严格执行 AB 岗核查确认，具有安全意识。

（3）勇于挑战电池保护电路检修课后创新任务，具有知识迁移能力和创新意识。

（4）电池保护电路检修过程遵守评分标准，严谨细致，精益求精，具有工匠精神。

（5）电池保护电路检修的任务过程中执行分组实操，分工协作，具有团队精神。

2. 知识目标

（1）熟练掌握动力电池碰撞保护原理。

（2）熟练掌握高压熔断器的结构与功用。

（3）熟练掌握高压熔断器的检测与更换方法。

3. 能力目标

（1）能够对碰撞断电故障进行检测和维修。

（2）能够对高压熔断器进行拆装和更换。

（3）能够分析和判断高压熔断器的状态。

4.2.4 大国工匠

大国工匠人物事迹——艾爱国

4.2.5 必备知识

1．燃爆保险

燃爆保险用于动力电池的碰撞断电、高压系统过流短路情况下，起保护功能。以大众 ID.4 燃爆式保险丝 S415 为例，其串联在动力电池高压负极电路中，从图 4-2-1 的负极高压配电盒中可以看到，燃爆式保险丝 S415 使用螺栓与动力电池负极电路连接。

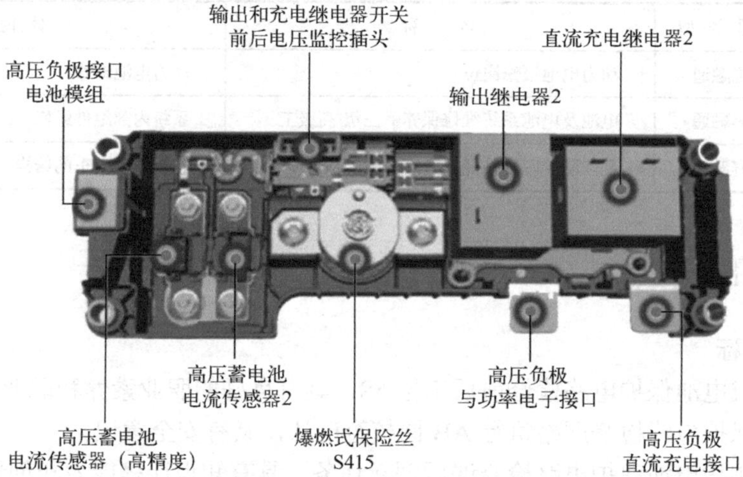

图 4-2-1　大众 ID.4 负极高压配电盒

燃爆式保险丝 S415 内部基本结构与高压熔断器相同，当动力电池对外输出过流或者短路时，燃爆式保险丝 S415 会及时熔断，保护电路元件免遭损坏。燃爆式保险丝内有一个小型燃爆装置，由安全气囊控制单元直接控制。当车辆发生碰撞时，安全气囊控制单元 J234 根据碰撞传感器等的信号判断车身受损情况，如果判断出碰撞可能会损坏动力电池出现漏电等极端危险情况，安全气囊控制单元除了通过驱动 CAN 网络发送碰撞信息给高压系统的控制单元，还会通过专门的碰撞信号控制线直接激活动力电池 AX2 内的燃爆式保险丝 S415。燃爆式保险丝 S415 主动爆燃，将串联的动力电池高压负极线路炸断，使整车高压系统电路与动力电池断路，而这整个过程不超过 2 ms。

2．熔断器结构与功用

熔断器指的是当电流超过规定值和规定的时间时，使电路断开的熔断式保护器件。熔断器一般由熔体、电极和支架 3 部分组成。

（1）熔体部分。它是熔断器的核心，熔断时起到切断电流的作用。同一类、同一规格熔断器的电阻值应尽可能小且一致，其中最重要的是熔断特征要一致。

高压熔断器认知

（2）电极部分。通常有两个，是熔体与电路连接的重要部件，它必须具有良好的导电性，不应产生明显的安装接触电阻。

（3）支架部分。支架的作用就是将熔体固定并使三个部分成为刚性的整体，以便于安装、使用，它必须有良好的机械强度、绝缘性、耐热性、阻燃性，在使用中不应产生断裂、变形、燃烧及短路等现象。

比亚迪秦 EV 动力电池的高压熔断器结构如图 4-2-2 所示。该熔断器是一种热能响应器件，使用电阻率较高的易熔合金制成，或用截面积较小的良导体制成。当电路中一旦发生短路或者严重过载时，电流在熔断器产生的热量大于其散热强度，熔片或熔丝会熔断，从而保护电路和电器设备。

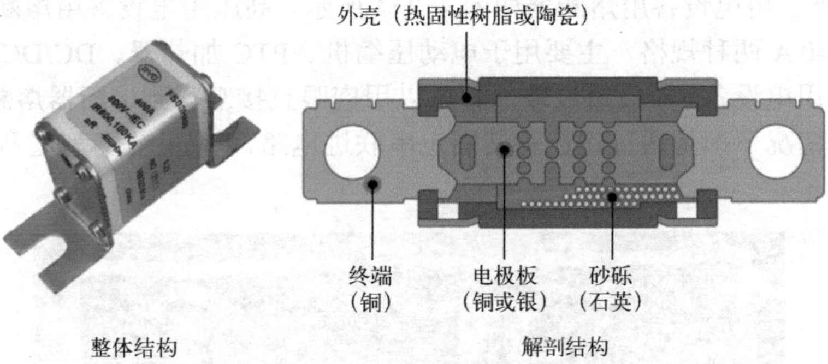

图 4-2-2　高压熔断器结构

高压熔断器一般集成在动力电池的配电盒（见图 4-2-3）中，与新能源汽车设计的其他电压保护设计，如互锁保护、接触器保护等，形成完整的电保护体系，保证当出现事故熔断后不会产生二次危险。

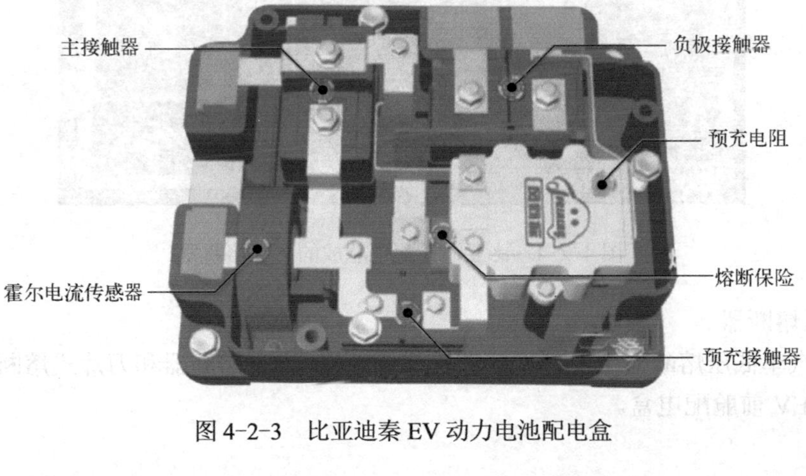

图 4-2-3　比亚迪秦 EV 动力电池配电盒

新能源汽车使用的高压熔断器应具备以下功能。

（1）容量大，通常在几十到几百安的额定电流和 400 V 左右的额定电压。

（2）能够承受瞬间高电流、高脉冲，熔断器主要对电流敏感，以起到当事故发生时断开主电路的保护作用，只有流经的电流为持续一定时间的大电流，高压熔断器才会发生熔断，瞬时的高电流和电压高脉冲情况下，熔断器不会断开。

（3）安全可靠性高，除熔断功能外，完全具备通过电流的基本功能。

（4）运行环境温度相对较高，尤其应用在新能源汽车上，能在低温-40℃和高温 80℃的情况下正常工作。

（5）机械特性好，结构上高压熔断器有螺丝或螺栓连接位，目的是方便安装和拆卸等检查和维护工作。

3. 保险的识别和检测

1）高压熔断器

新能源汽车高压熔断器执行《道路车辆 熔断器 第 6 部分：螺栓式高压熔断器》（GB/T 31465.6—2017），其额定电流不大于 400 A，熔断容量为 2 000 A。

高压熔断器分为动力电池用熔断器和高压用电设备用熔断器，动力电池用熔断器结构见图 4-2-2，高压用电设备用熔断器如图 4-2-4 所示。高压用电设备用熔断器额定电流主要有 30 A 和 40 A 两种规格，主要用于电动压缩机、PTC 加热器、DC/DC 变压器、车载充电机等高压用电设备。一般透过玻璃管可以用肉眼直接观察到熔断器熔断与否。这种熔断器在大多数情况下都是通过螺栓将其固定串联进电路，以防止在行驶过程中因为颠簸而松脱。

图 4-2-4 比亚迪充配电总成的高压熔断器

2）低压熔断器

新能源汽车低压熔断器主要有平板螺栓式熔断器、方形熔断器和刀片式熔断器。图 4-2-5 为比亚迪秦 EV 前舱配电盒。

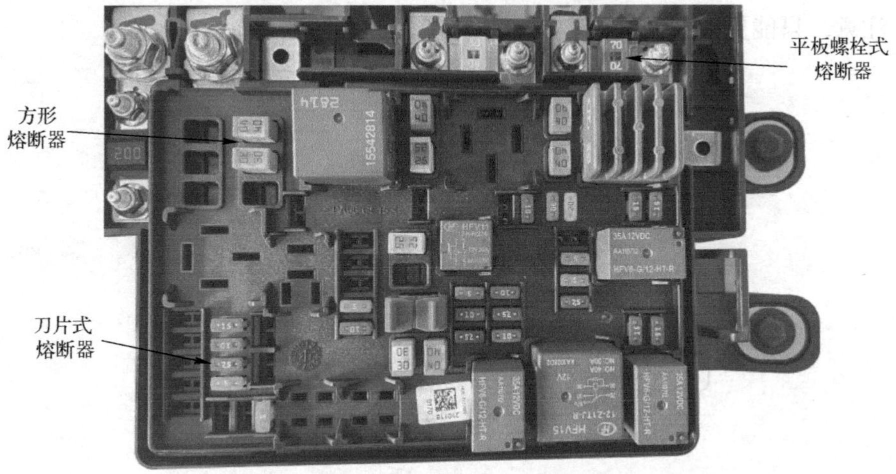

图 4-2-5　比亚迪秦 EV 前舱配电盒

新能源低压线路从电流强度上可分为高电流保护区（包括低压辅助蓄电池、电动转向助力、电动真空泵、ABS、鼓风机、电磁风扇线路等大容量用电器线路）和中低电流保护区（通常指汽车线路中的中央控制盒，包括灯光和音响线路等电器设备线路）。

（1）高电流保护区

大功率用电设备为高电流保护区，一般采用平板螺栓式熔断器或方形熔断器，通常电流在 30 A 以上，其熔断器为慢熔熔断器，能承受瞬间高电流、高脉冲，一般安装在低压辅助蓄电池附近或前舱配电盒。

（2）中低电流保护区

仪表配电盒及部分前舱配电盒为低电流保护区，为快熔熔断器。可选用的熔断器种类十分广泛，如刀片式熔断器、Mini 熔断器、电流盒式熔断器和带有指示灯的熔断器等。

为了快速辨别常用熔断器的载流能力，刀片式熔断器和方形熔断器通常会使用不同颜色来区分，具体分别如图 4-2-6 所示。

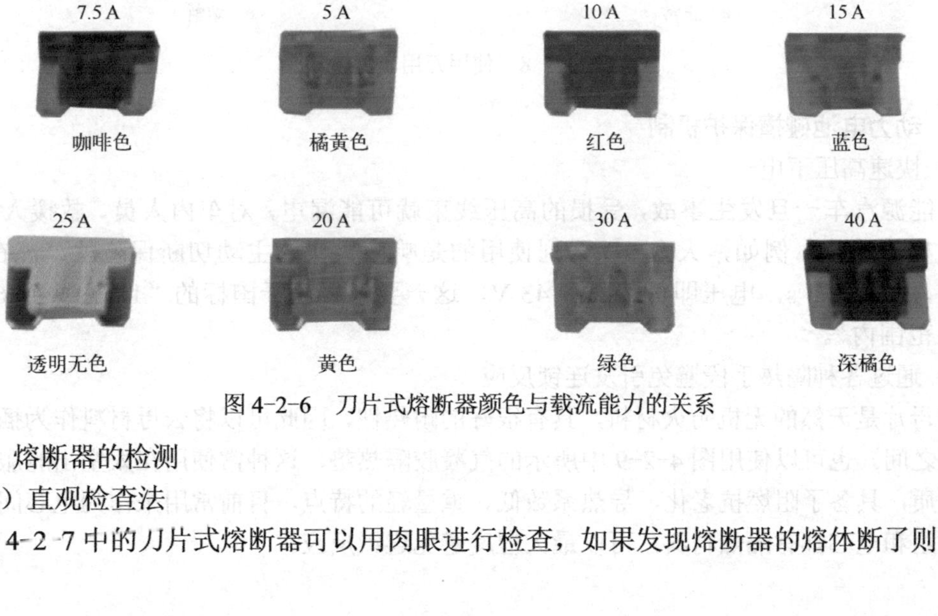

图 4-2-6　刀片式熔断器颜色与载流能力的关系

3）熔断器的检测

（1）直观检查法

图 4-2-7 中的刀片式熔断器可以用肉眼进行检查，如果发现熔断器的熔体断了则说明需

要更换。注意：只能更换相同规格、同等载流能力的熔断器。

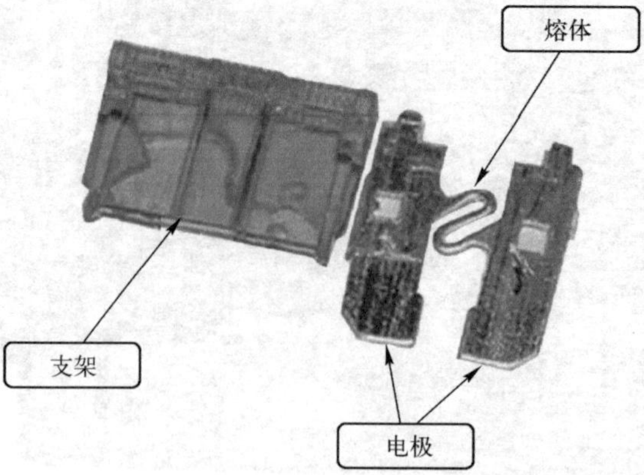

图 4-2-7 15 A 刀片式熔断器

（2）使用万用表测量

拆卸熔断器，将万用表调整至二极管挡或者最低电阻挡，如图 4-2-8 所示，将红表笔和黑表笔分别搭载熔断器的两个电极。如果电阻无穷大，说明熔断器已经熔断；如果万用表鸣叫或者显示电阻，则说明熔断器正常。

（a）正常

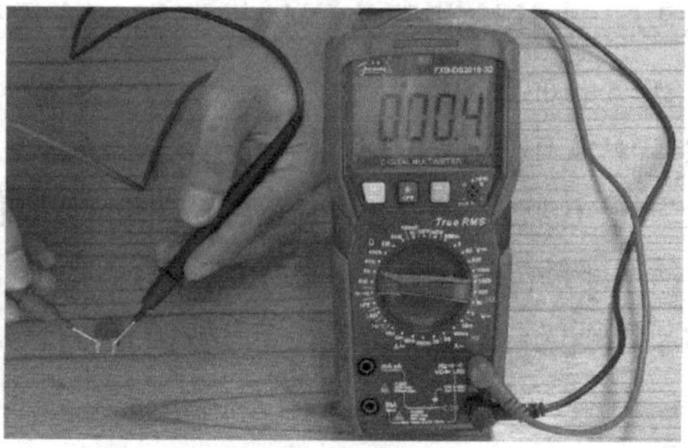

（b）熔断

图 4-2-8 使用万用表测量

4．动力电池碰撞保护机制

1）快速高压下电

新能源汽车一旦发生事故，受损的高压线束就可能漏电，对车内人员、救援人员和急救人员构成威胁。例如，大众 ID.系列使用的是响应极快的主动切断保险丝，能在 2 ms 内响应，只需 0.8 s，电压即可下降到 43 V，这一要求要高于国标的“1 s 内降到 60 V 安全电压范围内”。

2）通过各种隔热手段避免引发连锁反应

云母片是天然的无机防火材料，具有很好的耐热性，因此可以将云母材料作为插片安装于模组之间。也可以使用图 4-2-9 中所示的气凝胶隔热垫，这种常使用在太空出舱服中的气凝胶材质，具备了阻燃抗老化、导热系数低、重量轻的特点，目前常用来作为电芯间隔热材料，模组和电芯都有隔热材料，可以最大程度避免连锁反应。

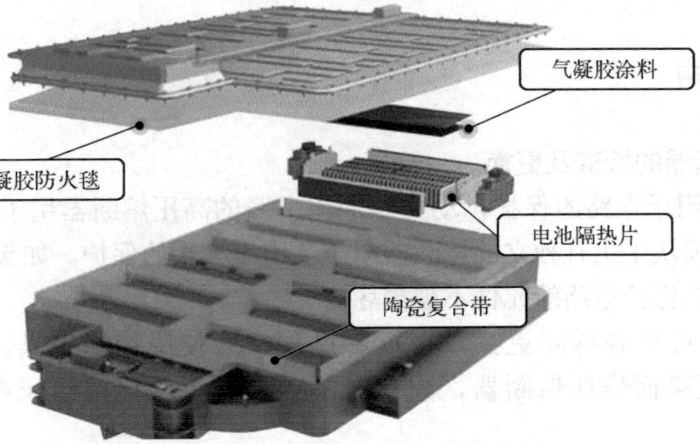

图 4-2-9 气凝胶隔热垫在动力电池的应用

3）设计排气通道，将热量快速排出

即使遇到极端情况，也不能让热量存积于电池包内部。现在的动力电池包均设计有排气泄压阀，目的就在于此。如图 4-2-10 所示，比亚迪秦 PLUS EV 的排气泄压阀安装在上盖左后方。

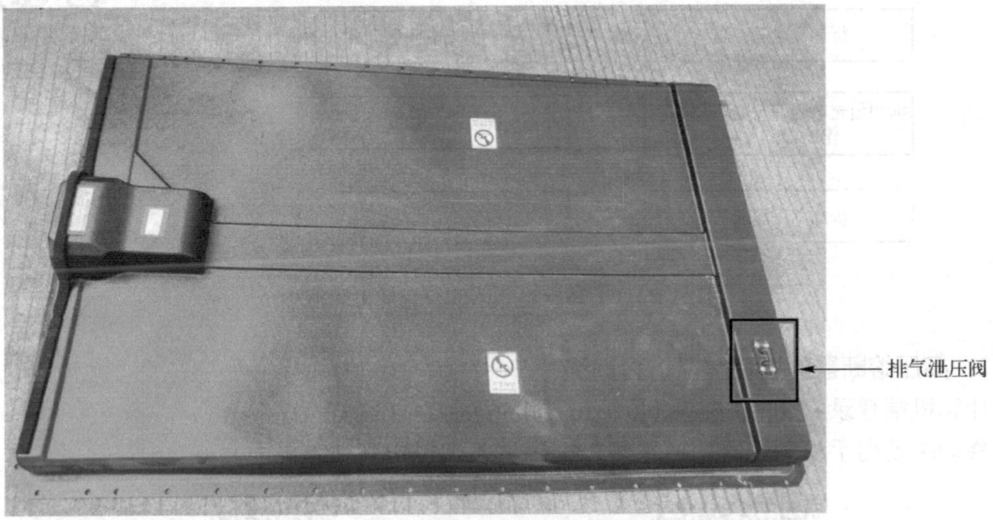

图 4-2-10 比亚迪秦 PLUS EV 动力电池上盖

必备知识测试

4.2.6 任务指南

1. 高压熔断器的检查及更换

高压熔断器用于电路的保护，动力电池内串联的高压熔断器用于防止动力电池电路过载；在高压配电模块中也有独立的熔断器用于各用电模块的保护。如果在碰撞中发生短路，熔断器将会断开以保护电路的元件不被损坏。

高压熔断器可单独拆卸更换，在拆卸过程中应使用绝缘工具，以免烧坏。为避免因拆装引起的短路而烧坏熔断器，建议在拆装前，拆除电池组正极或负极与配电箱的连接。

新安装的熔断器必须与原车的熔断器同规格。可以按照图 4-2-11 的流程拆卸动力电池的高压熔断器并进行检查。

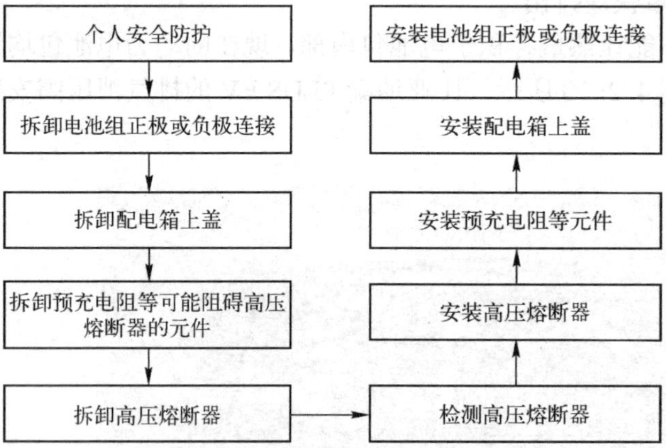

图 4-2-11 高压熔断器的检查及更换流程

高压熔断器的检查及更换

2. 高压熔断器的拆装虚拟仿真训练

计算机端登录：https://press.bjtu.edu.cn/h5trans/241122/12/。

移动端使用手机浏览器扫描左侧二维码进入虚拟仿真训练界面。

高压熔断器的拆装虚拟仿真软件

高压熔断器的拆装操作手册

4.2.7　任务工单

任务 4.2　电池保护电路检修任务工单				扫描查阅电子工单	
姓　名		班　级		学　号	
实训日期		评价方式	□自评 □互评 □师评	指导教师	

一、车辆/台架信息记录

车辆品牌		车辆型号		生产日期	
动力电池型号		动力电池容量		行驶里程	
车辆识别码					

二、高压保险丝的检查及更换

个人安全防护	绝缘手套□　绝缘鞋□　绝缘安全帽□　绝缘服□　护目镜□
	树立安全警示牌：是□ 否□　警示牌数量：______
	是否配备灭火器：是□　否□　其他：______　配备数量：______个
	灭火器类型：干粉灭火器□　二氧化碳灭火器□　水基灭火器□
	灭火器压力：__________　有效期时间：　年　月　日
拆卸高压保险丝	注意事项：______________________________
	拆卸其他元件：正极接触器□　负极接触器□　预充接触器□ 电流传感器□　预充电阻□　高压连接片□
	拆卸其他附件：______________________________
检查高压保险丝	额定电压：______________　额定电流：______________
	保险阻值：______________　主动断电功能：是□　否□
	功能判断：正常□　异常□　其他情况说明：______________
安装高压保险丝	额定电压：______________　额定电流：______________
	保险阻值：______________　配件号：______________
	主动断电功能：是□　否□　其他说明：______________
	安装注意事项：______________________________
	使用工具：______________　紧固力矩：__________
	相关元件安装：正极接触器□　负极接触器□　预充接触器□ 电流传感器□　预充电阻□　高压连接片□

4.2.8 任务标准

任务 4.2 电池保护电路检修任务标准

扫描查阅任务标准

姓　名		班　级		学　号	
实训日期		评价方式	□自评 □互评 □师评	指导教师	

序号	评价项目	评价内容	作业标准	分值	评分要求	实际得分
1	职业素养	工作安全 工作规范 工作态度	□1. 规范做好工作前的准备工作 □2. 规范开展场地、设备、工具安全检查（检查隔离栏设置、安全警示牌设置、灭火器压力值检查、举升机检查、动力电池举升车检查等） □3. 规范开展作业前和作业后工位 5S 操作 □4. 作业过程规范、未出现安全隐患或事故 □5. 积极主动、认真仔细地完成任务	20	每项扣 4 分，不超过 20 分	
2	专业能力	技术技能	一、拆卸高压熔断器 □1. 能正确拆卸高压配电盒上盖 □2. 能正确拆卸预充电阻 □3. 能正确拆卸高压熔断器 □4. 能正确检测高压熔断器 二、检查高压熔断器 □1. 能正确检查高压熔断器 □2. 能正确测量高压熔断器 三、安装高压熔断器 □1. 能正确安装高压熔断器 □2. 能正确安装预充电阻 □3. 能正确使用拆装工具	40	每项扣 5 分，不超过 40 分	
3	信息应用能力	关键数据及信息查询	□1. 能正确查阅高压熔断器的型号 □2. 能正确查阅动力电池维修手册	10	每项扣 5 分，不超过 10 分	
4	分析判断能力	数据的读取、分析、判断	□1. 能判断高压熔断器的工况 □2. 能判断分析造成高压熔断器故障的原因	10	每项扣 5 分，不超过 10 分	
5	表达能力	有效沟通和描述维修任务	□1. 能与客户有效沟通维修方案 □2. 能与团队有效沟通维修方案	10	每项扣 5 分，不超过 10 分	
6	表单填写能力	电子、纸质工单填写	□1. 字迹清晰 □2. 语句通顺 □3. 无错别字 □4. 无涂改 □5. 无抄袭	10	每项扣 2 分，不超过 10 分	
总分				100		

4.2.9　任务小结

经过本任务的学习，能掌握常见新能源汽车熔断器和保险丝的结构与检测方法，并且能够规范使用万用表检查熔断器，帮助车主解决问题。

4.2.10　知识链接

知识链接　　高压互锁回路原理

4.2.11　拓展创新

题目引导	有没有更好的设计方式能实现不用开箱即可更换保险丝？

任务 4.3　电池单体和模组检修

4.3.1　工作任务

一辆纯电动新能源汽车在空载时车辆状态均正常，但是在车辆装载货物较多且爬坡时，车辆会突然异常高压熄火断电，此时若关钥匙后重新点火启动，车辆又可以行驶一段时间。维修技师对车辆进行了初步检查，将故障范围锁定在动力电池包内部，向车主王先生反馈情况并经过协商后，车主同意开包进行检修。

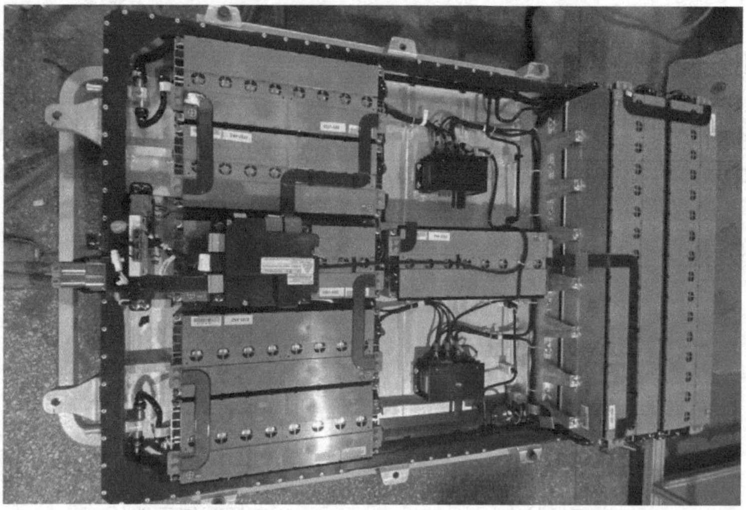

4.3.2 岗课赛证（见表 4-3-1）

表 4-3-1 任务 4.3 岗课赛证融通

序号	融通类型	名称	具体内容
1	岗位融通	动力电池维修岗位	高压部件的识别
2	证书融通	电池及电池系统维修保养师三级/高级工	1．电芯和模组替换性维修 2．电性能维护
3	大赛融通	全国职业院校技能大赛汽车故障检修赛项	掌握电动汽车结构、原理与运用

4.3.3 任务目标

1．素质目标

（1）能完成电池单体和模组检修前后工位 5S，具有良好的职业素养和职业习惯。

（2）电池单体和模组检修严格执行 AB 岗核查确认，具有安全意识。

（3）勇于挑战电池单体和模组检修课后创新任务，具有知识迁移能力和创新意识。

（4）电池单体和模组检修过程遵守评分标准，严谨细致，精益求精，具有工匠精神。

（5）电池单体和模组检修的任务过程中执行分组实操，分工协作，具有团队精神。

2．知识目标

（1）熟练掌握单体电池和模组的结构和作用。

（2）熟练掌握电芯电阻变化的原因及解决办法。

（3）熟练掌握动力电池电芯连接和 Pack 组装方式。

3．能力目标

（1）能够按照任务标准拆装和更换电池单体和模组。

（2）能够规范检测单体电池及模组的相关数据。

（3）能够分析电池单体和模组数据并判断其状态。

4.3.4　大国工匠

大国工匠人物事迹——柳祥国

4.3.5　必备知识

1．单体电池结构

锂离子电池一般由正极、负极、隔膜、电解液（电解质）、壳体和安全阀等组成，如图 4-3-1 所示。

单体电池结构展示

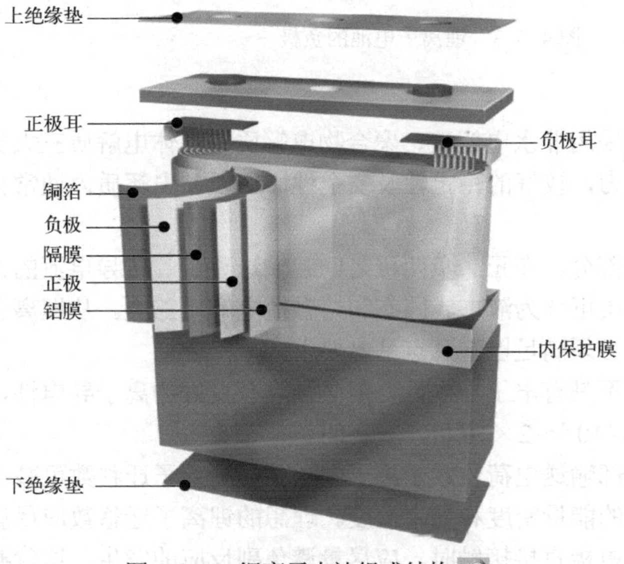

图 4-3-1　锂离子电池组成结构

1）正极

锂离子电池的正极主要包括活性物质、导电剂、溶剂、黏合剂、基体等。活性物质采用嵌锂过渡金属氧化物，我们通常所说的钴酸锂电池、锰酸锂电池、磷酸铁锂电池、三元锂电池等都是以锂离子电池的正极材料来命名的。图 4-3-2 为锂离子电池的正极。

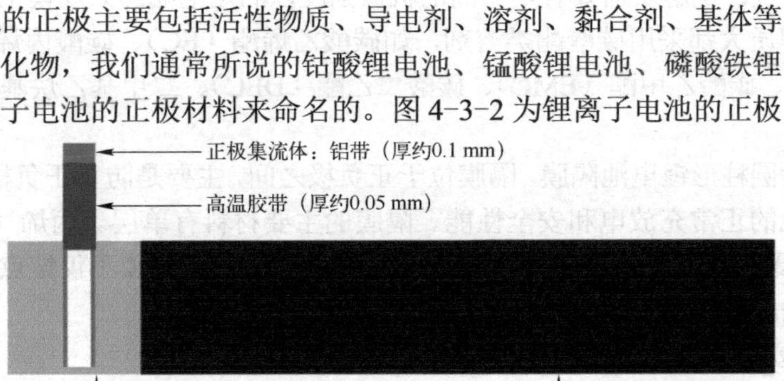

图 4-3-2　锂离子电池的正极

2）负极

锂离子电池的负极主要包括活性物质、粘合剂、溶剂、基体等。负极活性物质选择电位尽可能接近锂电位的可嵌入锂化合物，如碳材料。目前常见的碳材料主要有石墨（分为人造石墨、天然石墨），碳素材料（软碳、硬碳）等。图 4-3-3 所示为锂离子电池的负极。

图 4-3-3 锂离子电池的负极

3）电解液（电解质）

锂离子电池的电解液一般采用非水电解液、聚合物电解质和固体电解质三大类。锂电池的电解质应具有较高的导电能力，较好的稳定性及安全性，所以在电解质内通常会加入适量添加剂。

电解质是电池的重要组成部分，在正、负两极之间起输送离子、传导电流的作用。从相态上来分，锂离子电池的电解质可分为液态、固态和熔融盐电解质三类。从锂离子电池内部传质的实际要求出发，电解质必须满足以下几点基本要求。

（1）离子电导率：电解质不具有电子导电性，但必须具有良好的离子导电性，一般温度范围内，电解质的电导率在 1×10^{-3}～2×10^{-3} S/cm 之间。

（2）离子迁移数：电池内部输送电荷依赖于离子的迁移，高离子迁移数可减小电极反应时的浓差极化，使电池产生高的能量密度和功率密度。理想的锂离子迁移数应尽量接近。

（3）稳定性：当电解质与电极直接接触时，应尽量避免副反应的发生，这就要求电解质要具备一定的化学稳定性和热稳定性。

（4）机械强度：电解质需要有足够高的机械强度以满足电池的大规模生产包装过程。

锂离子电解质大都采用碳酸酯类溶剂，如碳酸乙烯酯（EC）、碳酸丙烯酯（PC）、碳酸二甲酯（DMC）、碳酸乙甲酯（EMC）、碳酸二乙酯（DEC）、二甲基乙炔基酯（DME）等。

4）隔膜

图 4-3-4 为圆柱形锂电池隔膜。隔膜位于正负极之间，主要是防止正负极活性物质短路，保证锂离子电池的正常充放电和安全性能。隔膜的主要材料有单层聚丙烯（PP）、单层聚乙烯（PE）、双层聚丙烯或聚乙烯材料等，尤其是 PP/PE/PP 三层隔膜不仅熔点较低，而且具有较高的抗穿刺强度，起到了热保险作用。

5）壳体和安全阀

锂离子电池的壳体材质需要兼顾强度要求和散热性能，在整车轻量化的趋势下，还应该考虑壳体重量的问题，壳体一般采用镀镍钢或铝制成。安全阀安装于电池盖上，也称为排气阀，目的在于防止电池内部压力过高而产生的破裂或爆炸等危险。

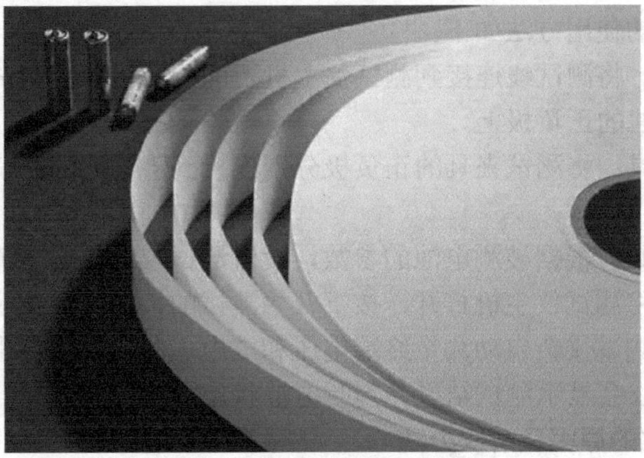

图 4-3-4　圆柱形锂电池隔膜

2．电池单体内阻概念和检测方法

电流在通过电池内部时受到阻力，使电池的输出电压降低，此阻力称为电池的内阻。因为活性物质的组成、电解液的浓度和温度都在不断地改变，电池的内阻不是常数，而是在放电过程中随时间不断变化，一般为几十毫欧级。

在电池维修过程中通常直接使用电池内阻测试仪测量电池的内阻。电池内阻测试仪使用简单便捷，它会自动通过测量电池终端电压和放电电流计算出电池的内阻。电池内阻测试仪一般由测试仪主机、测试线和测试夹具组成，测试仪主机如图 4-3-5 所示。

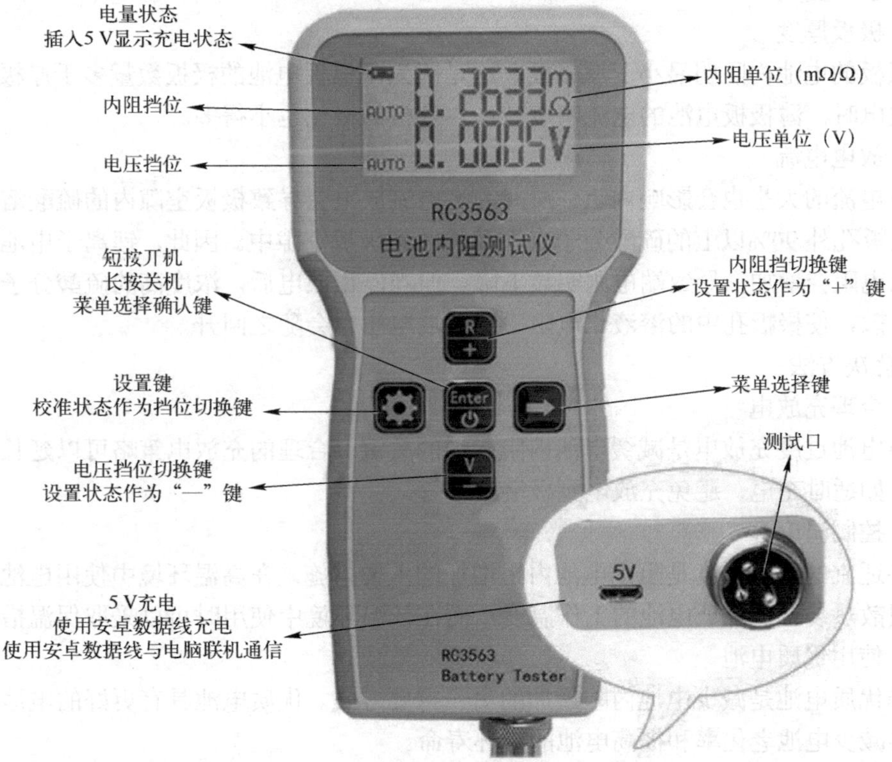

图 4-3-5　电池内阻测试仪主机

电池内阻测试仪的使用方法如下。

（1）连接测试线：将测试线连接到测试仪主机上的相应接口，测试线一般包括正负两根线，分别连接到蓄电池的正负极上。

（2）连接测试夹具：将测试夹具的正负极分别连接到蓄电池的正负极上，确保夹具连接牢固，避免接触不良。

（3）设置测试参数：根据被测电池的参数，设置测试仪的放电电流大小和放电时间。

（4）开始测试：将测试仪主机打开，按下开始测试的按钮，测试仪将开始进行测试。

（5）结果分析：测试仪会自动测量终端电压和放电电流，并计算出蓄电池的内部电阻，在测试完成后，测试仪会显示测试结果并判断电池状态。

3. 电芯电阻变化的原因及解决办法

1）电芯电阻变化的原因

（1）温度变化

当温度降至0℃以下时，每降低10℃，内阻就会增加约15%。这主要是因为锂离子电池中的活性降低，电解液的电导率下降，导致电池内阻增加。而在较高的温度下，如10℃以上，硫酸离子的扩散速率提高，浓度极化作用明显减弱，使极化电阻下降。但同时导体电阻会随着温度的升高而上升，不过上升的速度相对较小。

（2）充放电过程

在锂离子电池的充放电过程中，电阻会有所变化。充电时，内阻会由大变小；放电时，内阻则会由小变大。

（3）极板厚度

薄极板的电池内阻明显小于厚极板。这是因为薄极板电池的极板数量多于厚极板电池，因此在放电时，薄极板电池的电流密度较小，各极的极化也小得多。

（4）放电电流

放电电流的大小也会影响内阻。瞬间的大电流放电会导致极板空隙内的硫酸溶液迅速稀释，而极板孔外90%以上的硫酸分子来不及扩散到极板空隙中。因此，锂离子电池极板孔中的溶液比电阻会增加，导致端电压明显下降。但当停止放电后，浓度高的硫酸分子会向极板空隙中扩散，使极板孔中的溶液比电阻下降，端电压也会随之回升。

2）解决方法

（1）合理充放电

避免电池过度充放电是减缓电池内阻增加的关键。合理的充放电策略可以延长电池的使用寿命，如适时充电、避免充放电到极端水平等。

（2）控制温度

保持适宜的工作温度是阻止电池内阻增加的重要措施。在高温环境中使用电池时，可以考虑使用散热装置或降低电池的工作温度，而在低温环境中使用时可以采取保温措施。

（3）使用优质电池

选择优质电池是减少电池内阻增加的另一重要方式。优质电池具有更好的电池材料和工艺，能够减少电池老化率和提高电池的循环寿命。

（4）提高制造工艺

电池制造工艺的改进也可以减少电池内阻的变化。优化电极结构、改善电解质配方和提高电极材料的纯度等都可以降低电池的内阻。

4．动力电池电芯连接和 Pack 组装方式

电池模组的电芯连接通常使用激光电焊工艺，利用激光焊接机将电芯的极柱通过金属连接片点焊连接，然后进行装配。激光点焊的电芯连接方式非常稳定、可靠，电芯的一致性也较好。

图 4-3-6 是比亚迪秦 EV 动力电池内部连接图，图中最右侧的电池电芯通过金属连接片点焊连接，电芯采用正负极首尾连接的串联方式，连接后的电池模组总电压等于所有单体电池的电压之和。

动力电池电芯连接和 Pack 组装方式

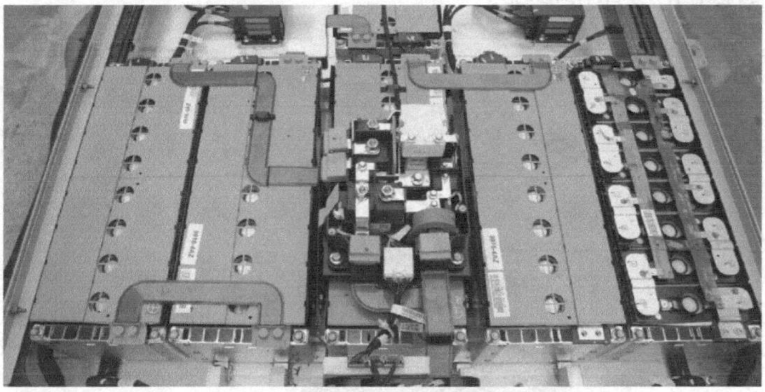

图 4-3-6　比亚迪秦 EV 动力电池内部连接

模组和模组之间的连接则通过铜排连接，每个铜排通过 2 个螺栓固定在模组的正（负）极上，方便模组的拆装。比亚迪秦 EV 电池模组间的连接方式也是串联连接，动力电池的总电压等于 10 个模组的电压之和，即所有单体电池的电压之和。

比亚迪秦 EV 动力电池前部和中部的 8 节电芯串联的模组均通过 4 个螺栓固定在托盘上，后部 4 个 16 节电芯的电池模组分为上下两层，每个电池模组都通过 14 个螺栓安装在托盘支架上，如图 4-3-7 所示。

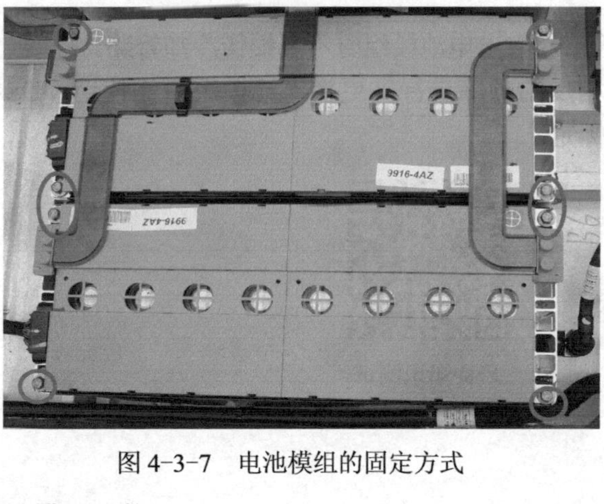

图 4-3-7　电池模组的固定方式

电池模组连接方式

5．单体和模组更换

电池模组安装在动力电池内，多个电池模组组成动力电池总成。比亚迪前部电池模组（8 节）的组成如图 4-3-8 所示。单体电池通过金属连接片首尾相连，串联成一个电池模组，BIC （battery integrated controller，电池信息采集器）通过电池模组上的 PCB（printed circuit board，印刷电路板）上的电压传感器和温度传感器采集电池模组上各单体电池的信息，并反馈给 BMS，这些传感器焊接在电池连接器上。单体电池不允许单独更换，需要与电池模组一起更换总成。

电池模组结构展示

更换电池模组需要将动力电池从车身卸下，并打开动力电池上盖和拆卸绝缘垫。电池模组从动力电池上的更换步骤如下。

（1）拔出电池信息采集插接器。

（2）拆卸电池模组负极连接铜排。

（3）拆卸电池模组正极连接铜排。

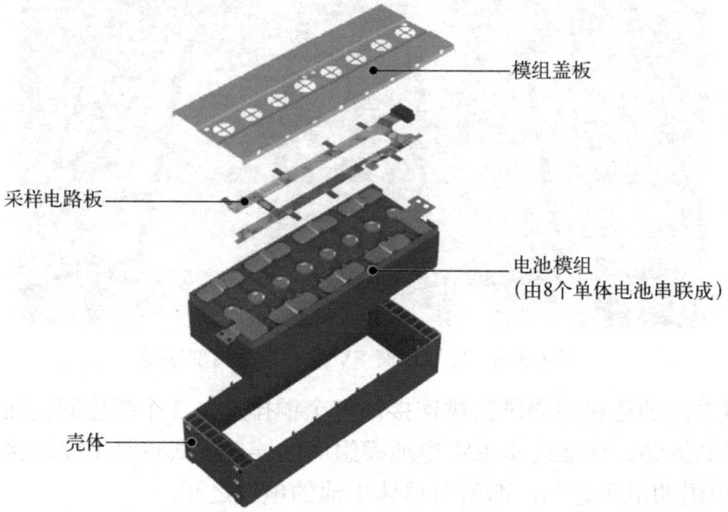

图 4-3-8 电池模组组成

（4）拆卸电池模组固定螺栓。

（5）取出电池模组。

注意：电池模组底部有冷却管路，取出电池模组时不要损伤冷却管路。

安装电池模组应按照与拆卸相反的顺序进行，更换电池模组后需使用 VDS 2000 进入电池管理系统对新的电池模组进行标定。

必备知识测试

4.3.6 任务指南

1. 更换电池模组

动力电池内的单体电池通常分为多个电池模组，模组内的单体电池间采用激光焊接，只能更换模组总成。在使用诊断仪检查出故障电池后，需判断该电池属于哪一个模组，然后对电池进行检查，若确认电池损坏需更换整个模组。

建议将电池模组拆卸后进行检查，可按图 4-3-9 的作业流程先在仿真软件中进行仿真更换操作，仿真通过后再在开箱的动力电池中实际更换电池模组，在整个操作过程中均需做好个人安全防护。

更换电池模组

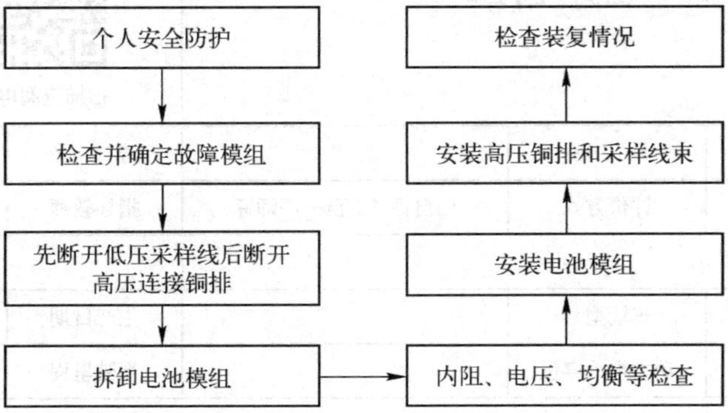

图 4-3-9　更换电池模组的作业流程

2．更换动力电池模组虚拟仿真训练

计算机端登录：https://press.bjtu.edu.cn/h5trans/241122/15/。

移动端使用手机浏览器扫描左侧二维码进入虚拟仿真训练界面。

更换动力电池模组虚拟仿真软件　　更换动力电池模组操作手册

3．单体电池检查

单体电池检查包括检查电池外观、电压、内阻等，对于新装入的单体电池必须检查其与原电池模组各项参数是否一致。可按照图 4-3-10 的流程检查单体电池。

单体电池检查

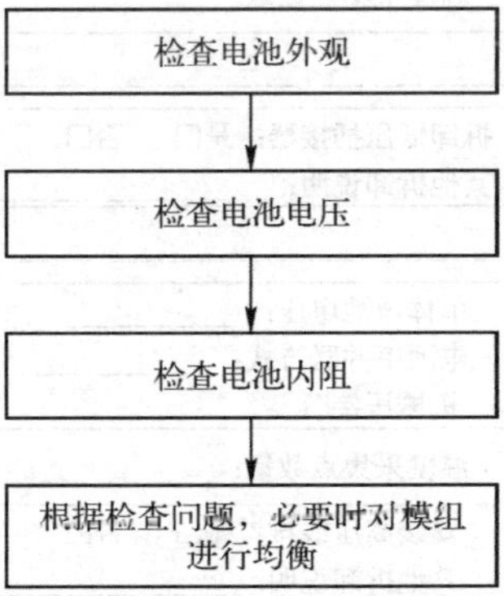

图 4-3-10　单体电池检查流程

4.3.7 任务工单

<table>
<tr><td colspan="5">任务 4.3 电池单体和模组检修任务工单</td><td>扫描查阅电子工单</td></tr>
<tr><td>姓 名</td><td></td><td>班 级</td><td></td><td>学 号</td><td></td></tr>
<tr><td>实训日期</td><td></td><td>评价方式</td><td>□自评 □互评 □师评</td><td>指导教师</td><td></td></tr>
<tr><td colspan="6">一、车辆/台架信息记录</td></tr>
<tr><td>车辆品牌</td><td></td><td>车辆型号</td><td></td><td>生产日期</td><td></td></tr>
<tr><td>动力电池型号</td><td></td><td>动力电池容量</td><td></td><td>行驶里程</td><td></td></tr>
<tr><td>车辆识别码</td><td colspan="5"></td></tr>
<tr><td colspan="6">二、更换电池模组</td></tr>
<tr><td rowspan="5">个人安全防护</td><td colspan="5">绝缘手套□ 绝缘鞋□ 绝缘安全帽□ 绝缘服□ 护目镜□</td></tr>
<tr><td colspan="5">竖立安全警示牌：是□ 否□ 警示牌数量：________</td></tr>
<tr><td colspan="5">是否配备灭火器：是□ 否□ 其他：______ 配备数量：______个</td></tr>
<tr><td colspan="5">灭火器类型：干粉灭火器□ 二氧化碳灭火器□ 水基灭火器□</td></tr>
<tr><td colspan="5">灭火器压力：________ 有效期时间： 年 月 日</td></tr>
<tr><td rowspan="9">拆卸电池模组</td><td colspan="5">注意事项：________________</td></tr>
<tr><td colspan="5">故障码：________________</td></tr>
<tr><td colspan="5">异常数据流：________________</td></tr>
<tr><td colspan="5">更换模组编号：________ 模组位置：________</td></tr>
<tr><td colspan="5">模组总电压：________ 单体电池电压：________
单体电池数量：________ 电池串并联方式：________
电池连接方式：焊接□ 螺接□ 机械压接□</td></tr>
<tr><td colspan="5">电压采集点数量：________ 温度采集点数量：________</td></tr>
<tr><td colspan="5">插接器电压与温度信号线区分：________________</td></tr>
<tr><td colspan="5">拆卸高压线排：是□ 否□ 拆卸低压插接器：是□ 否□
拆卸固定螺栓：是□ 否□ 其他拆卸说明：________</td></tr>
<tr><td colspan="5"></td></tr>
<tr><td rowspan="4">安装电池模组</td><td colspan="5">注意事项：________________</td></tr>
<tr><td colspan="5">模组总电压：________ 单体电池电压：________
单体电池数量：________ 电池串并联方式：________
电池连接方式：焊接□ 螺接□ 机械压接□</td></tr>
<tr><td colspan="5">电压采集点数量：________ 温度采集点数量：________</td></tr>
<tr><td colspan="5">安装固定螺栓：是□ 否□ 安装高压线排：是□ 否□
安装低压插接器：是□ 否□ 其他拆卸说明：________</td></tr>
</table>

续表

三、单体电池检查	
单体电池检查	注意事项：________________
	外观检查：漏液□　鼓包□　腐蚀□　其他：________
	电压 1：____　电压 2：____　电压 3：____　电压 4：____ 电压 5：____　电压 6：____　电压 7：____　电压 8：____
	电池内阻测试仪校准：是□　否□　校准结果说明：________ 红色夹说明：________　黑色夹说明：________ 电池内阻测试： 电池 1 内阻：____　电池 1 电压：____　正常□ 异常□ 电池 2 内阻：____　电池 2 电压：____　正常□ 异常□ 电池 3 内阻：____　电池 3 电压：____　正常□ 异常□ 电池 4 内阻：____　电池 4 电压：____　正常□ 异常□ 电池 5 内阻：____　电池 5 电压：____　正常□ 异常□ 电池 6 内阻：____　电池 6 电压：____　正常□ 异常□ 电池 7 内阻：____　电池 7 电压：____　正常□ 异常□ 电池 8 内阻：____　电池 8 电压：____　正常□ 异常□

4.3.8 任务标准

任务 4.3 电池单体和模组检修任务标准

扫描查阅任务标准

姓名		班级		学号	
实训日期		评价方式	□自评 □互评 □师评	指导教师	

序号	评价项目	评价内容	作业标准	分值	评分要求	实际得分
1	职业素养	工作安全 工作规范 工作态度	□1. 规范做好工作前的准备工作 □2. 规范开展场地、设备、工具安全检查（检查隔离栏设置、安全警示牌设置、灭火器压力值检查、举升机检查、动力电池举升车检查等） □3. 规范开展作业前和作业后工位 5S 操作 □4. 作业过程规范、未出现安全隐患或事故 □5. 积极主动、认真仔细地完成任务	20	每项扣 4 分，不超过 20 分	
2	专业能力	技术技能	一、更换电池模组 □1. 能正确检查并佩戴绝缘手套 □2. 能正确找到故障模组 □3. 能正确更换电池模组 □4. 能正确测量电池模组连接状况 □5. 能正确使用万用表 二、单体电池检查 □1. 能正确连接测试线 □2. 能正确校准电池内阻测试 □3. 能正确测量单体电池内阻和电压	40	每项扣 4 分，不超过 40 分	
3	信息应用能力	关键数据及信息查询	□1. 能正确查阅数据标准 □2. 能正确查阅仪器使用说明书 □3. 能正确查阅动力电池维修手册	10	每项扣 5 分，不超过 10 分	
4	分析判断能力	数据的读取、分析、判断	□1. 能判断电池模组连接工况 □2. 能分析电池模组状态 □3. 能分析单体电池状态	10	每项扣 5 分，不超过 10 分	
5	表达能力	有效沟通和描述维修任务	□1. 能与客户有效沟通维修方案 □2. 能与团队有效沟通维修方案	10	每项扣 5 分，不超过 10 分	
6	表单填写能力	电子、纸质工单填写	□1. 字迹清晰 □2. 语句通顺 □3. 无错别字 □4. 无涂改 □5. 无抄袭	10	每项扣 2 分，不超过 10 分	
总分				100		

4.3.9　任务小结

经过本任务的学习，能掌握电池模组的检查和更换方法，并且能够规范使用电池内阻测试仪测量单体电池内阻和电压等。

4.3.10　知识链接

知识链接　　固态电池

4.3.11　拓展创新

题目引导	有没有什么方法能更换使用焊接工艺连接的单体电池？

任务 4.4　电池内部传感器检修

4.4.1　工作任务

秦先生的电动汽车从昨天开始就不能上高压电，动力电池故障指示灯点亮，仪表也不能显示电池功率状态，仪表提示：请检查动力系统。技术经理接入解码器检查到霍尔电流传感器的故障码，且数据流不能显示工作电流，判定霍尔电流传感器故障。现将车辆交于你维修，要求你对霍尔电流传感器作进一步检查并排除故障。

4.4.2 岗课赛证（见表 4-4-1）

表 4-4-1 任务 4.4 岗课赛证融通

序 号	融通类型	名 称	具体内容
1	岗位融通	动力电池维修岗位	高压部件的识别
2	证书融通	电池及电池系统维修保养师三级/高级工	系统内部组件维修
3	大赛融通	全国职业院校技能大赛汽车故障检修赛项	具备关键零部件电子电气故障检修的能力

4.4.3 任务目标

1. 素质目标

（1）能完成电池内部传感器检修前后工位 5S，具有良好的职业素养和职业习惯。
（2）电池内部传感器检修严格执行 AB 岗核查确认，具有安全意识。
（3）勇于挑战电池内部传感器检修课后创新任务，具有知识迁移能力和创新意识。
（4）电池内部传感器检修过程遵守评分标准，严谨细致，精益求精，具有工匠精神。
（5）电池内部传感器检修的任务过程中执行分组实操，分工协作，具有团队精神。

2. 知识目标

（1）熟练掌握电流传感器的结构与原理。
（2）熟练掌握电池温度传感器的结构原理。
（3）熟练掌握电池电压传感器的结构原理。

3. 能力目标

（1）能够正确检查电池内部常见传感器。
（2）能够正确更换电池内部常见传感器。
（3）能够分析电池内部常见传感器的数据并判断其状态。

4.4.4　大国工匠

大国工匠人物事迹——王进

4.4.5　必备知识

1. 电流传感器的结构与原理

霍尔电流传感器（见图 4-4-1）主要由壳体、磁环、霍尔元件、次级线圈和盖板组成。BMS 需要通过霍尔电流传感器实时监测电池组充放电电流。霍尔电流传感器属于非接触式测量传感器，且安全、有效。它基于磁平衡式霍尔原理，根据霍尔效应原理，可以感应通过的电流大小，从而输出电压值给 BMS 处理。

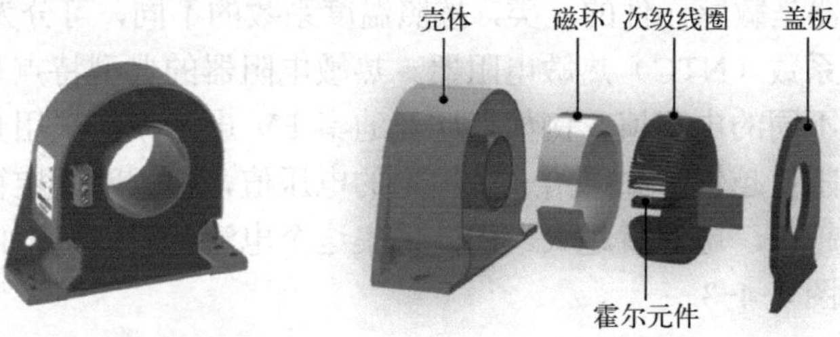

（a）整体结构　（b）分解结构

图 4-4-1　霍尔电流传感器

动力电池使用开环式霍尔电流传感器，其工作原理如图 4-4-2 所示。当原边电流 I_P 通过一根导线时，周围会产生一个磁场，这一磁场的大小与电流的强度成正比，产生的磁场聚集在磁环内，通过磁环气隙中的霍尔元件进行测量并放大输出。这个磁场可以被一个磁芯聚集，然后传递到霍尔效应传感器上。霍尔效应传感器是一种利用霍尔效应来测量磁场强度的器件，当它感受到磁场时，会产生一个电压信号输出。

霍尔电流传感器

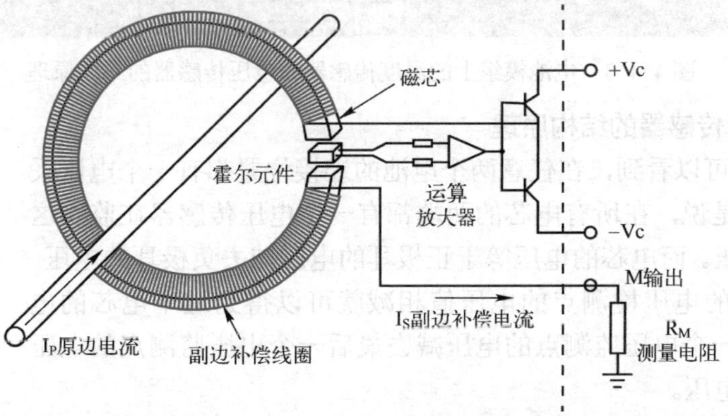

图 4-4-2　霍尔电流传感器的工作原理

霍尔效应是指当电流通过载流子密度均匀分布的半导体材料，且垂直于电流方向施加磁场时，会产生横向的电压差，这就是霍尔效应。霍尔器件通常包括一个薄片状的半导体材料，上面施加有电流，同时垂直于电流方向有磁场作用，从而在器件的侧面产生电压信号。

这一输出信号经过信号放大器放大后，就可以直接输出。霍尔器件输出的信号反映了原边电流的强度和方向。通过测量霍尔器件的输出信号，可以准确地了解原边电流的情况，这在电力系统的监测和控制中具有重要的应用价值。

因此，利用霍尔效应传感器测量原边电流，可以实现非接触式、精准度高的电流测量，为电力系统的安全运行和故障检测提供了可靠的技术手段。

在很多应用场景下的霍尔电流传感器的零点输出为基准的 2.5 V，即检测电流为零时，传感器输出电压为 2.5 V；当检测电流为负方向时，传感器输出电压为一个小于 2.5 V 的电压值；当检测电流为正方向时，传感器输出电压为一个大于 2.5 V 的电压值，检测电流与输出电压之间的变化呈线性关系。

2. 电池温度传感器的结构原理

温度传感器指能感受温度并转换成可用输出信号的传感器，汽车普遍采用热敏电阻式温度传感器。热敏电阻器是敏感元件的一类，按照温度系数的不同，可分为正温度系数（PTC）热敏电阻器和负温度系数（NTC）热敏电阻器。热敏电阻器的典型特点是对温度敏感，可在不同的温度下表现出不同的电阻值。例如，比亚迪秦 EV 电池模组采用负温度系数热敏电阻器，在温度越高时电阻值越低，如果给一个恒定的电压值，根据欧姆定律 $I=U/R$ 可知，热敏电阻温度越高，电阻越小，电流就越大，BIC 采集这个电流就可以知道电芯的温度。电池模组上的温度传感器见图 4-4-3。

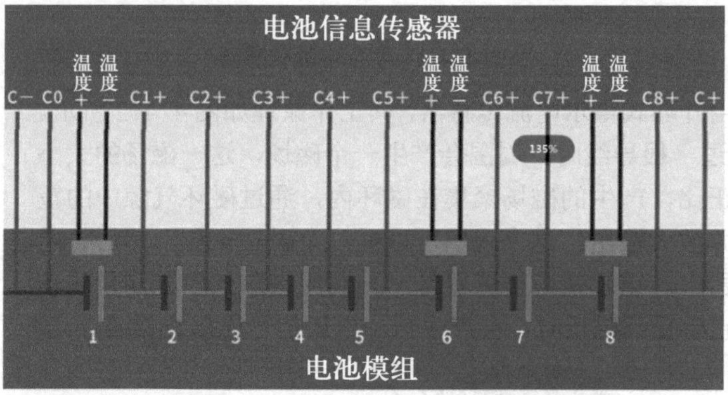

图 4-4-3　电池模组上的温度传感器和电压传感器的结构原理

3. 电池电压传感器的结构原理

从图 4-4-3 可以看到，在任意两个电池的连接位置都有一个电压采集信号点，也就是说，在所有电芯的两端都有一个电压传感器在监测这个电芯两端的电压。而电芯的电压等于正极耳的电压减去负极耳的电压，即任意两个相邻的电压检测点的电压值相减就可以得到这个电芯的电压，而模组的第一个电压监测点的电压减去最后一个电压监测点的电压就是这个模组的电压。

信息采集电路

如图 4-4-3 所示，电芯 2 的电压等于电压监测点 C2+的电压减去电压监测点 C1+的电压，而这个模组的电压则等于电压检测点 C8+的电压减去电压检测点 C0 的电压。利用这种方法，电池信息采集器可以计算出任意一个电芯或者电池模组的电压。

4．电池包压力传感器

电池包压力传感器是指安装在电池模块内部或外部的压力传感器，可以对动力电池内部的气压进行实时监测。当气压异常升高时，压力监测系统会及时报警，以便于车辆使用者采取相应的应对措施。

半导体压敏电阻式进气压力传感器是利用半导体的压阻效应制成的，主要由硅膜片、真空室、硅杯、底座、真空管和引线电极组成，其内部结构如图 4-4-4 所示。

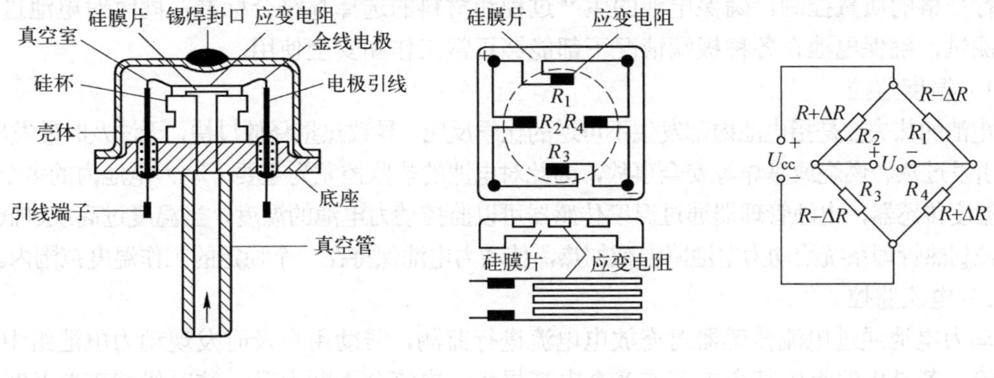

（a）剖面图　（b）硅膜片结构　（c）等效电路

图 4-4-4　半导体压敏电阻式进气压力传感器的结构

半导体压敏电阻式进气压力传感器的工作原理如图 4-4-5 所示。硅膜片一面通真空室，一面承受来自动力电池中气体的压力。在此气体压力的作用下，硅膜片会产生变形，且压力越大形变就越大，膜片上应变电阻的阻值在此压应力的作用下就会发生变化，使传感器上以惠斯顿电桥方式连接的硅膜片应变电阻的平衡被打破。当电桥的输入端输入一定的电压或电流时，在电桥的输出端便可得到相应变化的信号电压或信号电流，因为此信号比较微弱，故采用混合集成电路进行放大，然后输入控制单元。

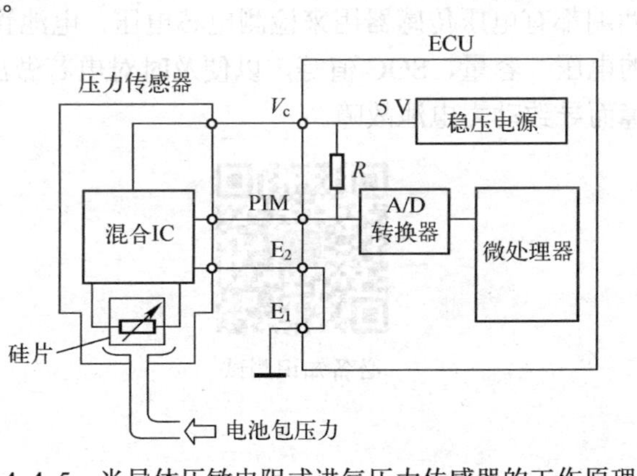

图 4-4-5　半导体压敏电阻式进气压力传感器的工作原理

5．动力电池自燃原因分析

动力电池自燃并不是偶然事件，它是由多种因素导致的。首先，电池本身存在生产缺陷，如内部结构不合理、生产过程不规范等。这些缺陷可能会导致电芯内部短路，进而引发自燃事故。其次，外部因素也是造成动力电池自燃的重要原因。电池在使用过程中，可能会受到外界因素的影响，如挤压、针刺等。这些因素会导致锂离子电池发生短路，电池内部热量累积过快，从而引发自燃。

动力电池自燃的另一个重要因素是温度。过高或过低的温度都可能会影响电池的性能和安全性。当动力电池在高温环境下工作时，会导致电池内部的材料发生分解，从而产生大量的热量和气体，引发自燃。此外，电池在充放电过程中也会产生大量的热量，过高的温度会加速电池的老化和损坏。

为了提高电动汽车的安全性，汽车制造商和电池供应商正在积极采取措施。例如，对电池进行严格的质量控制，确保电池的生产过程和材料的选择都符合标准；同时对电池进行严格的测试，确保电池在各种极端情况下都能够正常工作和安全使用。

1）温度监控

电池的热失控是指电池内部发生不可逆的化学反应，导致热量释放过快，无法及时散发出去，从而引发过热、燃烧或爆炸等安全事故，因此对电池的热监控尤为重要。动力电池内的多个电芯都有温度传感器，电池管理器通过温度传感器可以监控动力电池的温度，当温度过高或过低时，可以控制热管理系统给动力电池降温或加热，使动力电池保持在一个稳定的工作温度范围内。

2）电流监控

动力电池通过电流传感器对充放电电流进行监测，帮助用户及时发现动力电池组中存在的故障。若是电池组中某个电芯或多个电芯损坏，电流会不断上升，这时候就需要及时进行维修或更换电池模组，否则动力电池可能会因过放导致电池过热、老化甚至自燃。

动力电池受到挤压、针刺等外界影响也可能会导致锂离子电池发生短路，使电路瞬时电流突然增大，电池内部热量累积过快，从而引发自燃。

通过监控动力电池电流能对电池组进行更加精准的管理，从而延长电池的使用寿命，避免出现过充、过放现象。如果电池出现短路、瞬时电流过大等现象，电池管理系统也能及时发现，进而中断或者限制电能的输出功率。

3）电压监控

任意两个电芯的两端都有电压传感器用来检测电芯电压，电池管理系统能通过这些电压传感器计算每个电芯的电压、容量、SOC 值等，以便及时对电芯做出电量均衡等保护措施，避免由于单个电芯故障而导致动力电池故障。

必备知识测试

4.4.6 任务指南

1. 电池内部传感器检修

1）霍尔传感器的检测

动力电池常用霍尔传感器检测高压回路电流，霍尔传感器由 BMS 直接控制及检测，可在不开箱的整车或动力电池上进行检查。检测时主要检查工作电压与信号电压，也可以使用示波器检查霍尔传感器的信号波形并进行判断。可按照图 4-4-6 的检测流程检查霍尔传感器。

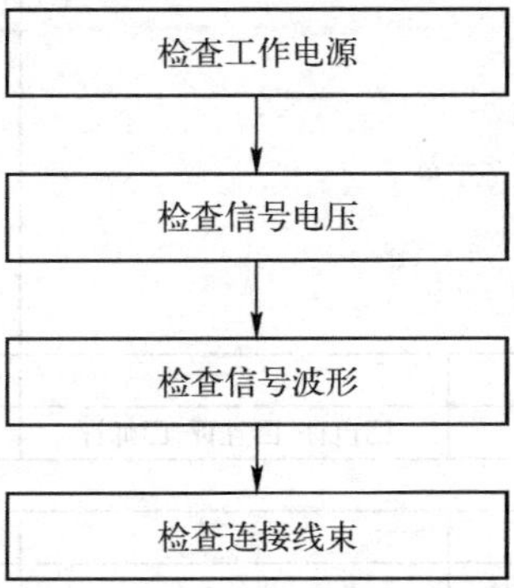

图 4-4-6　霍尔传感器的检测流程

霍尔传感器的检测

2）更换霍尔传感器

当霍尔传感器出现故障时需及时更换，可按照图 4-4-7 的流程在开箱后的动力电池中更换霍尔传感器。请先在仿真软件中进行霍尔传感器的虚拟更换操作，熟悉更换流程后，再到开箱的动力电池中实际更换霍尔传感器，更换全程需做好个人安全防护。

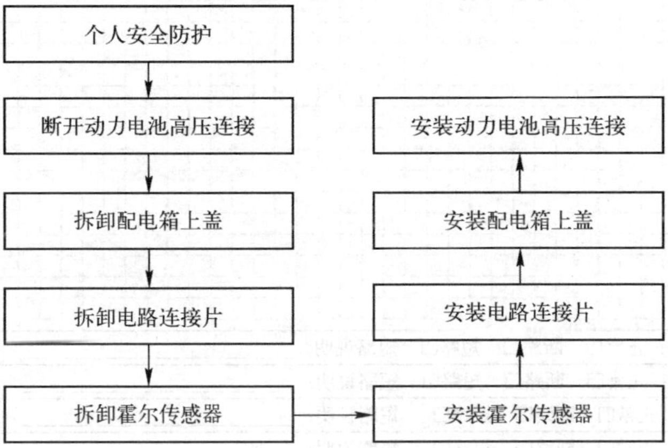

更换霍尔传感器

图 4-4-7　更换霍尔传感器的流程

2. 更换霍尔传感器虚拟仿真训练

计算机端登录：https://press.bjtu.edu.cn/h5trans/241122/16/。

移动端使用手机浏览器扫描左侧二维码进入虚拟仿真训练界面。

更换霍尔传感器虚拟仿真软件　　更换霍尔传感器操作手册

4.4.7 任务工单

任务 4.4 电池内部传感器检修任务工单

扫描查阅电子工单

姓　名		班　级		学　号	
实训日期		评价方式	□自评 □互评 □师评	指导教师	
一、车辆/台架信息记录					
车辆品牌		车辆型号		生产日期	
动力电池型号		动力电池容量		行驶里程	
车辆识别码					
二、霍尔传感器的检测					
霍尔电流传感器的检测	注意事项：________				
	电源+对地电压：______ 电源-对地电压：______ 正常□ 异常□				
	信号电压：______ 屏蔽线对地电阻：______ 正常□ 异常□				
	示波器连接端子：______ 鳄鱼钳连接：______				
	横坐标参数：______ 纵坐标参数：______				
	检测电源+线束：正常□ 断路□ 短路□ 短路说明：______				
	检测电源-线束：正常□ 断路□ 短路□ 短路说明：______				
	检测信号线束：正常□ 断路□ 短路□ 短路说明：______				
	检测屏蔽线束：正常□ 断路□ 短路□ 短路说明：______				
三、更换霍尔传感器					
个人安全防护	绝缘手套□ 绝缘鞋□ 绝缘安全帽□ 绝缘服□ 护目镜□				
	树立安全警示牌：是□ 否□ 警示牌数量：______				
	是否配备灭火器：是□ 否□ 其他：______ 配备数量：______个				
	灭火器类型：干粉灭火器□ 二氧化碳灭火器□ 水基灭火器□				
	灭火器压力：______ 有效期时间： 年 月 日				
拆卸霍尔传感器	注意事项：________				
	防短路措施：________				
	附件拆卸：配电盒盖□ 高压线排□ 连接片□ 插接器□				
	检测范围：______ 配件号：______				
安装霍尔传感器	注意事项：________				
	防短路措施：________				
	检测范围：______ 配件号：______				
	安装方向判定：________				
	附件安装：配电盒盖□ 高压线排□ 连接片□ 插接器□				

4.4.8 任务标准

任务 4.4 电池内部传感器检修任务标准

扫描查阅任务标准

姓名		班级		学号		
实训日期		评价方式	□自评 □互评 □师评	指导教师		
序号	评价项目	评价内容	作业标准	分值	评分要求	实际得分
1	职业素养	工作安全 工作规范 工作态度	□1. 规范做好工作前的准备工作 □2. 规范开展场地、设备、工具安全检查（检查隔离栏设置、安全警示牌设置、灭火器压力值检查、举升机检查、动力电池举升车检查等） □3. 规范开展作业前和作业后工位 5S 操作 □4. 作业过程规范、未出现安全隐患或事故 □5. 积极主动、认真仔细地完成任务	20	每项扣 4 分，不超过 20 分	
2	专业能力	技术技能	一、霍尔电流传感器的检测 □1. 能正确检查霍尔电流传感器各端子信号 □2. 能正确使用示波器测量霍尔电流信号 □3. 能正确测量线束连接工况 二、更换霍尔电流传感器 □1. 能正确执行高压断电 □2. 能正确穿戴个人安全防护用具 □3. 能正确更换霍尔电流传感器	40	每项扣 6 分，不超过 40 分	
3	信息应用能力	关键数据及信息查询	□1. 能正确查阅数据标准 □2. 能正确查阅仪器使用说明书 □3. 能正确查阅动力电池电路图	10	每项扣 5 分，不超过 10 分	
4	分析判断能力	数据的读取、分析、判断	□1. 能读取万用表、示波器的数据 □2. 能分析霍尔电流传感器故障的原因 □3. 能判断霍尔电流传感器的工况	10	每项扣 5 分，不超过 10 分	
5	表达能力	有效沟通和描述维修任务	□1. 能与客户有效沟通维修方案 □2. 能与团队有效沟通维修方案	10	每项扣 5 分，不超过 10 分	
6	表单填写能力	电子、纸质工单填写	□1. 字迹清晰 □2. 语句通顺 □3. 无错别字 □4. 无涂改 □5. 无抄袭	10	每项扣 2 分，不超过 10 分	
			总分	100		

4.4.9 任务小结

经过本任务的学习，能掌握霍尔电流传感器、电池温度传感器、电池电压传感器等电池内部传感器的检测方法，能使用示波器检测传感器的信号，辅助诊断传感器的工况，能正确更换动力电池内部传感器。

4.4.10 知识链接

知识链接

4.4.11 拓展创新

题目引导	除了霍尔传感器还有哪些传感器可以用于检测动力电池电流？

任务 4.5 电池绝缘性能检修

4.5.1 工作任务

车主黄先生在长途旅行时与前后车辆发生追尾事故，动力电池严重变形。车辆出事故后，车辆无法上高压电，仪表显示盘上动力电池故障灯亮起。事故发生后，车辆被拖至修理厂进行维修，使用解码器读取的故障码提示漏电。请按照任务标准完成检修，并提交任务工单。

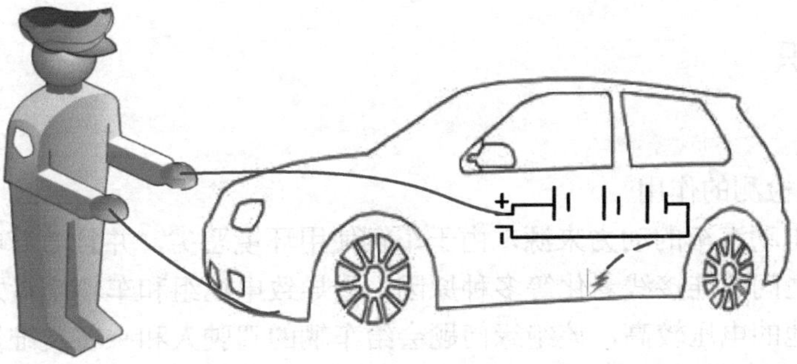

4.5.2　岗课赛证（见表 4–5–1）

表 4–5–1　任务 4.5 岗课赛证融通

序　号	融通类型	名　称	具体内容
1	岗位融通	动力电池维修岗位	高压部件的识别
2	证书融通	电池及电池系统维修保养师三级/高级工	系统内部组件维修
3	大赛融通	全国职业院校技能大赛汽车故障检修赛项	掌握电动汽车故障诊断方法、检修流程、工具仪器使用

4.5.3　任务目标

1. 素质目标

（1）能完成电池绝缘性能检修前后工位 5S，具有良好的职业素养和职业习惯。

（2）电池绝缘性能检修严格执行 AB 岗核查确认，具有安全意识。

（3）勇于挑战电池绝缘性能检修课后创新任务，具有知识迁移能力和创新意识。

（4）电池绝缘性能检修过程遵守评分标准，严谨细致，精益求精，具有工匠精神。

（5）电池绝缘性能检修的任务过程中执行分组实操，分工协作，具有团队精神。

2. 知识目标

（1）熟练掌握绝缘电阻的作用和原理。

（2）熟练掌握动力电池内部绝缘故障的常见原因。

（3）熟练掌握动力电池内部绝缘故障的检测方法。

3. 能力目标

（1）能够使用绝缘电阻测试仪进行绝缘检测。

（2）能够测量并计算动力电池绝缘阻值。

（3）能够分析和判断动力电池绝缘性能。

4.5.4　大国工匠

大国工匠人物事迹——孙红梅

4.5.5 必备知识

1. 绝缘电阻

1）绝缘电阻检测的作用

动力电池是电动汽车的动力来源，由于车辆使用环境恶劣，并且随着电池的使用、电池组自身或电池组之间的连接线老化等多种原因，会导致电池组和车辆底盘之间的绝缘出现问题。由于动力电池的电压较高，该绝缘问题会给车辆的驾驶人和乘客及维修人员造成人身伤害。为安全起见，电动汽车高压电路与车身搭铁电路必须绝缘。BMS 会实时监测动力电池包输出总正极和总负极端对车身搭铁的绝缘阻值，如果出现绝缘阻值低于安全范围，则会上报故障并断开高压电。

根据 GB 18384—2020《电动汽车安全要求》中的绝缘电阻要求，在最大工作电压下，直流电路绝缘电阻应不小于 100 Ω/V，交流电路应不小于 500 Ω/V。如果直流和交流的 B 级电压电路可导电地连接在一起，则应满足绝缘电阻不小于 500 Ω/V 的要求。

2）检测原理

绝缘电阻测试仪的原理是基于带电的绝缘材料（如绝缘电缆）的电阻特性。当电压施加到绝缘材料上时，电流会通过绝缘材料流向地，形成一个电流回路。这个电流的大小和绝缘材料的电阻成反比。绝缘电阻测试仪通过测量这个电流来评估绝缘材料的质量和可靠性。

在绝缘电阻测试中，通常使用绝缘电阻测试仪产生直流电压，并通过测量最终的电流大小来确定绝缘是否正常。绝缘电阻的计算基于欧姆定律，通过输出一个远低于介电强度测试的直流电压，测量出电流，从而计算出绝缘电阻值。

在绝缘介质上施加外电压时，会产生极化现象，此时介质中有三种电流流过：充电电流（或电容）、传导（或泄漏）电流和吸收（或极化）电流。充电电流是在测试瞬间开始时相对较大的电流，一旦对被测电路充电完毕后又会以很快的速度下降至接近于零。吸收电流下降的速度比电容充电电流慢得多，需要几分钟才能达到一个趋近于零且稳定的数据。传导电流，也叫泄漏电流，是绝缘介质在电压作用下产生极化过程中产生的一种电流，电流大小表明了绝缘质量的好坏。

绝缘电阻的测试结果会受到多种因素的影响，包括环境温湿度和测试时间等。这些因素可能会严重影响测试结果，因此在进行绝缘电阻测试时需要考虑到这些因素。

总的来说，绝缘电阻检测的原理是通过在绝缘材料的两个电极之间施加直流电压，并测量流过该对电极的泄漏电流的大小，从而计算出绝缘电阻值。这个测试结果可以反映出电气设备或线路的绝缘质量。

3）绝缘故障的危害

（1）当电流穿过绝缘层时产生热量，会使绝缘层恶化，直到绝缘最终失效，并会形成火灾隐患。

（2）泄漏电流需返回至源极，它将流经任何可用的导体、车身、线路、水或大地返回到源极。这种不利的电流会产生危险的电压，如果人体触碰到这个电压，可能会发生触电伤害。

（3）泄漏电流是没有效率的。经绝缘层泄漏的电流并不能驱动高压电气设备，但是仍然会产生消耗浪费。

2. 绝缘电阻检测仪的使用

新能源汽车维修中常用的手持式绝缘电阻检测仪见图 4-5-1，测试仪上各按钮的作用见表 4-5-2。

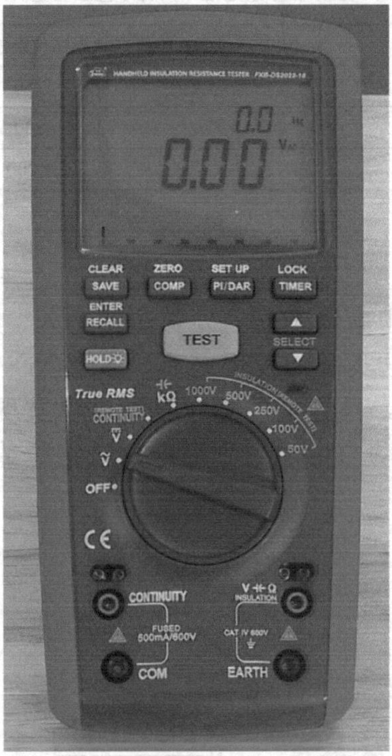

图 4-5-1　手持式绝缘电阻测试仪

手持式绝缘电阻测试仪使用规范

表 4-5-2　手持式绝缘电阻测试仪各按钮的作用

按　钮	作　用	按　钮	作　用
CLEAR	清除数据	SAVE	保存当前测量数据
ZERO	归零	COMP	比较
SET UP	设置	PI/DAR	绝缘极化指数/吸收比测试
LOCK	锁定	TIMER	定时
ENTER	确认	RECALL	调用
HOLD	保持	TEST	测试
▲	向上检索或向上设定	▼	向下检索或向下设定
CONTINUITY	连续绝缘测试	INSULATION	绝缘测试
V~	测量交流电压	V⎓	测量直流电压
KΩ	测量电阻		

现阶段，电池包外壳多采用金属材料制成，在符合要求的电压条件下，电池包正极和负极与金属外壳之间的绝缘电阻一般应大于 20 MΩ。表 4-5-3 为动力电池工作电压所对应的绝缘电阻测试仪电压等级的选择，在进行绝缘测试时，必须选择对应的测试电压进行测试。

表 4-5-3 工作电压所对应的绝缘电阻测试仪电压等级

动力电池额定工作电压 U/V	绝缘电阻测试仪器的电压等级/V
$U \leqslant 60$	250
$60 < U \leqslant 300$	500
$300 < U \leqslant 950$	1 000

3．绝缘异常的常见故障形式

1）动力电池内部绝缘故障

动力电池内部绝缘故障主要是指电解液泄漏、外部液体进入、绝缘层被破坏之后，电池模组和电芯出现了导电的回路。这类故障发生之后，可能会产生较为严重的后果，如自燃、烧蚀、电芯间的断路故障等。且这类故障在早期难以发现，只有在出现绝缘故障后才能被发现处理。图 4-5-2 为动力电池出现高压正极绝缘故障情况下人体触电的情形。

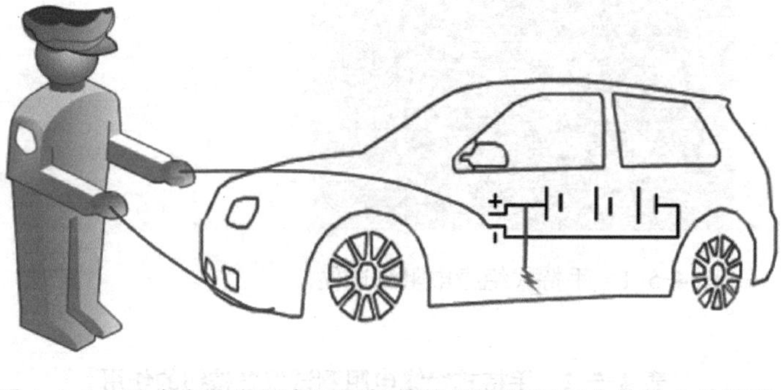

图 4-5-2 动力电池出现高压正极绝缘故障情况下人体触电的情形

内部绝缘故障产生的原因如下。

（1）电池管理系统对电线涂层的要求很高，大量有电位差的线缆通过插接器接入，如果出现凝露和电金属迁移，容易在内部产生各种潜在导通路径。

（2）模组内部由于振动、冲击导致磨损、错位，如果出现绝缘纸、蓝膜失效的情况，就会出现绝缘问题。

（3）动力电池系统和高压配电盒这两个部件由于高压的直接接入，如果出现隔离失效，就会产生类似软短路的情况发生。

由于动力电池本身带有高压电，如果直接使用绝缘电阻测试仪测试动力电池绝缘电阻，可能会对动力电池和内部采样线路造成不可逆转的损伤。在检测动力电池是否因绝缘低而漏电时，通常使用伏欧法测量动力电池漏电情况，最后计算值如果大于 500 Ω/V 说明绝缘正常，低于 500 Ω/V 则说明存在漏电情况。

2）高压插接器和高压线缆绝缘故障

常见的绝缘故障还有两种：一种是局部放电引起的绝缘失效；另一种是插接器金属物质迁移导致的绝缘失效。例如，在通电、高温、潮湿、氯离子存在的条件下，插接器内部金属构件发生了表面镀银层的电迁移和主体材料的腐蚀，这些产物在电场的作用下附着在绝缘组件上，并将外金属套壳同与内金属触条一体的金属构件相连接，从而导致插接器绝缘阻值大幅降低直至绝缘失效。高压插接器绝缘失效的情形如图 4-5-3 所示。

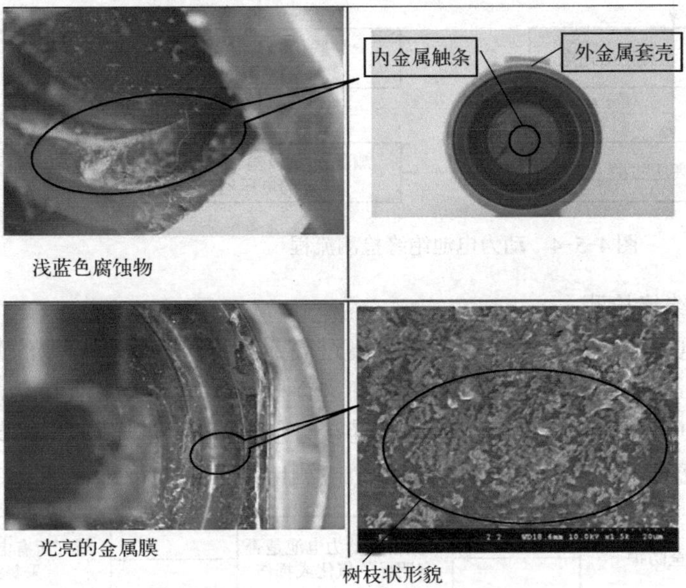

图 4-5-3　高压插接器绝缘失效的情形

必备知识测试

4.5.6　任务指南

1．动力电池绝缘检测

1）动力电池绝缘检测

考虑到直接使用绝缘电阻测试仪测试动力电池绝缘性能会造成动力电池的损伤，当怀疑车辆有绝缘故障时，应先使用诊断仪检测动力电池是否存在漏电故障。通常使用伏欧法测量未开箱的动力电池绝缘性能，可参照图 4-5-4 的流程并联一个 100 kΩ 的电阻来测量动力电池绝缘电压，然后计算出绝缘值。请先在仿真软件中虚拟检测动力电池绝缘性能，掌握动力电池绝缘检测方法之后再到整车或台架中进行检测。

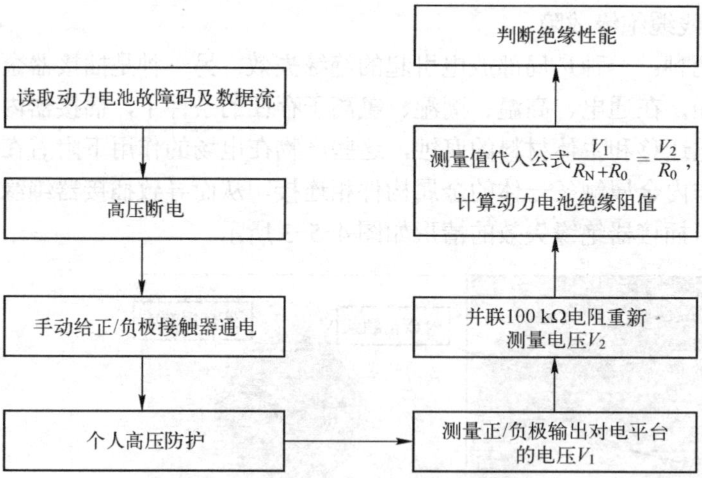

图 4-5-4　动力电池绝缘检测流程

动力电池绝缘检测

2）电池模组绝缘检测

动力电池漏电可能是内部某个位置因湿度过高或绝缘性能低等导致的漏电，在确认动力电池存在漏电后，还需要开箱对动力电池内部进行检查，确认最终泄漏点。在绝缘检测前应做好个人安全防护，并断开电池模组的所有连接，包括高压线排和低压采集线束等。可按照图 4-5-5 的检测流程在开箱的动力电池中逐个检测电池模组的绝缘性能。

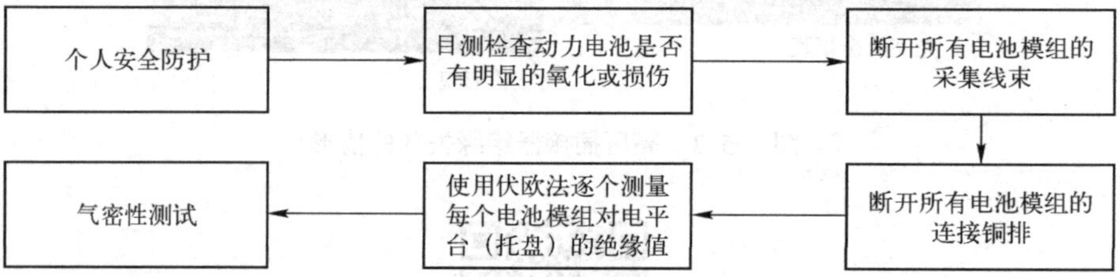

图 4-5-5　动力电池模组绝缘检测流程

2．动力电池绝缘检测虚拟仿真训练

计算机端登录：https://press.bjtu.edu.cn/h5trans/241122/6/。

移动端使用手机浏览器扫描左侧二维码进入虚拟仿真训练界面。

动力电池绝缘检测虚拟仿真软件　　　　动力电池绝缘检测操作手册

4.5.7 任务工单

任务 4.5 电池绝缘性能检修任务工单

扫描查阅电子工单

姓　名		班　级		学　号	
实训日期		评价方式	□自评 □互评 □师评	指导教师	

一、车辆/台架信息记录

车辆品牌		车辆型号		生产日期	
动力电池型号		动力电池容量		行驶里程	
车辆识别码					

二、动力电池绝缘检测

个人安全防护	绝缘手套□　绝缘鞋□　绝缘安全帽□　绝缘服□　护目镜□
	树立安全警示牌：是□　否□　警示牌数量：________
	是否配备灭火器：是□　否□　其他：______　配备数量：______个
	灭火器类型：干粉灭火器□　二氧化碳灭火器□　水基灭火器□
	灭火器压力：________　有效期时间：　年　月　日
车辆断电	是否按下启动按钮断电：是□　否□　按钮位置：____________
	是否将车辆断电：是□　否□　断电方式：____________
	安全防护：是□　否□　防护用具：____________
	是否验电通过：是□　否□ 等待时长：________，残余电压：________
正、负极接触器导通	注意事项：
	正极接触器电源端子号：________　控制端子号：________ 跨线连接：正极：________　负极：________
	负极接触器电源端子号：________　控制端子号：________ 跨线连接：正极：________　负极：________
	电源电压：____________　正常□　异常□
	电池正极对车身电压：______　电池负极对车身电压：______
	动力电池对车身电压 V1 取值：________
伏欧法测量	负载电阻 R_0 阻值：______　电阻接线说明：____________
	画出接入负载电阻后电路原理简图
	根据串联电路电流相等原理，将各处电流换算成电压与电阻的公式
	测量负载电阻 R_0 两端电压 V_2：________

续表

绝缘阻值计算	将上述公式换算成针对电池绝缘电阻的计算公式 R_N=
	将对应数字填入公式并计算结果 R_N=
	动力电池电压：________ 计算动力电池绝缘阻值为________Ω/V 绝缘性：□ < 100 Ω/V < □ <500 Ω/V < □
	电池绝缘性能判定：绝缘□ 一般漏电□ 严重漏电□
三、电池模组绝缘检测	
目测检查	共有________个电池模组，画出电池模组的连接电路
	可能存在的泄漏点：电池模组□ 连接铜排□ 配电盒□
电池模组绝缘检测	断开连接：采集线束□ 连接铜排□ BIC□ 配电盒□
	检测方法：伏欧法□ 伏安法□ 安欧法□ 绝缘电阻测试仪□
	模组 1 总电压：_______ 绝缘阻值：_______ 绝缘□ 漏电□
	模组 2 总电压：_______ 绝缘阻值：_______ 绝缘□ 漏电□
	模组 3 总电压：_______ 绝缘阻值：_______ 绝缘□ 漏电□
	模组 4 总电压：_______ 绝缘阻值：_______ 绝缘□ 漏电□
	模组 5 总电压：_______ 绝缘阻值：_______ 绝缘□ 漏电□
	模组 6 总电压：_______ 绝缘阻值：_______ 绝缘□ 漏电□
	模组 7 总电压：_______ 绝缘阻值：_______ 绝缘□ 漏电□
	模组 8 总电压：_______ 绝缘阻值：_______ 绝缘□ 漏电□
	模组 9 总电压：_______ 绝缘阻值：_______ 绝缘□ 漏电□
	模组 10 总电压：_______ 绝缘阻值：_______ 绝缘□ 漏电□
配电箱绝缘检测	注意事项：必须断开______________的连接
	断开连接：线束□ 接触器□ 预充电阻□ 高压保险丝□ 霍尔传感器□ 连接铜排□
	检测方法：伏欧法□ 伏安法□ 安欧法□ 绝缘电阻测试仪□
	绝缘阻值：_______ 绝缘□ 漏电□

4.5.8 任务标准

任务 4.5 电池绝缘性能检修任务标准

扫描查阅任务标准

姓　名		班　级		学　号	
实训日期		评价方式	□自评 □互评 □师评	指导教师	

序号	评价项目	评价内容	作业标准	分值	评分要求	实际得分
1	职业素养	工作安全 工作规范 工作态度	□1. 规范做好工作前的准备工作 □2. 规范开展场地、设备、工具安全检查（检查隔离栏设置、安全警示牌设置、灭火器压力值检查、举升机检查、动力电池举升车检查等） □3. 规范开展作业前和作业后工位 5S 操作 □4. 作业过程规范、未出现安全隐患或事故 □5. 积极主动、认真仔细地完成任务	20	每项扣 4 分，不超过 20 分	
2	专业能力	技术技能	一、动力电池绝缘检测 □1. 能正确进行高压断电 □2. 能正确找到接触器控制端子 □3. 能正确设置控制接触器闭合 □4. 能正确测量母线正负极对车身接地的电压 □5. 能正确并联电阻 □6. 能正确计算动力电池绝缘阻值 二、电池模组绝缘检测 □1. 能正确使用绝缘电阻测试仪 □2. 能正确判断漏电位置 □3. 能正确断开高压保险丝 □4. 能正确避免因绝缘检测而伤害高压元件	40	每项扣 4 分，不超过 40 分	
3	信息应用能力	关键数据及信息查询	□1. 能正确查阅数据标准 □2. 能正确查阅仪器使用说明书 □3. 能正确查阅绝缘电阻测试标准	10	每项扣 5 分，不超过 10 分	
4	分析判断能力	数据的读取、分析、判断	□1. 能判断测试的电压标准 □2. 能判断 V_1 的取值 □3. 能分析绝缘电阻计算公式的含义	10	每项扣 5 分，不超过 10 分	
5	表达能力	有效沟通和描述维修任务	□1. 能与客户有效沟通维修方案 □2. 能与团队有效沟通维修方案	10	每项扣 5 分，不超过 10 分	
6	表单填写能力	电子、纸质工单填写	□1. 字迹清晰 □2. 语句通顺 □3. 无错别字 □4. 无涂改 □5. 无抄袭	10	每项扣 2 分，不超过 10 分	
总分				100		

4.5.9　任务小结

经过本任务的学习，能掌握动力电池绝缘性能的检测方法和测试标准，并能使用伏欧法或绝缘电阻测试仪对高压部件进行绝缘测试。

4.5.10　知识链接

知识链接

4.5.11　拓展创新

题目引导	在动力电池发生绝缘故障时，有哪些技术可以避免电流对人体产生伤害？

任务 4.6　电池续航性能检修

4.6.1　工作任务

秦先生的纯电动汽车在动力电池 SOC 为 100%时，车辆续航能力下降，正常情况下为 500 km，当前只有 271 km。使用解码器读取动力电池数据流，发现有一节单体电池电压过低。需要分解动力电池并对故障电池模组进行均衡。请按照任务标准完成检修，并提交任务工单。

4.6.2 岗课赛证（见表 4-6-1）

表 4-6-1　任务 4.6 岗课赛证融通

序　号	融通类型	名　称	具体内容
1	岗位融通	动力电池维修岗位	高压部件的识别
2	证书融通	电池及电池系统维修保养师三级/高级工	1. 一致性评价 2. 电性能维护
3	大赛融通	全国职业院校技能大赛汽车故障检修赛项	具备关键零部件电子电气故障检修的能力

4.6.3 任务目标

1. 素质目标

（1）能完成电池续航性能检修前后工位 5S，具有良好的职业素养和职业习惯。

（2）电池续航性能检修严格执行 AB 岗核查确认，具有安全意识。

（3）勇于挑战电池续航性能检修课后创新任务，具有知识迁移能力和创新意识。

（4）电池续航性能检修过程遵守评分标准，严谨细致，精益求精，具有工匠精神。

（5）电池续航性能检修的任务过程中执行分组实操，分工协作，具有团队精神。

2. 知识目标

（1）熟练掌握电池容量和 SOC 的概念。

（2）熟练掌握电池 SOC 计算方法和电芯压差的控制原理。

（3）熟练掌握电池均衡的作用和工作原理。

3. 能力目标

（1）能够读取数据并测量动力电池关键参数，计算动力电池容量。

（2）能够正确使用电池均衡仪对电池组进行均衡。

（3）能够分析动力电池数据并判断电池续航性能。

4.6.4 大国工匠

大国工匠人物事迹——刘青

4.6.5 必备知识

1. 电池容量的概念和原理

电池的容量是指在一定的放电条件下可以从电池获得的电量，单位常用安培小时（A·h）表示。电池的容量又有理论容量、实际容量和额定容量之分。

1）理论容量（C_0）

理论容量是假设活性物质全部参加电池的反应所给出的电量。它是根据活性物质的量按照法拉第定律计算求得的。实际电池放出的容量只是理论容量的一部分。

法拉第定律指出：电极上参加反应的物质的量与通过的电量成正比，即 1 mol 的活性物质参加电池的成流反应，所释放出的电量为 F[96 500C 或 26.8(A·h)]。因此活性材料的理论容量计算公式为

$$C_0 = \frac{m}{M} \times n_e \times 26.8\,(\mathrm{A \cdot h}) = \frac{m}{K}\mathrm{C}$$

式中：m 为活性物质完全反应时的质量；M 为活性物质的摩尔质量；n_e 为电极反应时的得失电子数；K 为活性物质的电化当量。对于 $LiCoO_2$、$LiMn_2O_4$、$LiFePO_4$，其理论容量都为 26.8 ($\mathrm{A \cdot h \cdot mol^{-1}}$)。

2）实际容量（C）

实际容量是指在一定的放电条件（如 0.2C）下，电池实际放出的电量。电池在不同放电制度下所给出的电量也不相同，这种未标明放电制度的电池实际容量通常用标称容量来表示。标称容量只能是实际容量的一种近似表示方法。电池的放电电流强度、温度和终止电压，称为电池的放电制度。放电制度不同，容量也不同。

实际容量的计算方法如下。

恒电流放电时，有

$$C=It$$

恒电阻放电时，有

$$C = \int_0^t I\mathrm{d}t = \frac{1}{R}\int_0^t V\mathrm{d}t$$

近似计算公式为

$$C = \frac{V_{平}}{R}t$$

式中：I 为放电电流；R 为放电电阻；t 为放电至终止电压的时间；$V_{平}$为电池的平均放电电压。

3）额定容量（C_N）

额定容量是指设计和制造电池时，规定或保证电池在一定的放电条件下应该放出的最低限度的电量。额定容量是制造厂标明的安时容量，可作为验收电池质量的重要依据。不同电池系列所规定的额定容量技术标准也有所不同，是根据电池的性能和用途来规定的。通常情况下，实际的容量比厂家保证的容量高 5%～15%。

2．SOC 的概念和计算方法

1）SOC 的概念

SOC 是电池的荷电量状态，用来反映电池的剩余容量。SOC 是一个数值，可用电池剩余容量与基准容量的比值表示为

$$SOC=Q_1/Q_0$$

式中：Q_1 为电池的剩余容量（A·h）；Q_0 为基准容量（A·h）。

要计算 SOC 首先必须确定基准容量，理论上，SOC 应当是剩余容量与电池实际容量的比值。电池的实际容量是一个变量，每一次的测试结果均会有所不同，而且随着电池寿命的增加，实际容量会有所下降。在实际应用中，不可能预知电池的实际容量，例如，在混合电动车中，不可能每次均测试电池组的实际容量，以此作为基准容量没有实际意义。所以一般以电池的额定容量或标称容量来作为基准容量，此值为一固定值，实际操作方便，利于计算。但存在以下问题：一般新电池的实际容量要高于电池的额定容量，这样计算出来的 SOC 数值要大于 1，当电池组处于寿命后期，电池的实际容量又会比额定容量低，计算出来的 SOC 数值则会小于 1，所以需要根据实际应用情况或 SOH 等信息对基准容量进行修正。

另外，如果以电池组的初始容量作为基准容量，其误差会比用额定容量的小一些。但在批量生产时，每一组电池的初始容量是不同的，在生产过程中需要对每一组电池分别进行参数设计，不利于产品的批量生产。

如果将电池充满电的状态定为 SOC=1，则 SOC 又可表示为

$$SOC=1-Q/Q_0$$

式中：Q 为电池已放出的电量（A·h）。

由于在实际计算电池的 SOC 时，电池的初始状态不能总是保持在充满电的状态，故引入另外两个量——初始电量 Q_s（A·h）和过程电量 Q_u（A·h），则 SOC 可由公式表示为

$$SOC=(Q_s-Q_u)/Q_0$$

可以看出，SOC 的计算结果由两个变量确定，电池的初始电量 Q_s 和使用的过程电量 Q_u，只要能够准确地获得这两个变量的值就可以精确地计算出 SOC。

准确可靠地获得电池荷电状态（SOC）是电池管理系统中最基本和最首要的任务。

SOC 计算

2）SOC 的计算方法

（1）放电实验法

放电实验法的原理是以恒定的电流使电池处于不间断的放电状态，

当放电达到终止电压时，对所放的电量进行计算。放电电量值为放电时所采用的恒定电流值与放电时间的乘积。放电实验法经常用在实验室条件下检测电池的荷电状态，目前，许多电池厂商也采用放电实验法进行电池的测试。

该方法的显著优点是方法简单，估算精度相对较高。其缺点也很突出：不可以带负载测量，测量需要占用大量的时间，并且在进行放电测量时，必须中断电池之前进行的工作状态，使电池置于脱机状态，不能在线测量。由于行驶中的电动汽车电池一直处于工作状态，其放电电流并不恒定，因此此法不适用于汽车动力电池。但放电实验法可在电池检修和参数模型的确定中使用。

（2）安时计量法

安时计量法是最常用的 SOC 检测方法，其原理是电池在不同电流下的放电电量等价为某个具体电流下的放电电量，其主要思想是 Peukert 方程。由此，得到等效放电电量公式为

$$SOC = SOC_0 - \frac{1}{C_N}\int_0^{\tau} \eta I \mathrm{d}t$$

式中：SOC_0 表示电池充放电的起始状态；C_N 表示额定容量；τ 表示充放电时间；η 表示充放电效率，不是常数；I 表示电池充放电电流，$I>0$ 对应电池放电状态，$I<0$ 对应电池充电状态。

安时计量法的原理是关注该系统的外部特征，在电量估算过程中，只关心电池充入与放出的电量。安时计量法采用积分法实时计算电池充入与放出的电量，通过长时间记录与计算电池的电量，最终可得到电池在某一时刻所剩余的电量。该方法容易实现，但没有从电池内部得到电池 SOC 与充放电电量的关系，只是记录充放电电量，从而会导致电池 SOC 的累计误差，结果精度较低，而且该方法不能确定电池的初始电量值。若综合考虑电池 SOC 的影响因素，进行电量补偿，可以适当提高安时计量法的精度。其常规检测模型如图 4-6-1 所示。

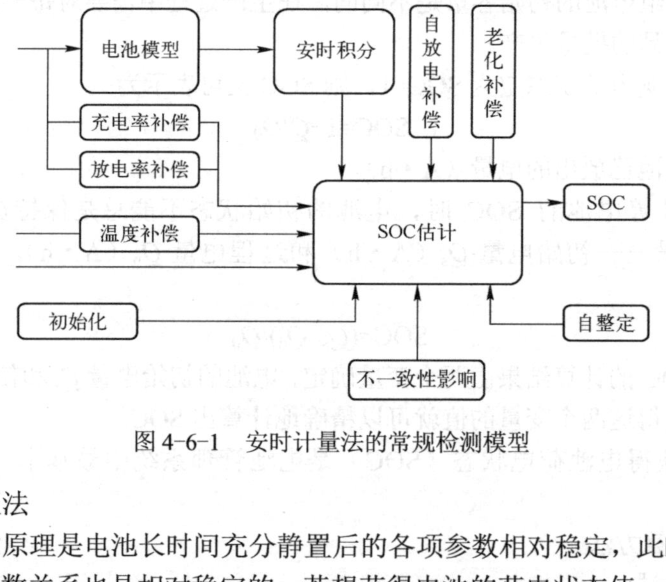

图 4-6-1　安时计量法的常规检测模型

（3）开路电压法

开路电压法的原理是电池长时间充分静置后的各项参数相对稳定，此时的开路电压与电池荷电状态间的函数关系也是相对稳定的。若想获得电池的荷电状态值，只需测得电池两端的开路电压（OCV），并对照 OCV-SOC 曲线来获取相应信息，如图 4-6-2 所示。

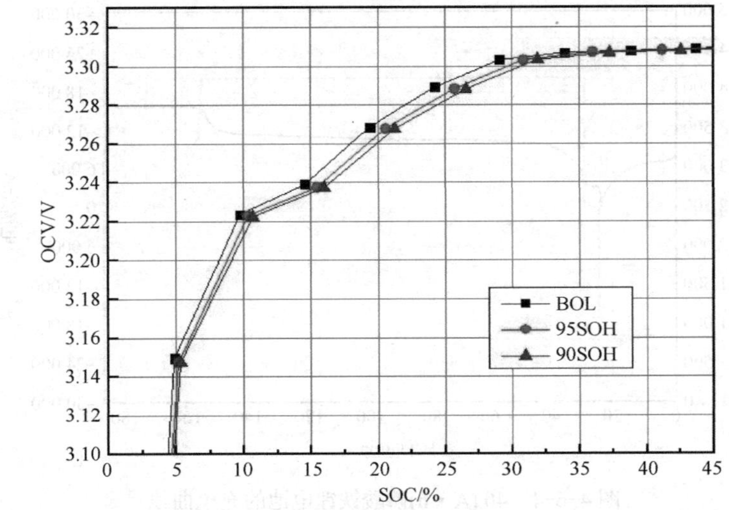

图 4-6-2 OCV-SOC 曲线

3．单体电压的数据分析

电池工作是有一定工作条件要求的，对充电电流、放电电流、工作温度、单体电压等都有所限制。如图 4-6-3 所示，以磷酸铁锂电池为例，电池工作条件分为“合理区域”和“临界区域”，当电池工作条件越过“临界区域”时，事故发生概率就会大增。此时 BMS 就必须果断采取措施，以避免事故的发生。

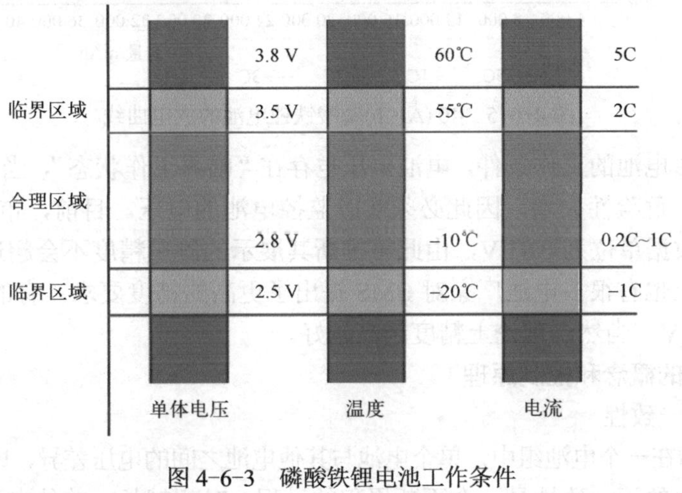

图 4-6-3 磷酸铁锂电池工作条件

电压是表示电池状况最重要的参数之一。

SOC 与电压存在一定的函数关系，通过观测电压，可以大致了解电池的荷电状态。

$$SOC=f(V, I, T)$$

式中：V 为电池的电压；I 为充放电电流；T 为电池温度。

图 4-6-4 及图 4-6-5 分别为 40 A · h 磷酸铁锂电池的充电曲线及放电曲线。

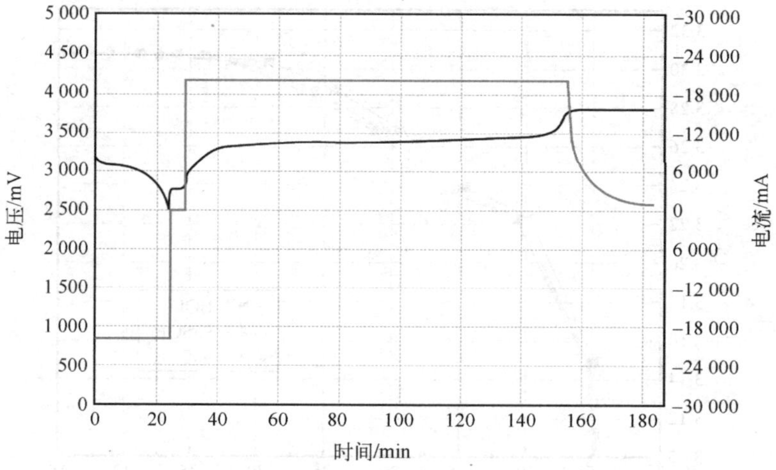

图 4-6-4 40 (A・h)磷酸铁锂电池的充电曲线

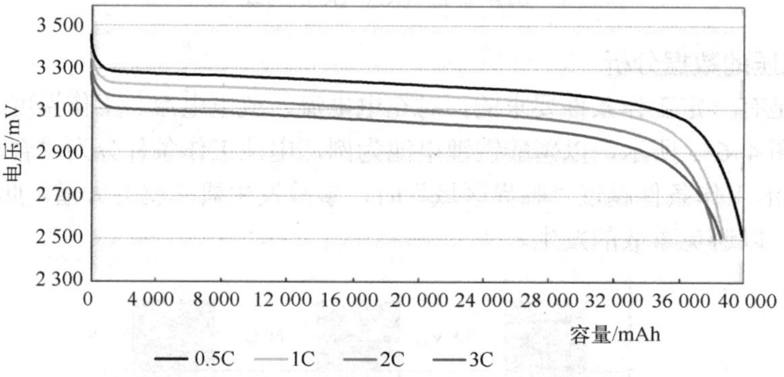

图 4-6-5 40 (A・h)磷酸铁锂电池的放电曲线

参照图 4-6-3 电池的工作条件，电池电压也存在“临界工作状态”，当电池电压越过“临界工作状态”时，危险性大增，因此必须实时监控电池的电压。目前，市场上大部分 BMS 制定的通信协议数据单位为 0.01 V，由此可推断其展示的测量精度不会超过 0.01 V。

目前，市面上也有很多电池厂家对 BMS 提出了更高的精度要求，有的要求是 0.005 V，有的要求是 0.002 V。当然，理论上精度越高越好。

4．电芯压差的概念和控制原理

1）电池的不一致性

电芯压差是指在一个电池组中，单个电池与其他电池之间的电压差异，即电池的不一致性。

锂离子电池组的不一致性是一个不断累积的过程，时间越长，单体电池之间出现的差异越大，并且锂离子电池组还会受到使用环境及消费者对电池滥用的影响，在使用过程中单体电池的不一致性会被逐渐放大，从而导致某些单体电池性能加速衰减，最终导致电池组过早失效。锂离子电池组的不一致性主要受时间的影响较大，原因主要包括以下两个方面。

首先是制造过程中存在工艺上的问题和材质的不均匀等问题，使得锂离子电池的材料、工艺和技术等存在很微小的差别。在锂离子电池组投入使用后，电池组中各个电池的电解液密度、温度和通风条件、自放电程度及充放电过程等存在一定的差别，同一批次出厂的同一型号电池容量和内阻也可能存在差异性。

其次是在电池装车及使用时，锂离子电池组中各个单体电池受电解液密度、温度和通风条件、自放电程度及充放电过程等的影响，存在一定的差别。

2）电池不一致性的危害

（1）容量损失

由单体电池组成的锂离子电池组，其容量符合木桶原理，最小的那颗单体电池的容量决定整个电池组的充放电能力。

（2）寿命损失

对于小容量的单体，每次都是满充满放，很大可能最先到达寿命的终点。若一个单体电池寿命终结，一组串联在一起的电池模组就会失效。

（3）电池模组的内阻增大

不同大小的内阻流过相同的电流，内阻大的电芯发热量相对较多。电池组的温度过高造成电池组的劣化速度加快，内阻又会进一步升高。内阻和温升形成一对负反馈，使高内阻单体电池加速劣化。

3）应对电池不一致性的措施

（1）不同批次的单体电池，理论上不能放在一起使用。即使是相同批次的单体电池，也要经过筛选，把电池性能参数相对集中的单体电池放在一个锂离子电池组里和同一个电池包里。

（2）针对内阻不一致的单体电池发热量也不相同的问题，电池管理系统中加入了热管理系统，可以调节整个锂离子电池组的温差，使电池模组保持在一个合理的温度范围内。生成热量较多的单体电池依然温升偏高，但不会与其他单体电池拉开差距，劣化水平就不会出现明显的差距。

（3）电池管理系统设计了均衡功能，同时保证锂离子电池组良好的使用环境，尽量保证恒温，减小振动，保证水、尘土等物质不会污染电池极柱。掌握锂离子电池组中单体电池不一致性的发展规律，对极端参数电池进行及时调整或更换，以保证电池组参数不一致性不随使用时间而增大。

（4）能量管理方面，在电池包输出功率允许的情况下，尽量减小电池放电深度。引入实用性电池组能量管理和均衡系统，制定合理的电池均衡策略，主动干预和降低电池的不一致性。尽量在电池深度放电的同时，防止电池的过充电。

5．电池均衡

1）均衡的作用

由于生产制造和工作环境的影响会造成单体电池的不一致性，在电压、容量、内阻等性质上出现差别，导致每个单体电池在实际使用过程中有效容量和充放电电量是不一样的。因此，为保证电池系统的整体性能，延长电池的使用寿命，减少单体电池之间的差异性，对电池进行均衡控制是十分必要的。

均衡管理有助于电池容量的保持和放电深度的控制。根据电池自身储电与放电特性，电池模组可能会出现以下现象：

① 某个单体电池充满电时其他单体电池没有充满；

② 某个最小电量的单体电池放电截止时，其他电池还没有达到放电截止限制。

这些都是电池自我保护的特性，为了防止一些电池单体出现电池过充电或者过放电的状态，导致电池内部发生一些不可逆的化学反应使电池的性质受到影响，从而影响电池的使用寿命。

2）均衡的分类

将均衡管理分别按照其电路结构和控制方式这两个方面来进行归纳，前者分为集中式均衡和分布式均衡，后者分为主动均衡和被动均衡。

（1）集中式均衡和分布式均衡

集中式均衡是指电池组内所有的单体电池共用一个均衡器来进行均衡控制，而分布式均衡是一个或若干个单体电池专用一个均衡器。前者通信简单直接，进行均衡速度快。但单体电池与均衡器之间的线束排布复杂，不适合单体数量多的电池系统。后者能够解决前者线束方面的问题，缺点是成本高。

（2）主动均衡和被动均衡

主动均衡又称非耗散型均衡，形象地说就是进行单体电池之间的能量转移，将能量高的单体电池中的能量转移到能量低的单体电池中以达到能量均衡的目的，如图 4-6-6 所示。

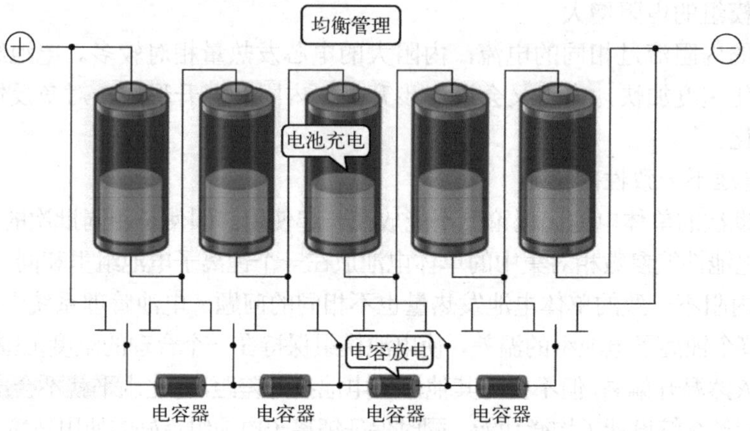

图 4-6-6 主动均衡

主动均衡启动的条件为：新能源汽车不管是在充电、行驶还是车辆静置状态，只要压差大于电池管理系统设定的阈值，便开始启动主动均衡。因此，只要有压差存在，主动均衡应该是全天 24 h 在工作，直到压差小于设定的阈值才停止。

被动均衡则是耗散型均衡，利用并联电阻等方式将能量高的单体电池中的能量消耗至与其他单体电池均衡的状态，实现整组电压的均衡，为其他电池争取更多充电时间，如图 4-6-7 所示。

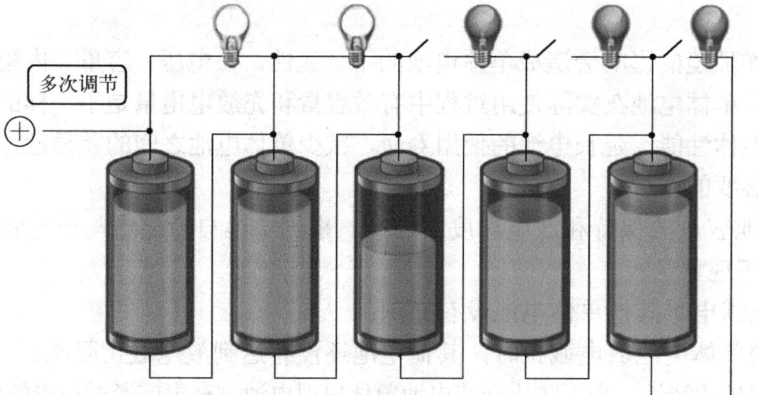

图 4-6-7 被动均衡

采集器均衡原理

被动均衡启动的条件为：因为被动均衡在单体电池充电至恒压阶段时才能启动放电均衡，所以被动均衡的启动均衡时间是比较短的，从电池接近满电到充满截止，根据充电桩的功率不同，被动均衡一般只维持 1 h 左右的均衡时间。

3）性能指标

目前主流的均衡性能指标主要有电池实际容量、电池端电压和电池荷电状态三种。

（1）电池实际容量均衡是以让电池实际容量趋于一致为目的。其办法是将充满状态的电池组继续小电流充电，即用过充办法直到正负极板上出现气泡，消除小容量电池对整体电池性能的影响，但是过充影响电池寿命，不安全。

（2）电池端电压均衡是以将端电压趋于一致为目的。但在实际情况下，电池内阻的不同对端电压的影响是不可避免的，因此充电时内阻大的电压端电压大，需要对其进行放电均衡，内阻小的端电压小，需要对其进行充电均衡；而在放电时情况完全相反，内阻大的端电压小，需要对其进行充电均衡，内阻小的端电压大，需要对其进行放电均衡。这样整个充放电均衡过程非常混乱，效果并不理想。

（3）电池荷电状态均衡是以将电池 SOC 值一致为目的，提高功率输出，保证安全性。但难点是 SOC 不确定的影响因素太多，如何精确估算 SOC 是关键。精确的 SOC 能减少额外冗余，提高电池的可使用容量，增加续航里程。

必备知识测试

4.6.6　任务指南

1．读取动力电池数据

动力电池是一个密封的整体，动力电池内部的数据都是通过 CAN 网络传递给电池管理器，电池管理器分析数据并判断是否存在故障。通过读取电池管理器的数据流可以有效分析动力电池的状态，并找出其中异常的数据。在维修时可根据异常的数据流有针对性地进行检查与维修。可按照图 4-6-8 所示的流程读取动力电池数据。

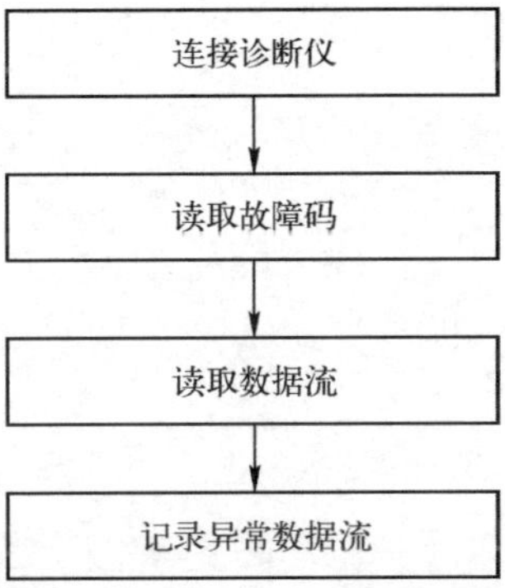

图 4-6-8　读取动力电池数据的流程

2．电池均衡

电芯电量不均衡会严重影响动力电池的使用，通过读取动力电池数据流中电芯的最高和最低电压值可判断动力电池是否存在均衡问题，针对有问题电芯的模组可进行均衡处理。部分新能源汽车在读取数据流时只能读取到最高和最低电芯的电压，不能确定具体电芯，此时需要分解动力电池后逐个测量找到问题电芯。可按照图 4 6 9 所示流程在开箱后的动力电池中检查并找到问题模组，然后使用电池均衡仪对电池模组进行均衡。

动力电池数据流读取与分析

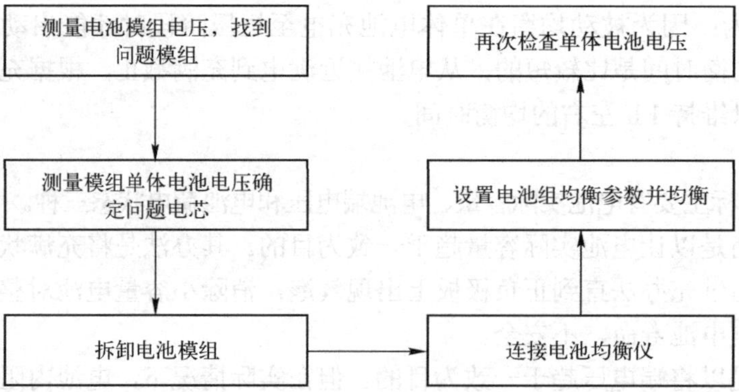

图 4-6-9 电池均衡流程

电池均衡

3．动力电池均衡虚拟仿真训练

计算机端登录：https://press.bjtu.edu.cn/h5trans/241122/7/。

移动端使用手机浏览器扫描左侧二维码进入虚拟仿真训练界面。

动力电池均衡虚拟仿真软件

动力电池均衡操作手册

4.6.7 任务工单

任务 4.6 电池续航性能检修任务工单

扫描查阅电子工单

姓 名		班 级		学 号	
实训日期		评价方式	□自评 □互评 □师评	指导教师	

一、车辆/台架信息记录

车辆品牌		车辆型号		生产日期	
动力电池型号		动力电池容量		行驶里程	
车辆识别码					

二、读取动力电池数据

连接解码器插头	解码器插头类型：____________ 连接位置：__________________
	连接方式：硬线□ 蓝牙□ WiFi□
	解码器型号：____________________ 版本：__________________
	上电方法：制动踏板□ 启动按钮□ 座椅传感器□
读取动力电池故障码	故障码 1：____
	故障码 2：____
	故障码 3：____
读取数据流	SOC 值：__________________________
	电池组当前总电压：________ 电池组当前总电流：________
	最低单节电池电压：________ 最低单节电池编号：________
	最高单节电池电压：________ 最高单节电池编号：________
	最高单节电池压差：________
	电压差最高电池模组编号：________ 最低单节电压：________

三、电池均衡

查找问题模组	检查模组电压： 模组 1：______ 模组 2：______ 模组 3：______ 模组 4：______ 模组 5：______ 模组 6：______ 模组 7：______ 模组 8：______ 模组 9：______ 模组 10：______ 模组 11：______ 模组 12：______ 需均衡模组编号：____________________________
	检查电芯电压： 电芯 1：______ 电芯 2：______ 电芯 3：______ 电芯 4：______ 电芯 5：______ 电芯 6：______ 电芯 7：______ 电芯 8：______ 电芯 9：______ 电芯 10：______ 电芯 11：______ 电芯 12：______ 电芯 13：______ 电芯 14：______ 电芯 15：______ 电芯 16：______ 问题电芯编号：____________ 电芯最高压差：______

续表

<table>
<tr><td rowspan="4">连接电池均衡仪</td><td colspan="2">连接模组总负端，　夹具颜色：红□　黑□</td></tr>
<tr><td colspan="2">如何判断正负端：__________</td></tr>
<tr><td colspan="2">单体电池数量：________　夹具连接：正极□　负极□</td></tr>
<tr><td colspan="2">均衡仪连接方式：硬线□　蓝牙□　WiFi□</td></tr>
<tr><td rowspan="4">电池均衡</td><td rowspan="2">电池信息</td><td>电芯数量：__________　电芯连接方式：________</td></tr>
<tr><td>电芯类型：__________　电芯电压：________</td></tr>
<tr><td rowspan="2">电池均衡</td><td>电压阈值：__________　工作电流：__________</td></tr>
<tr><td>工作模式：__________　均衡时长：__________</td></tr>
<tr><td rowspan="2">均衡结果检查</td><td colspan="2">电芯 1：_____　电芯 2：_____　电芯 3：_____　电芯 4：_____
电芯 5：_____　电芯 6：_____　电芯 7：_____　电芯 8：_____
电芯 9：_____　电芯 10：_____　电芯 11：_____　电芯 12：_____
电芯 13：_____　电芯 14：_____　电芯 15：_____　电芯 16：_____
总电压：________　最低电芯：_____　最高压差：________</td></tr>
<tr><td colspan="2">均衡结果判断：完成□　继续均衡□　更换□</td></tr>
</table>

4.6.8　任务标准

任务 4.6　电池续航性能检修任务标准

扫描查阅任务标准

<table>
<tr><td colspan="2">姓　名</td><td></td><td>班　级</td><td>学　号</td><td colspan="2"></td></tr>
<tr><td colspan="2">实训日期</td><td></td><td>评价方式</td><td>□自评 □互评 □师评</td><td>指导教师</td><td></td></tr>
<tr><td>序号</td><td>评价项目</td><td>评价内容</td><td>作业标准</td><td>分值</td><td>评分要求</td><td>实际得分</td></tr>
<tr><td>1</td><td>职业素养</td><td>工作安全
工作规范
工作态度</td><td>□1. 规范做好工作前的准备工作
□2. 规范开展场地、设备、工具安全检查（检查隔离栏设置、安全警示牌设置、灭火器压力值检查、举升机检查、动力电池举升车检查等）
□3. 规范开展作业前和作业后工位 5S 操作
□4. 作业过程规范、未出现安全隐患或事故
□5. 积极主动、认真仔细地完成任务</td><td>20</td><td>每项扣 4 分，不超过 20 分</td><td></td></tr>
<tr><td>2</td><td>专业能力</td><td>技术技能</td><td>一、读取动力电池数据
□1. 能正确读取动力电池数据流
□2. 能初步判断动力电池故障
二、电池均衡
□1. 能正确查找问题模组和问题电芯
□2. 能正确使用夹具连接电池
□3. 能正确使用电池均衡仪
□4. 能正确使用电池均衡仪对电池模组进行均衡</td><td>40</td><td>每项扣 10 分，不超过 40 分</td><td></td></tr>
<tr><td>3</td><td>信息应用能力</td><td>关键数据及信息查询</td><td>□1. 能正确读取电池电压
□2. 能正确查阅仪器使用说明书
□3. 能正确查阅电池均衡标准</td><td>10</td><td>每项扣 5 分，不超过 10 分</td><td></td></tr>
<tr><td>4</td><td>分析判断能力</td><td>数据的读取、分析、判断</td><td>□1. 能读取单体电池信息
□2. 能分析失衡电池故障原因
□3. 能判断电池数据是否符合标准</td><td>10</td><td>每项扣 5 分，不超过 10 分</td><td></td></tr>
<tr><td>5</td><td>表达能力</td><td>有效沟通和描述维修任务</td><td>□1. 能与客户有效沟通维修方案
□2. 能与团队有效沟通维修方案</td><td>10</td><td>每项扣 5 分，不超过 10 分</td><td></td></tr>
<tr><td>6</td><td>表单填写能力</td><td>电子、纸质工单填写</td><td>□1. 字迹清晰
□2. 语句通顺
□3. 无错别字
□4. 无涂改
□5. 无抄袭</td><td>10</td><td>每项扣 2 分，不超过 10 分</td><td></td></tr>
<tr><td colspan="4">总分</td><td>100</td><td></td><td></td></tr>
</table>

4.6.9 任务小结

经过本任务的学习，能掌握电池容量和计算动力电池的 SOC 值，能使用诊断仪初步判断动力电池内部是否出现故障，并能使用仪器查找动力电池具体的故障原因，能使用电池均衡仪对失衡的电池模组进行均衡操作，提高动力电池的使用寿命。

4.6.10 知识链接

知识链接

4.6.11 拓展创新

题目引导	有什么方法能延长动力电池的使用寿命？

任务 4.7 电池内部通信检修

4.7.1 工作任务

一辆比亚迪秦 EV 不能上高压电，进厂后使用解码器读取故障码，显示多个 BIC 的 CAN 通信超时。经技术经理判断为动力电池内部 BIC 与 BMS 通信故障。现将车辆交于你维修，你知道如何维修动力电池通信故障吗？

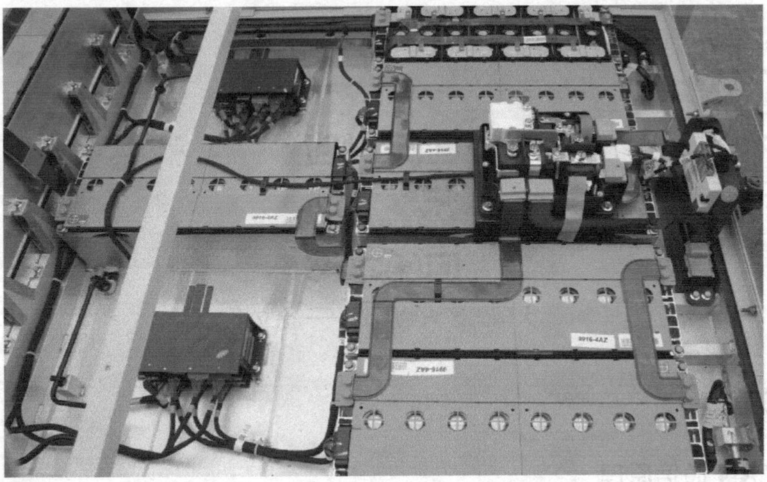

4.7.2　岗课赛证（见表 4-7-1）

表 4-7-1　任务 4.7 岗课赛证融通

序　号	融 通 类 型	名　　称	具 体 内 容
1	岗位融通	动力电池维修岗位	高压部件的识别
2	证书融通	电池及电池系统维修保养师三级/高级工	1. 故障诊断 2. 系统内部组件维修
3	大赛融通	全国职业院校技能大赛汽车故障检修赛项	汽车动力控制系统故障检修

4.7.3　任务目标

1. 素质目标

（1）能完成电池内部通信检修前后工位 5S，具有良好的职业素养和职业习惯。

（2）电池内部通信检修严格执行 AB 岗核查确认，具有安全意识。

（3）勇于挑战电池内部通信检修课后创新任务，具有知识迁移能力和创新意识。

（4）电池内部通信检修过程遵守评分标准，严谨细致，精益求精，具有工匠精神。

（5）电池内部通信检修的任务过程中执行分组实操，分工协作，具有团队精神。

2. 知识目标

（1）熟练掌握电池 CAN 通信的结构原理。

（2）熟练掌握电池内部信息传递的电路结构。

（3）熟练掌握 BIC 的工作原理。

3. 能力目标

（1）能够根据 BIC 采集数据分析电池模组状态。

（2）能够正确使用仪器对电池子网进行检测。

（3）能够按照任务标准完成电池内部通信故障的检修。

4.7.4 大国工匠

大国工匠人物事迹——徐立平

4.7.5 必备知识

1. 电池 CAN 通信原理

1）CAN 数据总线系统的构成

如图 4-7-1 所示，CAN 数据总线系统由控制器、收发器、数据传输终端（终端电阻）和两条数据传输线组成。

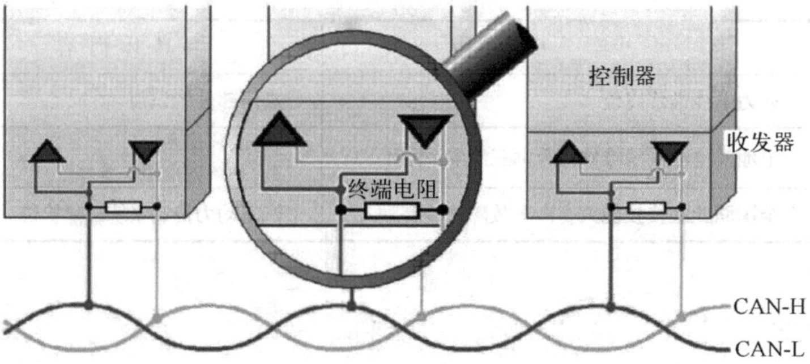

CAN 网络拓扑结构

图 4-7-1 CAN 数据总线系统的构成

（1）CAN 控制器和 CAN 收发器

每一个 CAN 节点上都接有一个控制单元，每一控制单元中均设有一个 CAN 控制器和一个 CAN 收发器。产生数据的单元被称为数据的发送器，此单元保持作为数据发送器直到总线产生出现空闲或此单元失去仲裁为止。如果有一单元不作为数据的发送器并且总线也不空闲，这一单元就称为数据的接收器。CAN 控制器主要用来接收微处理器传来的信息，对这些信息进行处理并传给 CAN 收发器；同时 CAN 控制器也接收由 CAN 收发器传来的数据，对这些数据进行处理，并传给控制单元中的微处理器。

（2）数据传输终端

CAN 有数据发送和接收两端，两端都接一个 120 Ω 的电阻器，连接在双绞线的两端，数据传输终端上的电阻器可防止数据在传输线终端被反射并以回声的形式返回，影响数据的正确传送。

（3）数据传输线

汽车上的 CAN 数据传输线大都是双绞线，分为 CAN 高位数据线和低位数据线。这种结构使系统能够同时读写总线数据。数据使用差分电压传送。差分的电压使 CAN 数据总线系统即使在一条数据线断开或者在噪声极大的环境中也能够工作。车辆在使用过程中，电火花、电磁线圈开关、移动电话和发送站等发出的电磁波都会影响或破坏 CAN 的数据传送。为了防止数据在传送时受到干扰，可将两条数据传输线缠绕在一起，如图 4-7-2 所示，这样可以防止数据线所产生的辐射噪声。这两条线的电位相反，如果一根数据线上的电压约为 0 V，那么另一根线上的电压就约为 5 V，因此，两根线的总电压保持为一个常数，而且所产生的电磁效应也会由于极性相反而互相抵消，使向外辐射保持中性（即无辐射）。

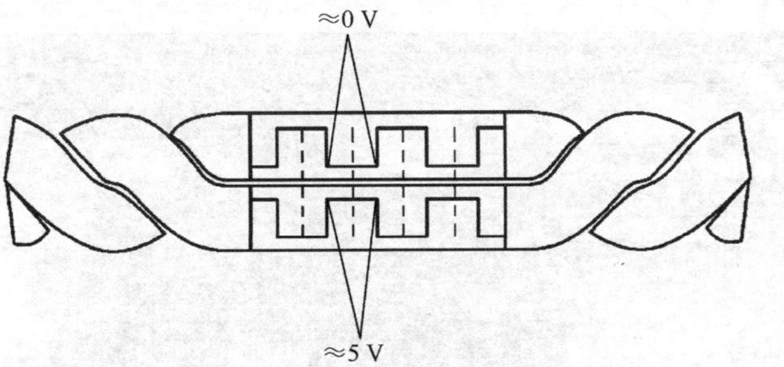

图 4-7-2 缠绕在一起的数据传输线

2）CAN 数据总线系统的数据传输

CAN 数据总线系统的数据传输像一个电话会议，如图 4-7-3 所示。一个电话用户（控制单元）将数据“讲入”网络中，其他用户通过网络“接听”这个数据。对这个数据感兴趣的控制单元就会利用数据，而其他控制单元则选择忽略。在该网络中，任一控制单元都既可发送数据，又可接收数据。

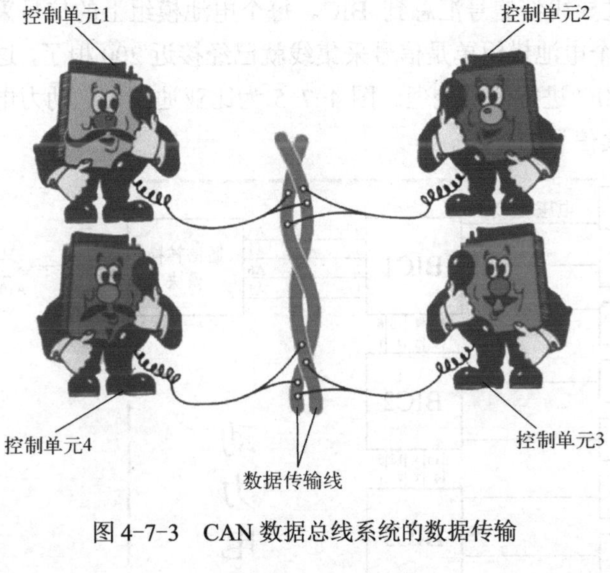

图 4-7-3 CAN 数据总线系统的数据传输

当某一控制单元向 CAN 控制器提供需发送的数据后，CAN 控制器再将此数据发送给 CAN 收发器，CAN 收发器接收由 CAN 控制器传来的数据，并将其转化为电信号，通过数据传输线发出。此时，CAN 数据总线系统中其他控制单元转化为接收器接收此信号，并检查判断所接收的信号是否为所需要的，如果接收的数据是所需的，它将被接受并进行处理，否则该数据将被忽略。

CAN 数据总线系统在极短的时间内，在各控制单元间传递数据。该数据由多位构成，位数的多少由数据帧的大小决定。

2. 电池内部信息传递电路结构分析

以比亚迪秦 EV 为例，比亚迪秦采用分布式电池管理系统，系统由 1 个电池管理控制器（BMC）、4 个 BIC 及 1 套动力电池采样线（通信转换模块）组成。BIC 和通信转换模块安装在动力电池内。图 4-7-4 为动力电池内左侧的 2 个 BIC。BMC 安装在前舱低压辅助蓄电池下面。

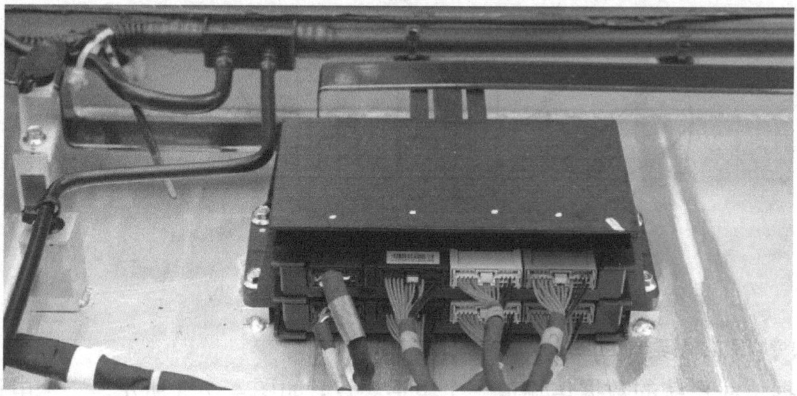

图 4-7-4　比亚迪秦 EV 左侧 BIC

每个电池模组上都有多个电压、温度等采集电池信息的传感器（见图 4-4-3），这些装置通过柔性 PCB 电路板（见图 4-3-8）将信号传递出电池模组，然后通过导线将信号汇总到 BIC。每个电池模组上的信号采集线约有 20 根，10 个电池模组单是信号采集线就已经接近 200 根了，这些信号采集线都由 BIC 进行信号处理。图 4-7-5 为比亚迪秦 EV 动力电池内部 4 个 BIC 采集信号的分工。

动力电池电路

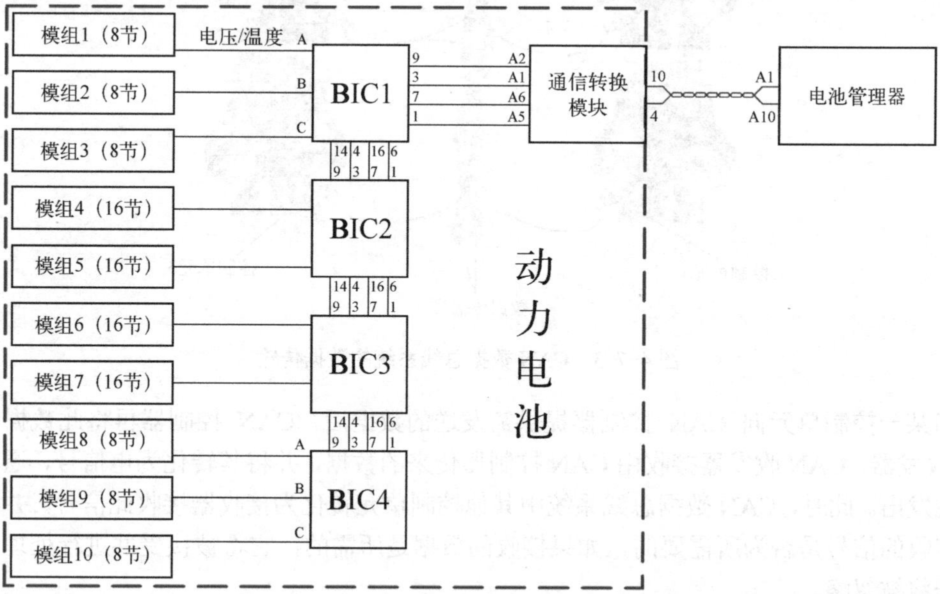

图 4-7-5　比亚迪秦 EV 动力电池内部电路

由于比亚迪秦 EV 的电池内部网络通信协议与电池子网通信协议不同，需要通过通信转换模块（见图 4-7-6）对动力电池内外通信协议进行转换。

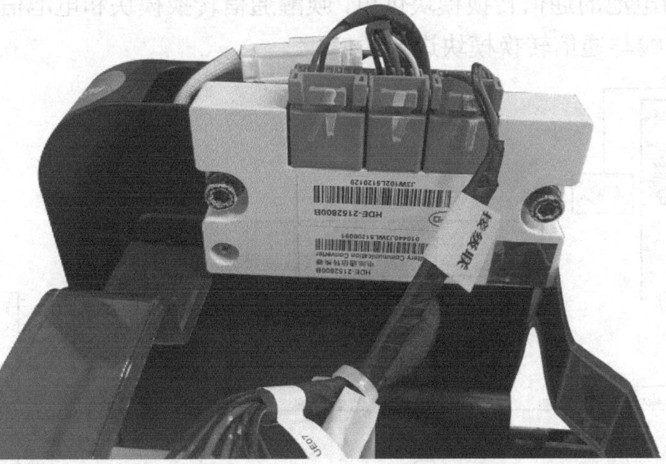

图 4-7-6　电池通信转换模块

通信转换模块的作用

3．BIC 的工作原理

BIC 的主要功能有电池温度采样、电压采样、电池均衡和采样线异常检测等。如图 4-7-5 所示，BIC 采集对应电池模组上的电芯信号，然后转换成 RS485 总线协议信号，再逐步传递给上一级 BIC，最后由 BIC1 传递给通信转换模块。而通信转换模块将这些信号转换成 CAN 总线信号传递给电池管理器。反之，当电池管理器需要对单体电池进行标定或均衡时，也需要将 CAN 总线信号转换成 RS485 总线信号后才能逐步传递给对应的 BIC。

例如，采集到在充电时某个电池模组的单体电池电压如表 4-7-2 所示，BIC 将信号通过通信转换模块传递给电池管理器，BMS 计算出其总电压为 31.86 V，充电状态（SOC）为 80%。

表 4-7-2　单体电池电压

单体电池	电压/V	单体电池	电压/V
电芯 1	3.93	电芯 5	3.9
电芯 2	4.1	电芯 6	3.97
电芯 3	3.96	电芯 7	4.05
电芯 4	3.94	电芯 8	3.97

电芯 2 的电压为 4.1 V，这可能表明它正在接近或已经达到了其最大充电电压，这是过压的迹象。BMS 可能需要采取均衡措施，或者在必要时停止充电以保护电池。其他电芯的电压较低，表明它们还没有充满，这时 BMS 可能会进行电池均衡。

BMS 先将需要均衡的电池信息通过电池子网 CAN 总线发给通信转换模块，通信转换模块再将之转换成 RS485 总线信号传递给 BIC，然后 BIC 根据 BMS 的指令对相应的电芯进行均衡处理，确保所有电芯都能均匀充电。

4. CAN 通信及子网通信检测

BMS 的 CAN 通信电路如图 4-7-7 所示。通信转换模块的电源由电池管理器控制，在电池管理器被唤醒后，给动力电池的通信转换模块供电，唤醒通信转换模块和电池信息采集器，然后通过电池子网 CAN 总线与通信转换模块进行通信。

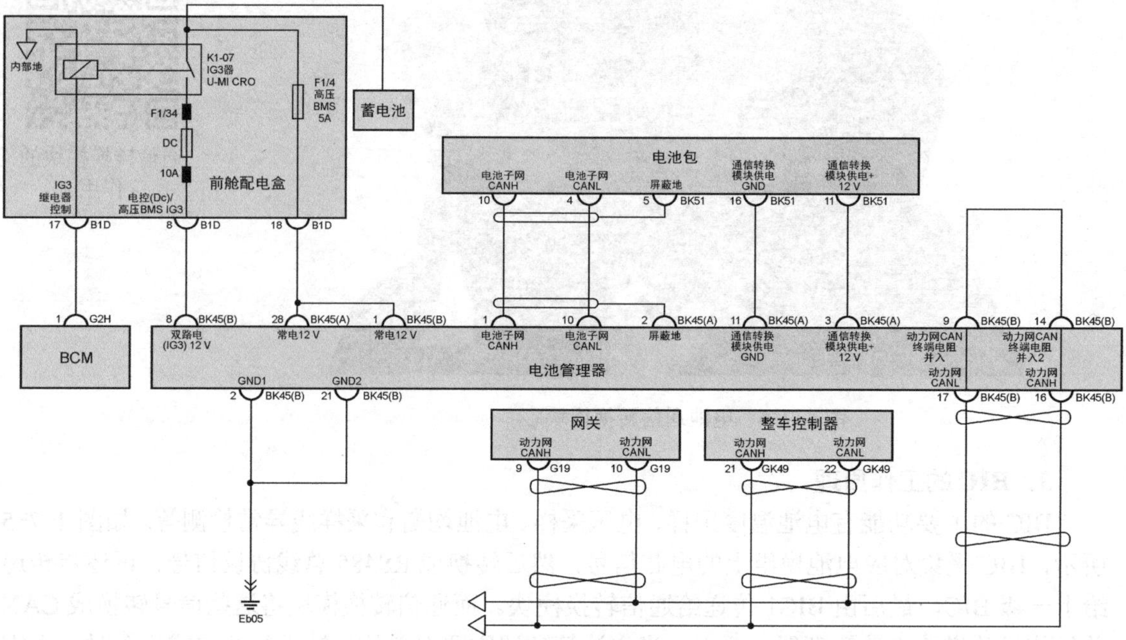

图 4-7-7 BMS 的 CAN 通信电路

比亚迪秦 EV 动力电池低压插接器 BK51 端子含义如表 4-7-3 所示，表中的标准电压值是在电池管理系统正常工作时的标准电压范围。

表 4-7-3 比亚迪秦 EV 动力电池低压插接器 BK51 端子的含义

电子号	电阻作用	与 BMC 连接的端子	标准电压值/V
BK51/4	电池子网 CAN-L	BK45A/10	1.5～2.5
BK51/5	电池子网屏蔽线	BK45A/2	小于 1
BK51/6	负极接触器电源	BK45A/16	9～16
BK51/10	电池子网 CAN-H	BK45A/1	2.5～3.5
BK51/11	通信转换模块供电	BK45A/3	9～16
BK51/13	负极接触器控制	BK45A/29	小于 1
BK51/16	通信转换模块接地	BK45A/11	小于 1
BK51/18	正极接触器电源	BK45A/7	9～16
BK51/19	正极接触器控制	BK45A/22	小于 1
BK51/20	预充接触器电源	BK45A/7	9～16

续表

电子号	电阻作用	与 BMC 连接的端子	标准电压值/V
BK51/22	直流霍尔输出信号	BK45A/26	0～4.2
BK51/23	霍尔传感器屏蔽地	BK45A/19	小于 1
BK51/24	直流霍尔传感器电源	BK45A/27	9～16
BK51/25	直流霍尔传感器搭铁	BK45A/18	-16～-9
BK51/28	预充接触器控制	BK45A/21	小于 1
BK51/29	高压互锁输出	充配电总成 BK46/12	2.5～5
BK51/30	高压互锁输入	BK45B/4	2.5～5

电池子网采用高速 CAN 总线，其波形如图 4-7-8 所示，常见电池子网故障波形及故障类型如图 4-7-9 所示。

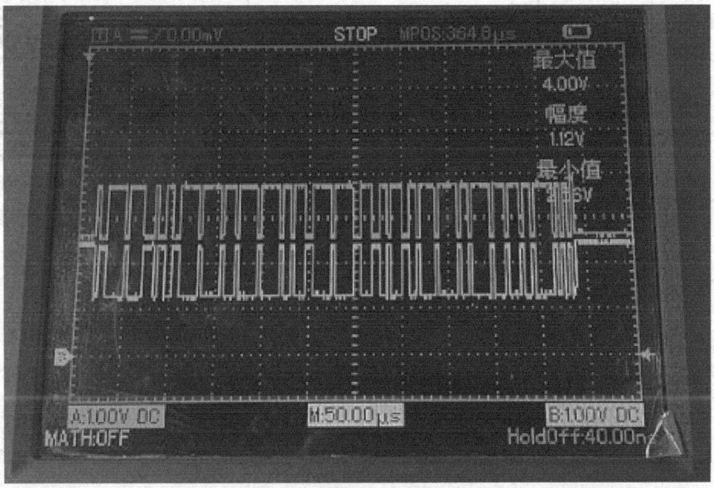

示波器的使用

图 4-7-8　电池子网 CAN 波形

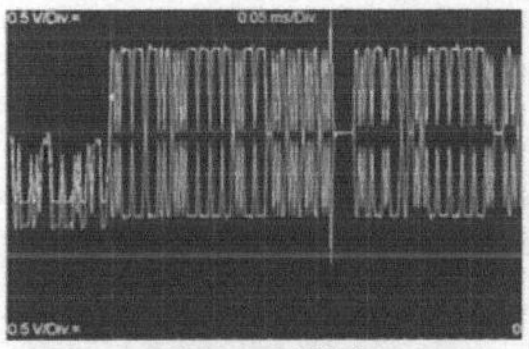
CAN-H断路

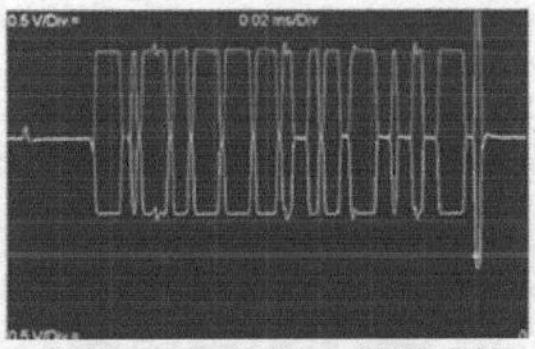
CAN-H和CAN-L错误连接

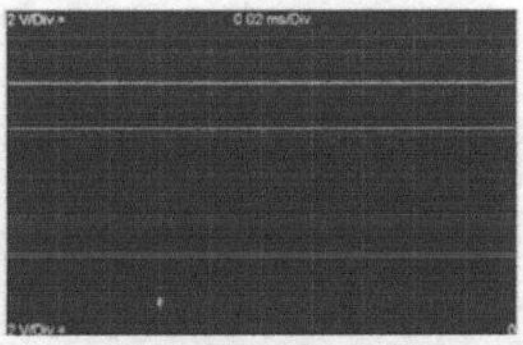
CAN-H对正极短路

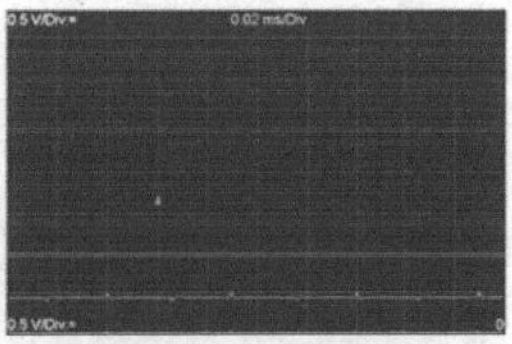
CAN-H对地短路

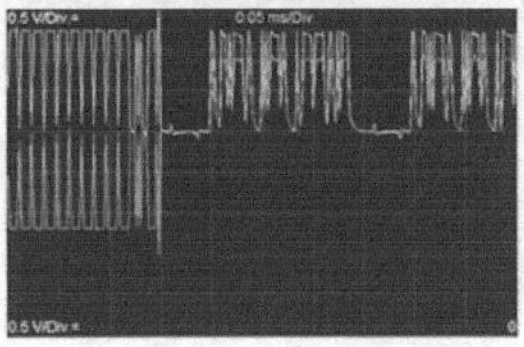
CAN-L断路

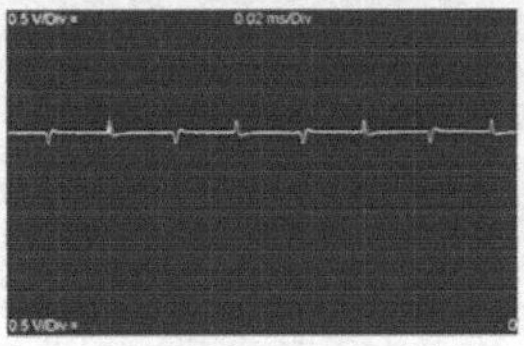
CAN-H和CAN-L互短

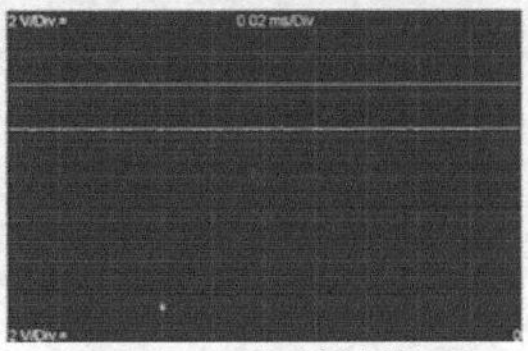
CAN-L对正极短路

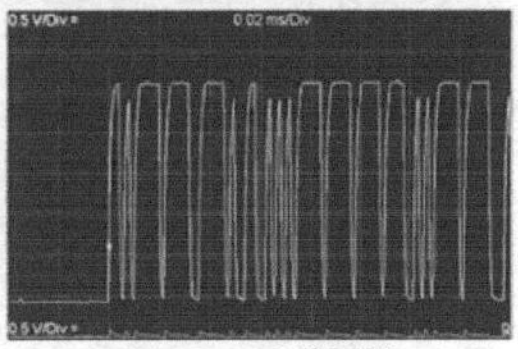
CAN-L对地短路

图 4-7-9　常见电池子网 CAN 故障波形及故障类型

必备知识测试

4.7.6　任务指南

比亚迪秦 EV 的 BIC 和通信转换模块都安装在动力电池内，在检修时需要分解动力电池。在检修过程中应先检查动力电池外部通信线路和电池管理器，如果外部检查没有问题，则需要开箱检查动力电池内部。电池子网的检查可以按照图 4-7-10 的步骤进行。通常越多 BIC 失去通信，说明故障的部位越靠近通信转换模块。

电池子网故障检修

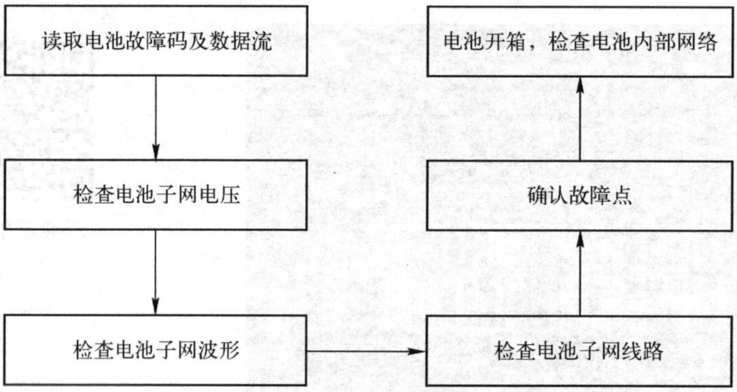

图 4-7-10　电池子网故障检修的步骤

4.7.7　任务工单

任务 4.7　电池内部通信检修任务工单	扫描查阅电子工单

姓　名		班　级		学　号	
实训日期		评价方式	□自评 □互评 □师评	指导教师	

一、车辆/台架信息记录

车辆品牌		车辆型号		生产日期	
动力电池型号		动力电池容量		行驶里程	
车辆识别码					

二、电池子网故障检修

连接解码器插头	解码器插头类型：________ 连接位置：________
	连接方式：硬线□　蓝牙□　WiFi□
	解码器型号：____________ 版本：____________
	上电方法：制动踏板□　启动按钮□　座椅传感器□
读取动力电池故障码	故障码 1：____
	故障码 2：____
	故障码 3：____
读取数据流	SOC 值：________________
	电池组当前总电压：______ 电池组当前总电流：______
	最低单节电池电压：______ 最低单节电池编号：______
	最高单节电池电压：______ 最高单节电池编号：______
	最低单节电池温度：______ 最低单节电池编号：______
	最高单节电池温度：______ 最高单节电池编号：______
	绝缘阻值：__________ 高压互锁状态：______
	正极接触器状态：______ 负极接触器状态：______
	分析故障原因：
基木测量	通信转换模块电源端子号：______ 搭铁端子号：________ 电源电压：__________
	CAN-H 端子号：__________ CAN-L 端子号：__________ 在线终端电阻：__________ 正常□　异常□
	CAN-H 电压：__________ CAN-L 电压：__________

续表

波形测量	通道 1 连接端子：__________ 夹具连接端子：__________	
	通道 2 连接端子：__________ 夹具连接端子：__________	
	横坐标参数：__________ 纵坐标参数：__________	
	画出波形主要特征并标示出异常波形	
下电检测	离线终端电阻	电池管理器侧：______ 正常□ 异常□
		通信转换模块侧：______ 正常□ 异常□
	通信转换模块电源线束：正常□ 断路□ 短路□ 其他：________	
	通信转换模块搭铁线束：正常□ 断路□ 短路□ 其他：________	
	CAN-H 线束：正常□ 断路□ 短路□ 其他：________	
	CAN-L 线束：正常□ 断路□ 短路□ 其他：________	
	屏蔽线束： 正常□ 断路□ 短路□ 其他：________	
故障排除	故障原因：____________________	
	维修建议：____________________	

4.7.8　任务标准

任务 4.7　电池内部通信检修任务标准

扫描查阅任务标准

姓　名		班　级		学　号	
实训日期		评价方式	□自评 □互评 □师评	指导教师	

序号	评价项目	评价内容	作业标准	分值	评分要求	实际得分
1	职业素养	工作安全 工作规范 工作态度	□1. 规范做好工作前的准备工作 □2. 规范开展场地、设备、工具安全检查（检查隔离栏设置、安全警示牌设置、灭火器压力值检查、举升机检查、动力电池举升车检查等） □3. 规范开展作业前和作业后工位 5S 操作 □4. 作业过程规范、未出现安全隐患或事故 □5. 积极主动、认真仔细地完成任务	20	每项扣 4 分，不超过 20 分	
2	专业能力	技术技能	□1. 能正确测量通信转换模块电源 □2. 能正确测量 CAN 网络电压 □3. 能正确使用示波器测量 CAN 网络波形 □4. 能手动画出 CAN 网络波形 □5. 能正确安装动力电池 □6. 能正确读取故障码和数据流	40	每项扣 4 分，不超过 40 分	
3	信息应用能力	关键数据及信息查询	□1. 能正确读取电池电压 □2. 能正确查阅仪器使用说明书 □3. 能正确查阅 BIC 电路	10	每项扣 5 分，不超过 10 分	
4	分析判断能力	数据的读取、分析、判断	□1. 能读取单体电池信息 □2. 能分析失衡电池故障原因 □3. 能判断电池数据是否符合标准	10	每项扣 5 分，不超过 10 分	
5	表达能力	有效沟通和描述维修任务	□1. 能与客户有效沟通维修方案 □2. 能与团队有效沟通维修方案	10	每项扣 5 分，不超过 10 分	
6	表单填写能力	电子、纸质工单填写	□1. 字迹清晰 □2. 语句通顺 □3. 无错别字 □4. 无涂改 □5. 无抄袭	10	每项扣 2 分，不超过 10 分	
总分				100		

4.7.9 任务小结

经过本任务的学习，能了解动力电池网络通信结构，并掌握电池 CAN 通信的原理，能对电池子网 CAN 通信系统进行检测。

4.7.10 知识链接

知识链接

4.7.11 拓展创新

题目引导	设计一个动力电池通信线路，要求尽量减少通信用线。

任务 4.8 电池管理系统检修

4.8.1 工作任务

一辆纯电动新能源汽车在行驶过程中高压异常下电，下电以后再按下启动开关故障依旧，且仪表上提示动力电池电量低，伴随动力电池故障灯及动力系统故障灯亮起。仪表 SOC 值不显示。请按照任务标准完成检修，并提交任务工单。

4.8.2　岗课赛证（见表 4-8-1）

表 4-8-1　任务 4.8 岗课赛证融通

序　号	融 通 类 型	名　　称	具 体 内 容
1	岗位融通	动力电池维修岗位	动力电池加热系统故障检修
2	证书融通	电池及电池系统维修保养师三级/高级工	1. 功能检测 2. 故障诊断 3. 电性能维护 4. 技术管理
3	大赛融通	全国职业院校技能大赛汽车故障检修赛项	具备动力电池拆装与检修的能力

4.8.3　任务目标

1. 素质目标

（1）能完成电池管理系统检修前后工位 5S，具有良好的职业素养和职业习惯。

（2）电池管理系统检修严格执行 AB 岗核查确认，具有安全意识。

（3）勇于挑战电池管理系统检修课后创新任务，具有知识迁移能力和创新意识。

（4）电池管理系统检修过程遵守评分标准，严谨细致，精益求精，具有工匠精神。

（5）电池管理系统检修的任务过程中执行分组实操，分工协作，具有团队精神。

2. 知识目标

（1）熟练掌握动力电池管理系统的功能和结构。

（2）熟练掌握动力电池管理系统的电路连接方式和原理。

（3）熟练掌握动力电池管理系统的故障检修规范和方法。

3. 能力目标

（1）能够检测动力电池管理器各端口的数据。

（2）能够规范拆装动力电池管理系统各元件。

（3）能够分析动力电池各端口数据并判断其状态。

4.8.4 大国工匠

大国工匠人物事迹——洪家光

4.8.5 必备知识

1. 电池管理系统电路认知

电池管理系统编写在电池管理器内的集成电路板中，如图 4-8-1 所示。

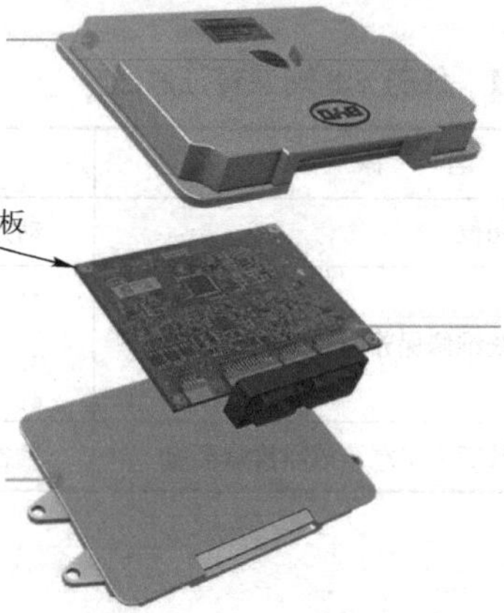

电池管理系统组成

图 4-8-1 电池管理器内部结构

比亚迪秦 EV 电池管理器有两个插接器对外通信，电池管理器插接器端子分布如图 4-8-2 所示。

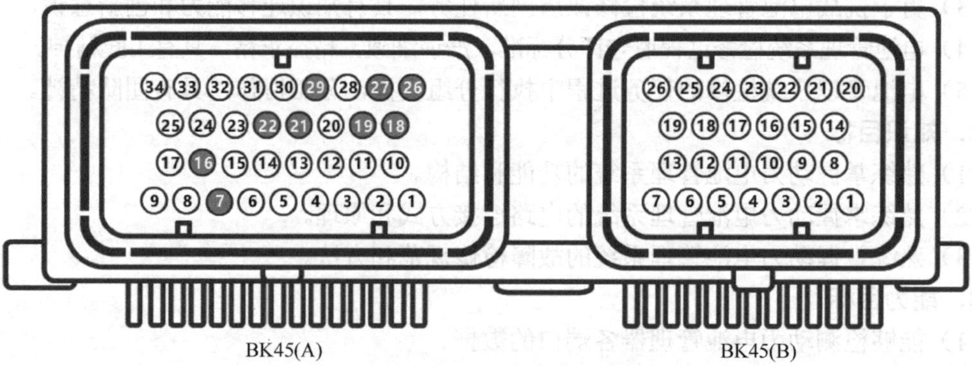

图 4-8-2 电池管理器接插器端子分布

电池管理器插接器 BK45(A)端子的含义如表 4-8-2 所示。

表 4-8-2 电池管理器接插器 BK45(A)端子的含义

端 子 号	端子号含义	条 件	正常值/V
BK45(A)/1	电池子网 CAN-H	ON 挡/OK 挡/充电	2.5～3.5
BK45(A)/2	电池子网 CAN 屏蔽地	始终	小于 1
BK45(A)/3	BMS 通信转换模块电源+12V	ON 挡/OK 挡/充电	9～16
BK45(A)/6	直流充电唤醒信号	直流充电	12
BK45(A)/7	主/预充接触器电源	ON 挡/OK 挡/充电	9～16
BK45(A)/8	充电仪表指示灯信号	充电时	小于 1
BK45(A)/9	分压接触器控制信号线	整车上高压电	小于 1
BK45(A)/10	电池子网 CAN-L	ON 挡/OK 挡/充电	1.5～2.5
BK45(A)/11	通信转换模块电源 GND	始终	小于 1
BK45(A)/15	直流充电正/负极接触器电源	直流充电时	9～16
BK45(A)/16	负极接触器电源	整车上高压电时	小于 1
BK45(A)/18	电流霍尔传感器负极	ON 挡/OK 挡/充电	-15±1
BK45(A)/19	电流霍尔传感器屏蔽地	始终	小于 1
BK45(A)/21	预充接触器控制信号	预充过程中	小于 1
BK45(A)/22	主接触器控制信号	整车上高压电时	小于 1
BK45(A)/24	直流充电负极接触器控制信号	直流充电时	小于 1
BK45(A)/26	直流霍尔信号线	ON 挡/OK 挡/充电	0～4.2
BK45(A)/27	电流霍尔传感器电源线	ON 挡/OK 挡/充电	15±1
BK45(A)/28	常电电源线	ON 挡/OK 挡/充电	9～16
BK45(A)/29	负极接触器控制信号	整车上高压电时	小于 1
BK45(A)/33	直流充电正极接触器控制信号线	始终	小于 1

电池管理器接插器 BK45(B)端子的含义如表 4-8-3 所示。

表 4-8-3 电池管理器接插器 BK45(B)端子的含义

端 子 号	端子号含义	条 件	正常值/V
BK45(B)/1	常电电源线	ON 挡/OK 挡/充电	9～16
BK45(B)/2	车身地	始终	小于 1
BK45(B)/3	碰撞信号	始终	PWM 脉冲波形
BK45(B)/4	驱动互锁输出	ON 挡/OK 挡/充电	PWM 脉冲波形
BK45(B)/5	驱动互锁输入	ON 挡/OK 挡/充电	PWM 脉冲波形
BK45(B)/6	直流充电口温度传感器接地	始终	小于 1
BK45(B)/7	直流充电接触器烧结检测信号	ON 挡/OK 挡/充电	5
BK45(B)/8	IG 电源	ON 挡/OK 挡/充电	9～16
BK45(B)/9	动力网 CAN 终端电阻并入 1	ON 挡/OK 挡/充电	2.5～3.5
BK45(B)/10	交流充互锁输出	ON 挡/OK 挡/充电	PWM 脉冲波形
BK45(B)/11	交流充互锁输入	ON 挡/OK 挡/充电	PWM 脉冲波形
BK45(B)/12	直流充电口温度传感器 GND1	始终	小于 1
BK45(B)/13	直流充电口温度信号 2	ON 挡/OK 挡/充电	0～5

续表

端　子　号	端子号含义	条　　件	正常值/V
BK45(B)/14	动力网 CAN 终端电阻并入 2	ON 挡/OK 挡/充电	2.5～3.5
BK45(B)/15	快充电信号	充电时	小于 1
BK45(B)/16	动力网 CAN-H 线	ON 挡/OK 挡/充电	2.5～3.5
BK45(B)/17	动力网 CAN-L 线	ON 挡/OK 挡/充电	1.5～2.5
BK45(B)/18	充电子网屏蔽地	始终	小于 1
BK45(B)/19	直流充电口温度信号 1	ON 挡/OK 挡/充电	0～5
BK45(B)/20	车载充电感应信号	交流充电时	小于 1
BK45(B)/21	车身地	始终	小于 1
BK45(B)/24	充电子网 CAN-H	直流充电	2.5～3.5
BK45(B)/25	充电子网 CAN-L	直流充电	1.5～2.5

2．BMS 常见故障

1）预充失败故障

（1）尝试清除故障码，多次上电看故障码能否清除。若能清除则为历史故障码。

（2）故障码不能清除。

① 检查 IG3 配电是否正常，管理器、配电箱和电池包低压接插件针脚是否有歪斜或退针。

② 若配电正常，且无端子异常，则用 VDS 读取电池管理器数据流，查看各接触器是否动作。

a．若无动作，则查询对应接触器供电及控制脚电压是否正常。

b．若接触器正常动作，则用 VDS 读取整车控制器的数据流，在一次上 OK 电的过程中，观察母线电压是否到达正常值（HDE 约为 400 V 及以上），若正常，预充成功；若不正常则更换高压配电箱。

c．更换配电箱后，若还报预充失败，更换动力电池包。

2）BIC 工作异常故障

（1）尝试清除故障码，多次上电看故障码能否清除。若能清除则为历史故障码。

（2）故障码不能清除，更换动力电池包。

3）BIC CAN 通信超时故障

（1）车辆上 ON 挡电，先清除故障码，在 OFF 挡电拔插蓄电池后重新上电。

（2）若故障码还出现，先看主驾下方电池包低压接插件是否正常。

（3）在 ON 挡电检测电池包到电池管理器之间的线束通信转换模块供电是否正常。

① 检查电池管理器端通信转换模块供电是否正常，若不正常，检查电池管理器低压供电是否正常。

② 检查电池包对应线束端通信转换模块供电脚对地电压是否约为 12 V，若不正常，更换该线束。

（4）若以上电压均正常，需要检查 CAN 线，在 ON 挡电时测量此时 BK45(A)/10 号端子对地电压是否为 1.5～2.5 V，BK45(A)/1 号端子对地电压是否为 2.5～3.5 V，若不正常，更换该线束。

（5）若以上都正常，更换动力电池。

4）严重漏电故障

在 OFF 挡，检查高压模块是否漏电。

（1）断开动力电池直流母线。拔去前、后驱动电机控制器、车载充电器高压接插件，用绝缘电阻测试仪测量前、后电机控制器、车载充电器高压线端绝缘阻值，若阻值小于 500 kΩ，则该零部件漏电，需进行更换。

（2）断开动力电池直流母线。测量 PTC、压缩机和电池加热 PTC 线束端绝缘阻值，若小于 500 kΩ，则该零部件漏电，需进行更换。

（3）断开高压配电箱处的高压接插件，用绝缘电阻测试仪分别测量高压配电箱端高压接插件的接口端子对地的绝缘阻值，若小于 500 kΩ，则该零部件漏电，需进行更换。

（4）若以上都正常，且在 OK 挡时一直报严重漏电，更换动力电池包。

5）主接触器烧结故障

测量高压配电箱电池直流母线正极和前电控直流母线正极是否导通，若导通则为主接触器烧结，此时需更换配电箱。

6）高压互锁故障

比亚迪秦 EV 高压互锁原理如图 4-8-3 所示，高压互锁 1 为驱动系统互锁，高压互锁 2 为充电系统互锁。

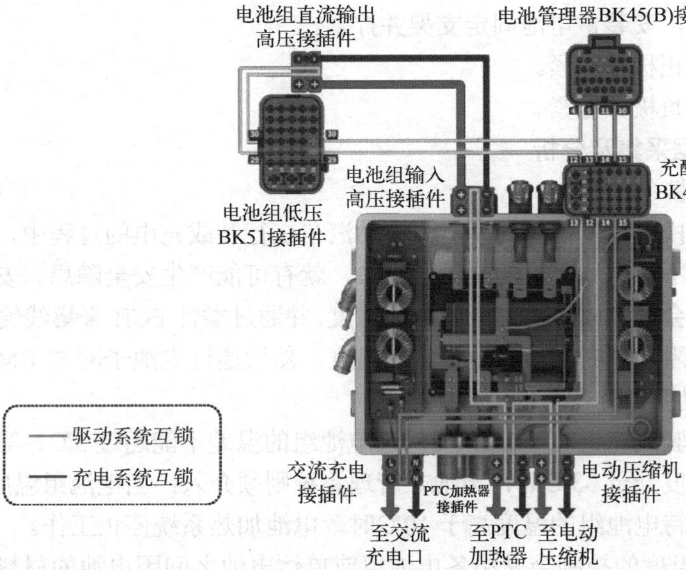

图 4-8-3　高压互锁原理

（1）高压互锁 1 故障（驱动系统互锁）

① 先观察相应高、低压接插件，若虚接则处理接插件；若退针则更换相应零部件。

② 若无明显虚接，则按图 4-8-3 驱动系统高压互锁原理图，检测图中各模块互锁输入、输出信号线是否导通，如果不导通则更换相应的零部件或线束。

（2）高压互锁 2 故障（充电系统互锁）

① 先观察相应高、低压接插件，若虚接则处理接插件；若退针则更换相应零部件。

② 若无明显虚接，则按图 4-8-3 充电系统高压互锁原理图，检测图中各模块互锁输入、输出信号线是否导通，如果不导通则更换相应的零部件或线束。

3．BMS 控制单元的拆卸和安装

BMS 控制单元通常安装在前舱，如比亚迪 E5 旅行版和比亚迪秦 EV。E5 的电池管理器安装在低压辅助蓄电池左侧，秦 EV 则安装在低压辅助蓄电池下方支架上，拆卸低压辅助蓄电池能更好地拆卸电池管理器。

1）拆卸电池管理器

（1）将车辆退电至 OFF 挡，等待 5 min。

（2）使用 10 号开口扳手断开蓄电池负极接线头，断开正极接线头。

（3）使用中号棘轮扳手、中号长接杆、10 号六角套筒断开蓄电池紧固螺栓。

（4）取出紧固螺栓和固定板。

（5）取出蓄电池。

（6）使用中号棘轮扳手、中号接杆、10 号六角套筒拆卸电池管理器固定螺栓。

（7）拔出电池管理器插接器，更换电池管理器。

2）安装电池管理器

（1）插上电池管理器插接器。

（2）使用固定螺栓将电池管理器固定在支架上，紧固固定螺栓。

（3）放上蓄电池，安装蓄电池固定支架并拧紧。

（4）安装蓄电池正极并拧紧。

（5）安装蓄电池负极并拧紧。

4．动力电池数据采集及分析

1）温度采集功能

BIC 有采集电池模组温度信息的功能。电动汽车在行驶或充电的过程中，单体电池会产生大量的热量，如果不把电池产生的热量散出去，就有可能产生安全隐患。安装在电池模组上的热敏温度传感器会采集模组的部分区域的温度，并通过柔性 PCB 采集线输送给 BIC。BIC 根据温度传感器的电阻值判断当前电池模组的温度，然后通过电池子网与 BMC 进行通信，BMS 控制电池组的温度保持在合理的范围内。

例如，车辆在行驶或充电时，BMS 要保证电池组的温差不能超过 5℃，当车辆在进行直流充电，且电池组温度升至 33℃时，电池热管理系统则须介入；当电池组温度低于 5℃时，电池加热系统介入，待电池组的温度高于 10℃时，电池加热系统停止工作。

BMS 对电池组温度的控制会减小各电池组或单体电池之间因电池的材料和制造水平的差异造成的影响，从而减少电池在苛刻条件下诱发电池局部温度差引起的电池安全问题，保障电动汽车运行安全。

2）电压采集功能

在车辆运行过程中（行驶或充电中），BIC 实时采集各个单体电池的电压，防止车辆的电池组在车辆的行驶过程中部分电池可能比其他电池过快放完电造成电池过放电，或防止车辆在充电过程中部分电池比其他电池过快充满电造成电池过充电现象。

若电池管理系统带有主动均衡功能，那么在车辆行驶过程中，当 BIC 采集到各个单体电池之间的电压差超过 50 mV 时，BIC 则通过电池子网与 BMS 进行通信，随后 BMS 激活 BIC 上的主动均衡电路，并通过 BIC 内部的 DC/DC 变换器双向有源均衡电路对单体电池进行均衡，以保证各个单体电池之间的电压差保持在 50 mV 以内。不管车辆是在行驶、充电还是静止的过程中，主动均衡功能都会工作。若车辆的电池管理系统只带有被动均衡功能，当 BIC 采集各单体电池之间的电压差超过 50 mV 时，BIC 则通过电池子网与 BMC 进行通信，然后 BMC 激活 BIC 上的被动均衡电路，并将电压高的单体电池通过 BIC 内部的串联电阻以热量消耗的方式将单体电池的电压保持在合理区间内。

3）数据采集的作用

BIC 采集单体电池电压和电池模组的温度主要是为了让 BMS 更好地管控每个单体电池，保障电池在其最适宜的环境温度下进行放电或充电，减缓电池容量的衰减，降低电池热失控及电池内部短路的风险，延长电池的使用寿命。

必备知识测试

4.8.6 任务指南

比亚迪秦 EV 电池管理器内有动力网和电池子网的终端电阻，如果电池管理器不工作，将导致动力网和电池子网都不能进行通信。如果电池管理器不工作，且检查了电池管理器电源正常，且动力网波形正常，需更换电池管理器排除故障。比亚迪秦 EV 更换电池管理器可按照图 4-8-4 所示的步骤进行操作。

更换电池管理器

图 4-8-4 更换电池管理器的步骤

4.8.7 任务工单

任务 4.8 电池管理系统检修任务工单

扫描查阅电子工单

姓　名		班　级		学　号	
实训日期		评价方式	□自评 □互评 □师评	指导教师	
一、车辆/台架信息记录					
车辆品牌		车辆型号		生产日期	
动力电池型号		动力电池容量		行驶里程	
车辆识别码					
二、更换电池管理器					

连接解码器插头		解码器插头类型：________ 连接位置：________
		连接方式：硬线□ 蓝牙□ WiFi□
		解码器型号：________ 版本：________
		上电方法：制动踏板□ 启动按钮□ 座椅传感器□
读取动力电池故障码		故障码 1：________
		故障码 2：________
		故障码 3：________
读取数据流		SOC 值：________
		电池组当前总电压：________ 电池组当前总电流：________
		最低单节电池电压：________ 最低单节电池编号：________
		最高单节电池电压：________ 最高单节电池编号：________
		最低单节电池温度：________ 最低单节电池编号：________
		最高单节电池温度：________ 最高单节电池编号：________
		绝缘阻值：________ 高压互锁状态：________
		正极接触器状态：________ 负极接触器状态：________
拆卸电池管理器		整车下电：是□ 否□ 下电方法：________
		电池管理器位置：________
	拆卸低压辅助蓄电池	拆卸负极：完成□ 未完成□
		拆卸正极：完成□ 未完成□
		拆卸固定支架：完成□ 未完成□
	拆卸电池管理器	使用工具：________
		注意事项：________
安装电池管理器		注意事项：________
	安装电池管理器	配件号：________
		螺栓数量：________ 紧固力矩：________
	安装低压辅助蓄电池	拆卸固定支架：完成□ 未完成□
		安装低压辅助蓄电池：完成□ 未完成□
		安装正极：完成□ 未完成□
		安装负极：完成□ 未完成□

4.8.8 任务标准

任务 4.8 电池管理系统检修任务标准

扫描查阅任务标准

姓　名		班　级		学　号	
实训日期		评价方式	□自评 □互评 □师评	指导教师	

序号	评价项目	评价内容	作业标准	分值	评分要求	实际得分
1	职业素养	工作安全 工作规范 工作态度	□1. 规范做好工作前的准备工作 □2. 规范开展场地、设备、工具安全检查（检查隔离栏设置、安全警示牌设置、灭火器压力值检查、举升机检查、动力电池举升车检查等） □3. 规范开展作业前和作业后工位 5S 操作 □4. 作业过程规范、未出现安全隐患或事故 □5. 积极主动、认真仔细地完成任务	20	每项扣 4 分，不超过 20 分	
2	专业能力	技术技能	□1. 能正确判断电池管理系统故障 □2. 能正确拆卸低压辅助电池 □3. 能正确更换电池管理器 □4. 能正确辨别 CAN 系统网络 □5. 能正确使用诊断仪 □6. 能正确辨别电池管理器线路	40	每项扣 4 分，不超过 40 分	
3	信息应用能力	关键数据及信息查询	□1. 能正确查阅电池管理器电路图 □2. 能正确查维修手册 □3. 能正确查阅电池管理器端子含义表	10	每项扣 5 分，不超过 10 分	
4	分析判断能力	数据的读取、分析、判断	□1. 能读取动力电池数据流 □2. 能分析动力电池数据 □3. 能判断动力电池状态	10	每项扣 5 分，不超过 10 分	
5	表达能力	有效沟通和描述维修任务	□1. 能与客户有效沟通维修方案 □2. 能与团队有效沟通维修方案	10	每项扣 5 分，不超过 10 分	
6	表单填写能力	电子、纸质工单填写	□1 字迹清晰 □2. 语句通顺 □3. 无错别字 □4. 无涂改 □5. 无抄袭	10	每项扣 2 分，不超过 10 分	
总分				100		

4.8.9 任务小结

经过本任务的学习，能掌握电池管理器电路并能对电池管理系统常见故障进行诊断，能判断电池管理器是否存在故障及正确更换电池管理器。

4.8.10 知识链接

知识链接　　　　电池管理器系统的功能

4.8.11 拓展创新

题目引导	设计一个电池管理系统，要求能采集电池信息、有高压互锁、能进行充放电控制。

项目 5　动力电池热管理系统故障检修

项目来源

本项目的内容是新能源汽车动力电池与充电系统检修工作中的常见内容。动力电池的温度直接影响着其性能、寿命及整车的续航能力。动力电池的高温会降低其性能并且缩短寿命，而过低的温度则会导致电池放电效率下降，从而影响整车的动力输出和续航能力，所以在售车型大多数都配备了动力电池热管理系统。维修技师要充分掌握动力电池热管理系统的结构原理、部件原理等内容，并且要具备故障诊断的能力。

本项目依据新能源汽车动力电池与充电系统维修工作中动力电池热管理系统的故障检修规范，使用相关实际工作任务为载体，将冷却系统故障检修和加热装置故障检修等相关知识和技能转化为教学任务。

知识图谱

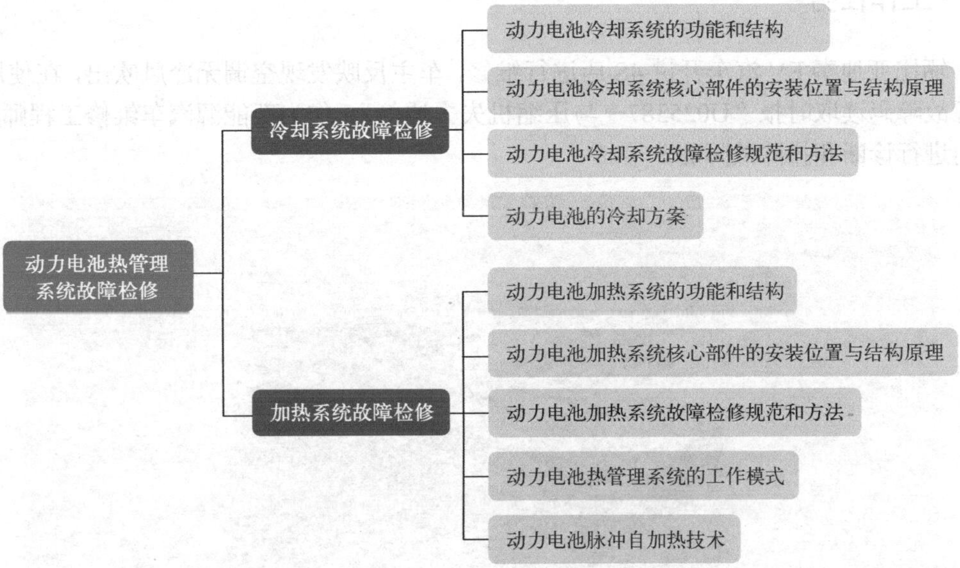

技能图谱

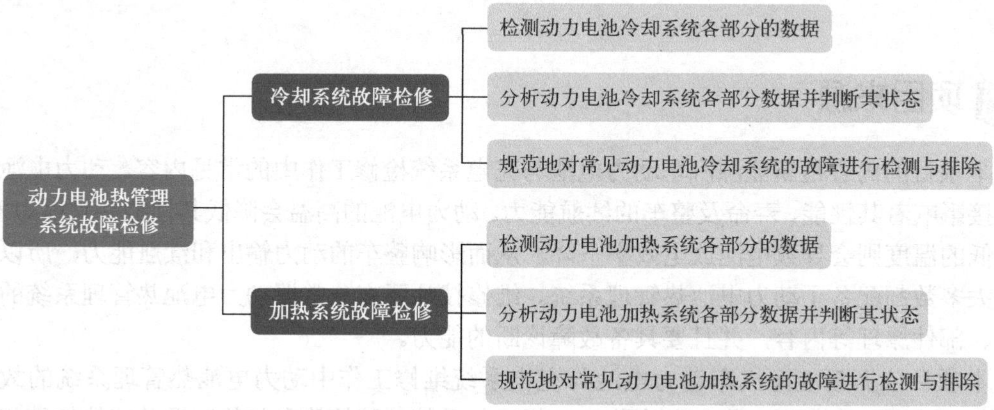

任务 5.1 冷却系统故障检修

5.1.1 工作任务

一辆比亚迪秦 EV 汽车开进 4S 店进行维修，车主反映发现空调无冷风吹出，在使用诊断仪进行故障码读取时报“U025387—与压缩机失去通信”。作为新能源汽车维修工程师的你，该如何进行诊断和排除故障呢？

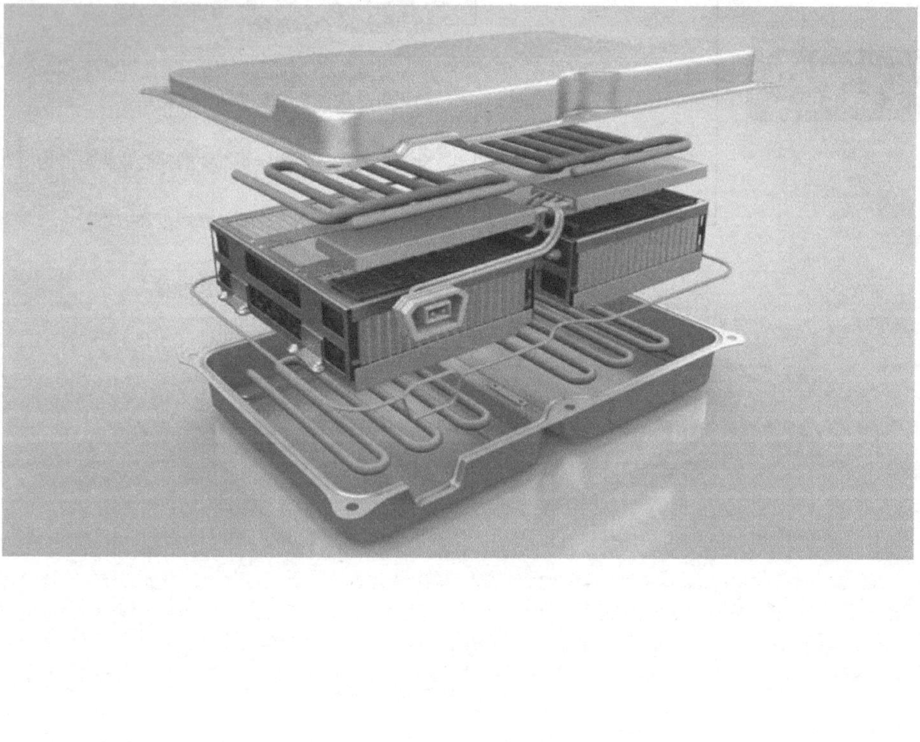

5.1.2　岗课赛证（见表 5-1-1）

表 5-1-1　任务 5.1 岗课赛证融通

序　　号	融通类型	名　　称	具体内容
1	岗位融通	动力电池维修岗位	动力电池冷却系统故障检修
2	证书融通	电池及电池系统维修保养师三级/高级工	1．功能检测 2．系统组件检测（A） 3．故障诊断 4．电池系统外部组件维修 5．技术管理
3	大赛融通	全国职业院校技能大赛汽车故障检修赛项	具备动力电池拆装与检修的能力

5.1.3　任务目标

1．素质目标

（1）能完成电池冷却系统故障检修前后的工位 5S，具有良好的职业素养和职业习惯。

（2）电池冷却系统故障检修严格执行 AB 岗核查确认，具有安全意识。

（3）勇于挑战电池冷却系统故障检修课后创新任务，具有知识迁移能力和创新意识。

（4）电池冷却系统故障检修过程遵守评分标准，严谨细致，精益求精，具有工匠精神。

（5）电池冷却系统故障检修的任务过程中执行分组实操，分工协作，具有团队精神。

2．知识目标

（1）熟练掌握动力电池冷却系统的功能和结构。

（2）熟练掌握动力电池冷却系统电路连接方式和原理。

（3）熟练掌握动力电池冷却系统故障检修规范和方法。

3．能力目标

（1）能够检测动力电池冷却系统各部分的数据。

（2）能够规范拆装动力电池冷却系统各元件。

（3）能够分析动力电池冷却系统各部分数据并判断其状态。

5.1.4　大国工匠

大国工匠人物事迹——周建民

5.1.5　必备知识

动力电池系统冷却的原理

1．动力电池冷却系统的结构原理

比亚迪秦 EV 的动力电池冷却系统按冷却介质可分为两个部分：一个是制冷剂部分，在空调制冷系统的基础上增加了一条制冷剂管路，管路上包含电池电子膨胀阀和热交换器；另一个是冷却液部分，由电池包冷却液管路、电池热管理水泵、四通水阀、水温传感器、热交换器等组成。

如图 5-1-1 所示，当需要对电池进行快速降温时，空调控制器控制电动压缩机和电池电子膨胀阀启动。动力电池冷却液在热交换器内与低温制冷剂进行热交换，降温后的冷却液由电池热管理水泵带动进入动力电池内部进行热量交换，从而带走动力电池的热量，达到对动力电池降温的效果。

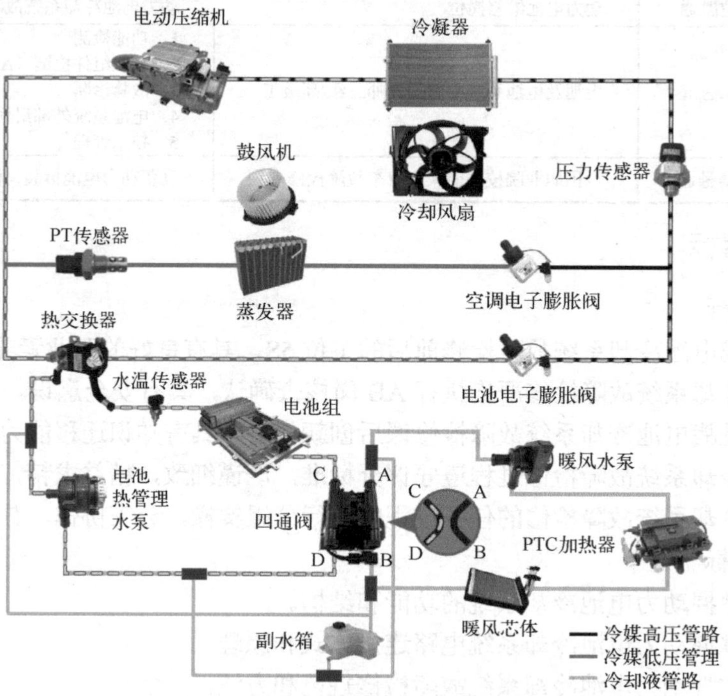

图 5-1-1 动力电池冷却系统工作原理框图

另外，比亚迪秦 EV 的动力电池在降温需求不大的情况下，可以单独通过冷却液部分的自循环进行降温。

2．动力电池冷却系统的部件认知

1）电池电子膨胀阀

（1）安装位置：电池电子膨胀阀和热交换器一起安装在空调水壶旁，如图 5-1-2 所示。

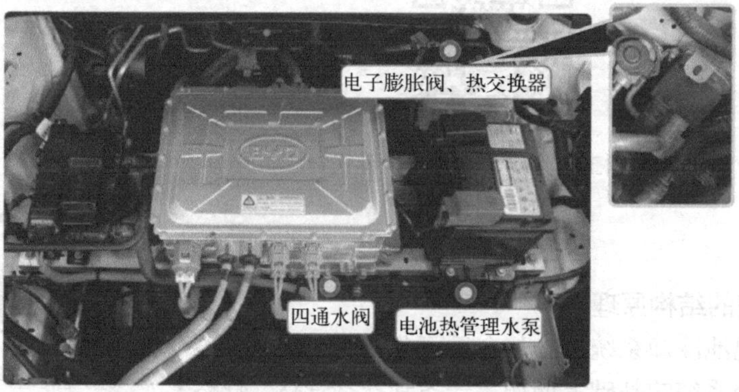

图 5-1-2 电池电子膨胀阀和热交换器的安装位置

电子膨胀阀原理

（2）结构：主要由弹簧、螺旋顶针、线圈、阀针、阀体组成，如图 5-1-3 所示。

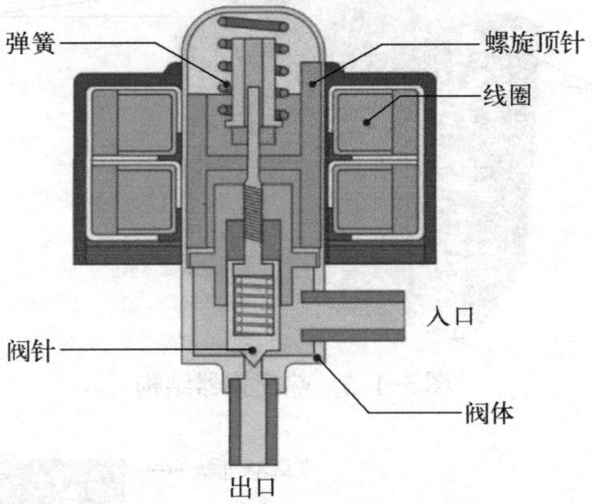

图 5-1-3　电池电子膨胀阀的结构

（3）工作原理：秦 EV 的电子膨胀阀类型属于电动式，线圈是步进电机的定子，螺旋顶针是转子，当线圈通电后，驱动螺旋顶针旋转，在螺纹的旋进下带动阀针上下移动，从而改变阀门（节流孔）的开度，制冷剂从入口进入，再从出口流出，空调控制器通过控制电流脉冲个数和频率来控制制冷剂流量和开关的速度。电池电子膨胀阀的工作原理如图 5-1-4 所示。

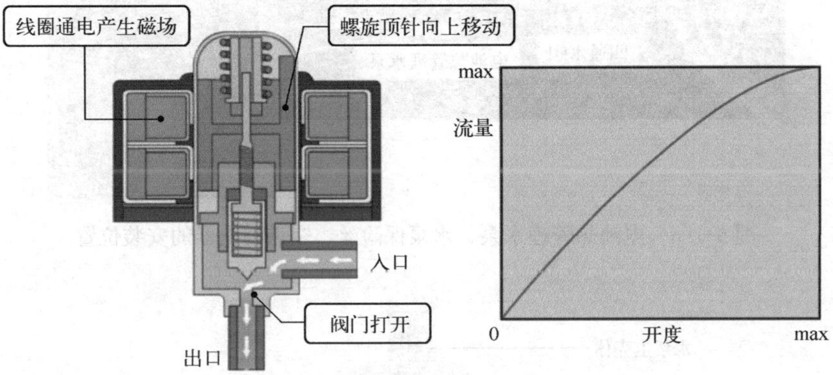

图 5-1-4　电池电子膨胀阀的工作原理

2）热交换器

热交换器内部有两个分别独立的通道：一个是制冷剂通道，另一个是冷却液通道。如图 5-1-5 所示。当动力电池水温过高时，空调系统控制单元控制电子膨胀阀打开，制冷剂流入热交换器。热交换器内的制冷剂从液态变为气态，吸收周围冷却液的热量，对动力电池冷却液进行降温。

3）电池热管理水泵

（1）安装位置：电池热管理水泵安装在前舱蓄电池下方，图 5-1-6 为电池热管理水泵、F1/7-10A 水泵保险丝、IG4 空调继电器的安装位置。

（2）结构：水泵主要由电机、叶轮、壳体和低压接插件组成，如图 5-1-7 所示。

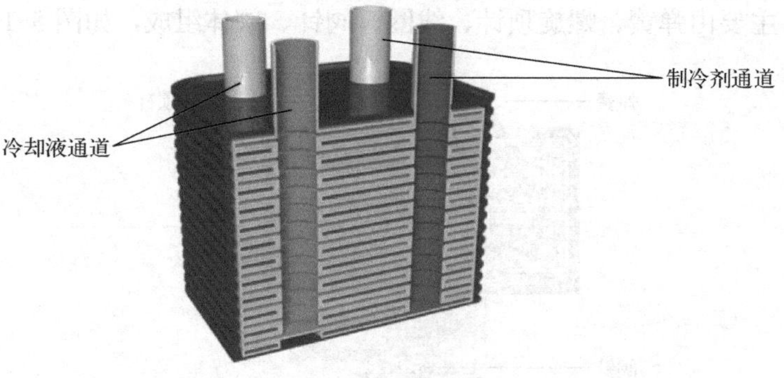

图 5-1-5　热交换器结构

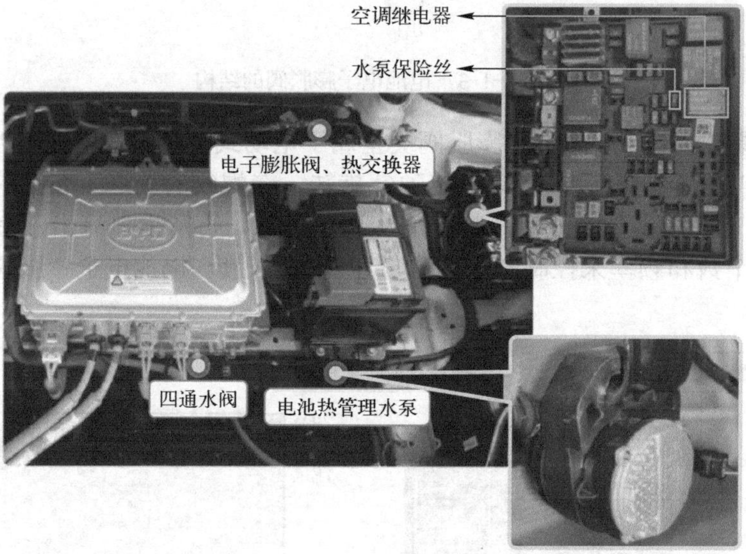

图 5-1-6　电池热管理水泵、水泵保险丝、空调继电器的安装位置

图 5-1-7　水泵结构

（3）工作原理：水泵采用脉冲控制，整车上电后，IG4 继电器结合通过 F1/7 保险丝给电动水泵 1 号端子提供工作电源，2 号端子为控制端，连接空调控制器。空调控制器给控制端输出一个 12 V 的脉冲信号，通过控制脉冲波的占空比来控制电动水泵的转速，占空比越小，转速越高。热管理水泵电路和 PWM 波形如图 5-1-8 所示。

电动水泵的工作原理

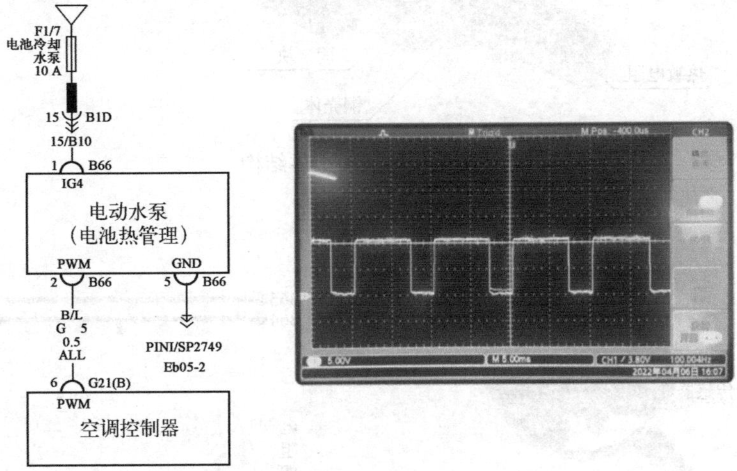

图 5-1-8　热管理水泵电路和 PWM 波形

4）水温传感器

（1）安装位置：水温传感器安装在动力电池出水管处，如图 5-1-9 所示。它用来测量动力电池冷却液的温度。

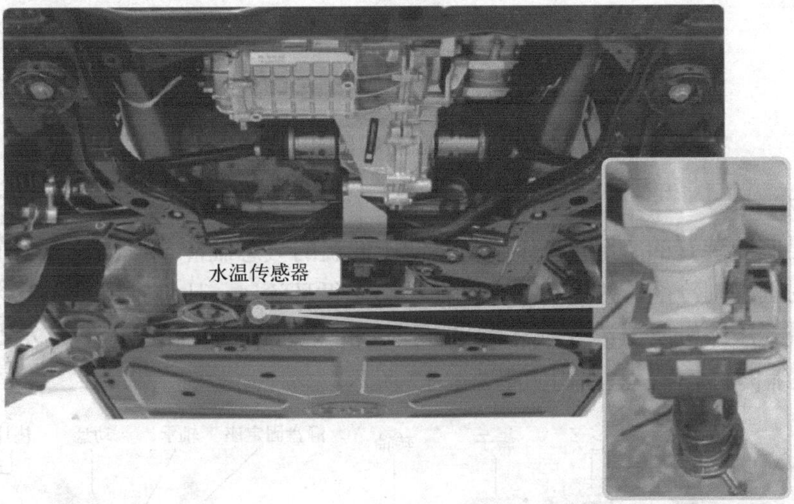

图 5-1-9　水温传感器的安装位置

（2）结构：水温传感器为负温度系数热敏电阻温度传感器，主体结构如图 5-1-10 所示。

（3）工作原理：水温传感器安装在与冷却水接触的水道中，当水温低时，铜探头热敏电阻值高，输出电压降低；当水温升高时，热敏电阻值变小，输出电压升高。水温传感器的工作原理如图 5-1-11 所示。

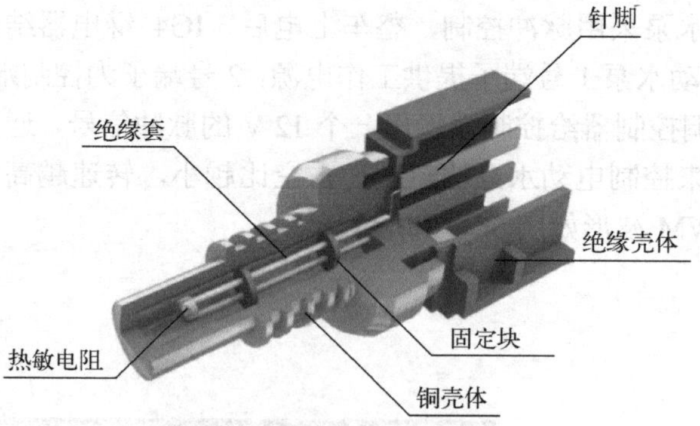

图 5-1-10　水温传感器的主体结构

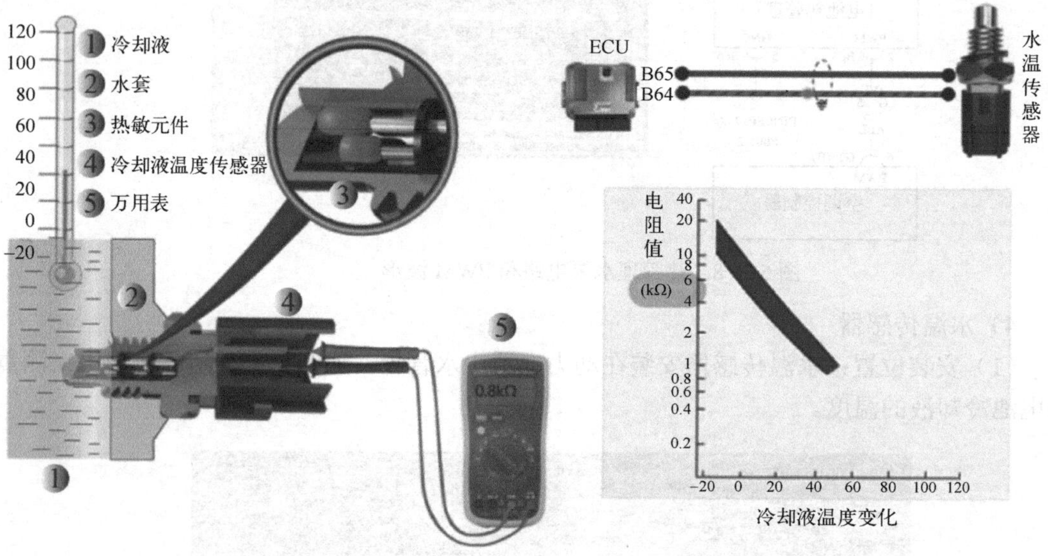

图 5-1-11　水温传感器的工作原理

5）压缩机

压缩机是制冷装置的心脏，其作用是将低压低温的气态制冷剂压缩成高压高温的气态制冷剂，并推动制冷剂在系统中循环流动。比亚迪采用的电动涡流式压缩机属于第 3 代压缩机，压缩机内集成了控制单元模块直接控制压缩机的工作，其结构如图 5-1-12 所示。

压缩机的结构与原理

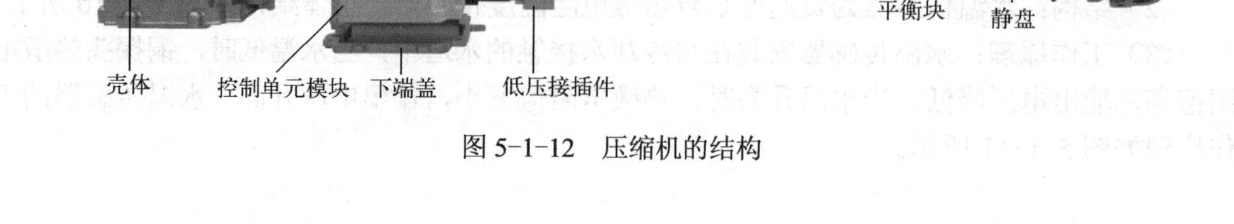

图 5-1-12　压缩机的结构

压缩制冷剂的工作部件主要包括动涡轮（动盘）与静涡轮（静盘）。动、静涡轮的结构十分相似，都是由端板和由端板上伸出的渐开线形涡旋齿组成的。两者偏心配置且相互错开，静涡轮静止不动，而动涡轮在专门防转机构的约束下，由转轴带动做偏心回转平动，即没有自转，只有公转，其工作过程如图 5-1-13 所示。

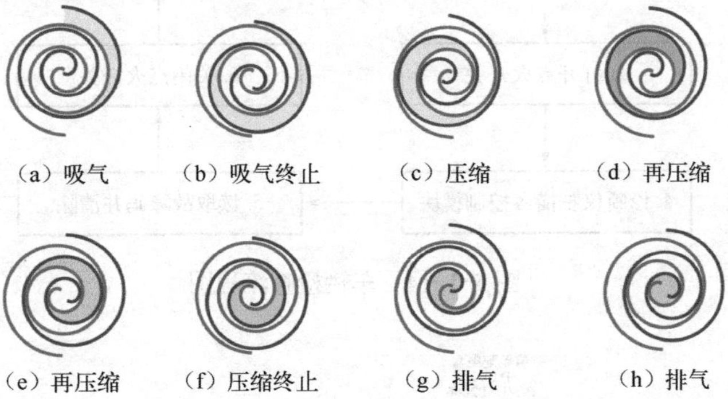

图 5-1-13　压缩机的工作过程

当压缩机温度高于 130℃时，由于温度过高保护功能启动，压缩机控制单元将暂停压缩机的工作直至温度恢复正常。若压缩机不工作，整个制冷系统的制冷剂将不流动，空调没有任何制冷效果。

压缩机通过舒适网 2CAN 总线接收空调控制器的控制指令，然后接通高压电让压缩机工作，由于控制模块集成在压缩机内，因此压缩机故障主要通过诊断仪进行诊断。常规检查只能检查压缩机的电源、接地、CAN 网络连接是否正常。

必备知识测试

5.1.6　任务指南

1．电动压缩机故障检修

1）车辆检查

故障检测的第一步是使用诊断仪对车辆进行初步诊断，有助于快速确认可能的故障原因，车辆检查的流程如图 5-1-14 所示。

2）故障分析

（1）查阅电路图

比亚迪秦 EV 的电动压缩机电路图如图 5-1-15 所示。

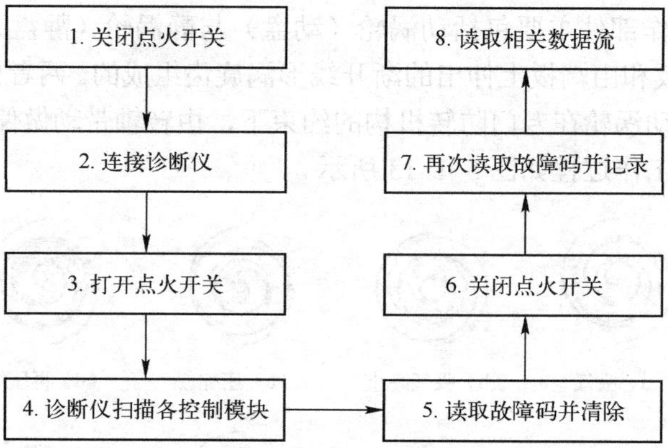

图 5-1-14 车辆检查流程图

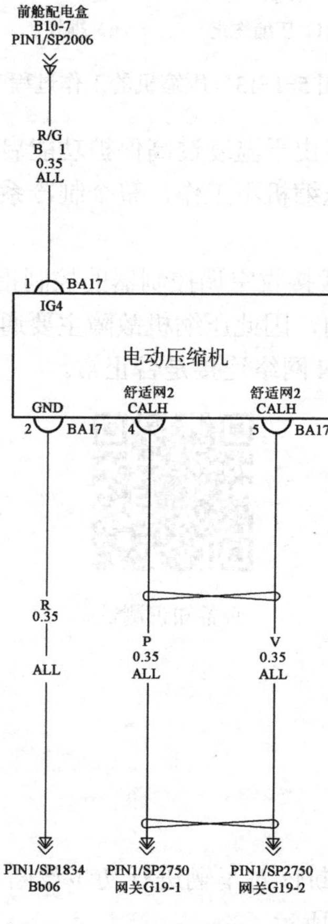

图 5-1-15 电动压缩机电路图

（2）分析初步故障原因

① 电动压缩机原理：车辆上电后，为压缩机提供 IG4 电源，使其控制模块能正常工作，空调控制器通过舒适网 2CAN 总线向压缩机控制模块输出目标转速指令，从而压缩机控制高压模块运转。压缩机从充配电总成接入高压电。

② 故障原因:

a. 电动压缩机电源、接地故障;

b. 电动压缩机通信故障;

c. 电动压缩机故障。

3）故障检测流程

经过初步检修和诊断，根据规范对电动压缩机进行检测，在实际作业前可以通过仿真软件掌握电动压缩机的检修标准，检测流程如图 5-1-16 所示，并填写电动压缩机故障检修任务工单 5-1。

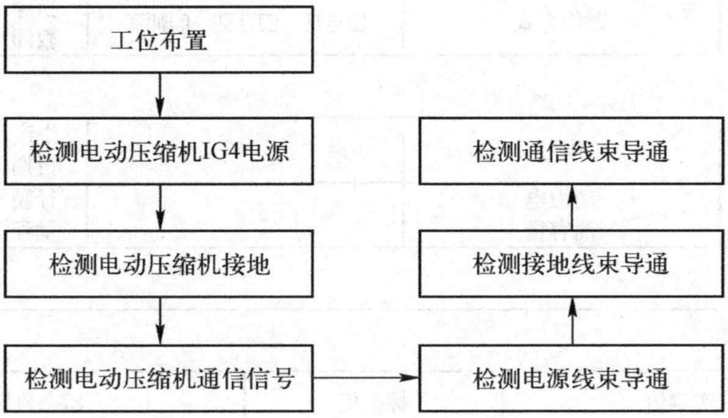

电动压缩机故障检修

图 5-1-16　故障检测流程图

2. 电动压缩机检修虚拟仿真训练

计算机端登录：https://press.bjtu.edu.cn/h5trans/241122/3/。

移动端使用手机浏览器扫描左侧二维码进入虚拟仿真训练界面。

电动压缩机检修虚拟仿真软件

电动压缩机检修操作手册

5.1.7 任务工单

任务 5.1 冷却系统故障检修任务工单

扫描查阅电子工单

姓 名		班 级		学号	
实训日期		评价方式	□自评 □互评 □师评	指导教师	

（一）车辆/台架信息记录

品牌		型号		生产日期	
动力电池型号		动力电池容量		行驶里程	
车辆识别码					

（二）车辆检查

1. 蓄电池电压	实测值	标准值	状态判断
2. 故障码描述			
3. 异常数据流			

（三）故障检测

1．电动压缩机电路图的查询

端子描述	电路图页码	端子针脚号	线束颜色
IG4 电源			
接地			
CAN-H			
CAN-L			

2．电动压缩机 IG4 电源的检测

检测条件	检测工具	实测电压	标准电压	数据判断
				□正常 □异常
				□正常 □异常

3．电动压缩机接地的检测

检测条件	检测工具	实测阻值	标准阻值	数据判断
				□正常 □异常

续表

4．电动压缩机通信信号的检测

检测条件	检测工具	实测波形（电压）	标准波形（电压）	数据判断
				□正常 □异常
				□正常 □异常

5．电动压缩机电源线束的检测

检测条件	检测工具	实测阻值	标准阻值	数据判断
				□正常 □异常

6．电动压缩机接地线束的检测

检测条件	检测工具	实测阻值	标准阻值	数据判断
				□正常 □异常

7．电动压缩机通信线束的检测

检测条件	检测工具	实测阻值	标准阻值	数据判断
				□正常 □异常
				□正常 □异常

（四）故障诊断结论

确认故障点	

5.1.8 任务标准

任务 5.1 冷却系统故障检修任务标准

扫描查阅任务标准

姓　名		班　级		学　号	
实训日期		评价方式	□自评 □互评 □师评	指导教师	

序号	评价项目	评价内容	作业标准	分值	评分要求	实际得分
1	职业素养	工作安全 工作规范 工作态度	□1. 规范做好工作前的准备工作 □2. 规范开展场地、设备、工具安全检查（检查隔离栏设置、安全警示牌设置、灭火器压力值检查、举升机检查、动力电池举升车检查等） □3. 规范开展作业前和作业后工位 5S 操作 □4. 作业过程规范、未出现安全隐患或事故 □5. 积极主动、认真仔细地完成任务	20	每项扣 4 分，不超过 20 分	
2	专业能力	技术技能	（一）车辆检查 □1. 能正确使用诊断仪 □2. 能正确使用万用表 □3. 能正确测量蓄电池电压 （二）故障检测 1. 电路图的查询 □1. 能正确查询电动压缩机电路图 □2. 能正确查询电动压缩机电路位置 2. 电动压缩机电源的检测 □1. 能正确设置检测条件 □2. 能正确对电源电压进行检测 □3. 能正确使用检测工具 3. 电动压缩机接地的检测 □1. 能正确设置检测条件 □2. 能正确对接地电阻进行检测 □3. 能正确使用检测工具 4. 电动压缩机通信信号的检测 □1. 能正确设置检测条件 □2. 能正确对信号波形进行检测 □3. 能正确使用检测工具 5. 电动压缩机电源线束的检测 □1. 能正确设置检测条件 □2. 能正确对线束电阻进行检测 □3. 能正确使用检测工具 6. 电动压缩机接地线束的检测 □1. 能正确设置检测条件 □2. 能正确对线束电阻进行检测 □3. 能正确使用检测工具 7. 电动压缩机通信线束的检测 □1. 能正确设置检测条件 □2. 能正确对线束电阻进行检测 □3. 能正确使用检测工具	60	每项扣 3 分，不超过 60 分	
3	表达能力	有效沟通和描述维修任务	□1. 能与客户有效沟通维修方案 □2. 能与团队有效沟通维修方案	10	每项扣 5 分，不超过 10 分	
4	表单填写能力	电子、纸质工单填写	□1. 字迹清晰 □2. 语句通顺 □3. 无错别字 □4. 无涂改 □5. 无抄袭	10	每项扣 2 分，不超过 10 分	
总分				100		

5.1.9　任务小结

经过本任务的学习，能够了解一种典型的新能源汽车动力电池冷却系统的结构原理，能掌握秦 EV 电动压缩机故障的检测与维修方法，拓宽对新能源汽车动力电池热管理系统故障的检修思路。

5.1.10　知识链接

知识链接

5.1.11　拓展创新

题目引导	动力电池的冷却性能对电池的效率、使用寿命和安全性影响很大。这是由于动力电池在充放电过程中会产生热量，导致温度升高，从而影响内阻、电压、SOC、可用容量、充放电效率和电池寿命等多种电池特性和参数。通过本任务的学习，请你简单地阐述未来动力电池冷却系统的发展方向，并说明其优势是什么？

任务 5.2　加热系统故障检修

5.2.1　工作任务

一辆比亚迪秦 EV 汽车开进 4S 店维修，车主反映在低温天气下续航里程明显降低，且充电时间延长较多，来店路上发现空调无暖风吹出。在使用诊断仪进行故障码读取时报“U025487——空调控制器与燃油加热器或 PTC 失去通信”。作为新能源汽车维修工程师的你，该如何进行诊断和排除故障呢？

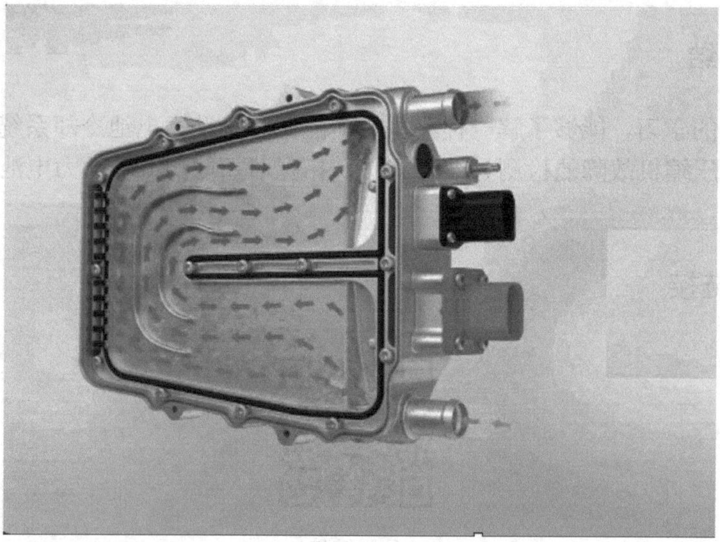

5.2.2 岗课赛证（见表 5-2-1）

表 5-2-1 任务 5.2 岗课赛证融通

序 号	融 通 类 型	名 称	具 体 内 容
1	岗位融通	动力电池维修岗位	动力电池加热系统故障检修
2	证书融通	电池及电池系统维修保养师三级/高级工	1．功能检测 2．系统组件检测（A） 3．故障诊断 4．电池系统外部组件维修 5．技术管理
3	大赛融通	全国职业院校技能大赛汽车故障检修赛项	具备动力电池拆装与检修的能力

5.2.3 任务目标

1．素质目标

（1）能完成电池加热系统故障检修前后的工位 5S，具有良好的职业素养和职业习惯。

（2）电池加热系统故障检修严格执行 AB 岗核查确认，具有安全意识。

（3）勇于挑战电池加热系统故障检修课后创新任务，具有知识迁移能力和创新意识。

（4）电池加热系统故障检修过程遵守评分标准，严谨细致，精益求精，具有工匠精神。

（5）电池加热系统故障检修的任务过程中执行分组实操，分工协作，具有团队精神。

2．知识目标

（1）熟练掌握动力电池加热系统的功能和结构。

（2）熟练掌握动力电池加热系统电路连接方式和原理。

（3）熟练掌握动力电池加热系统故障检修规范和方法。

3．能力目标

（1）能够检测动力电池加热系统各部分的数据。

（2）能够规范拆装动力电池加热系统各元件。

（3）能够分析动力电池加热系统各部分数据并判断其状态。

5.2.4　大国工匠

大国工匠人物事迹——刘湘宾

5.2.5　必备知识

动力电池加热系统组成

1．动力电池加热系统的结构原理

比亚迪秦 EV 的动力电池加热系统由电池热管理水泵、四通水阀、动力电池冷却液管路、水温传感器、暖风水泵、PTC 加热器等组成。

动力电池加热系统的工作原理如图 5-2-1 所示，当空调控制器接收到电池管理器的电池加热请求指令时，空调控制器会控制两个水泵工作，同时控制四通水阀转动，接通 C 至 A、D 至 B 的冷却液管路，使电池热管理循环和空调采暖循环合并串联。然后再控制 PTC 加热器启动，加热系统中的冷却液，加热后的冷却液进入动力电池内部进行热交换使动力电池升温。

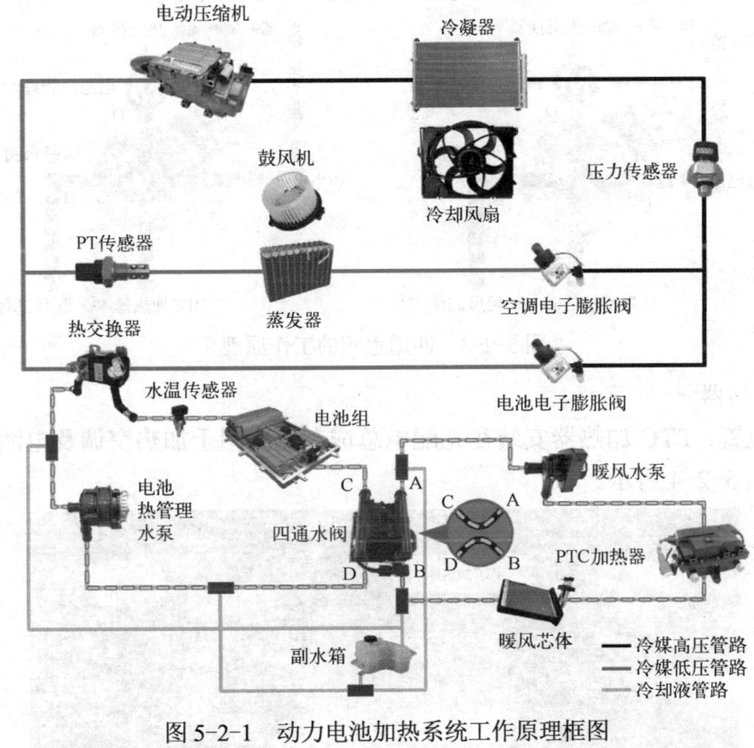

图 5-2-1　动力电池加热系统工作原理框图

2．动力电池加热系统的部件认知

1）四通水阀

（1）安装位置：四通水阀安装在充配电总成下方，用于改变电池热管理系统中的冷却液流通路径，如图 5-2-2 所示。

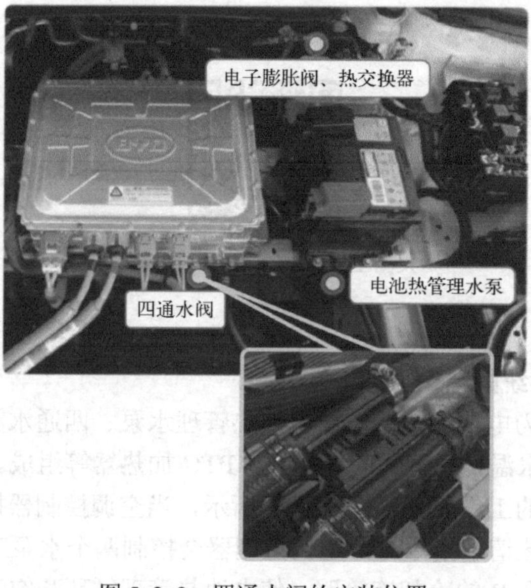

图 5-2-2 四通水阀的安装位置

（2）工作原理：四通水阀内有两个水道，分别有 A、B、C、D 四个管口，分别通向 PTC 加热器、暖风芯体、动力电池、热管理水泵，如图 5-2-3 所示。

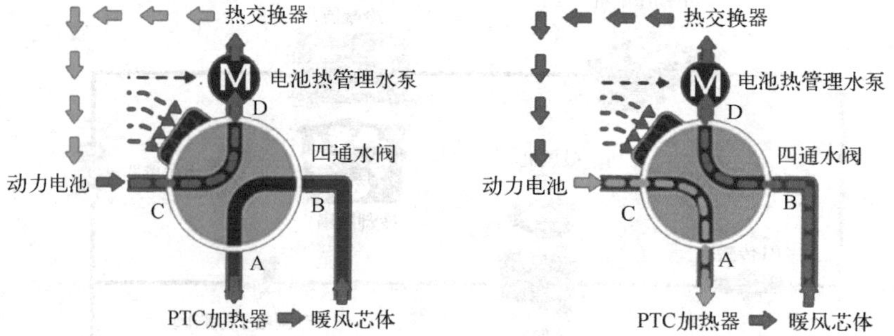

图 5-2-3 四通水阀的工作原理

2）PTC 加热器

（1）安装位置：PTC 加热器安装在充配电总成左侧，用于加热空调及电池热管理系统中的冷却液，如图 5-2-4 所示。

图 5-2-4 PTC 加热器的安装位置

（2）结构：主要由主控板、发热模块、载热铝体等组成，如图 5-2-5 所示。

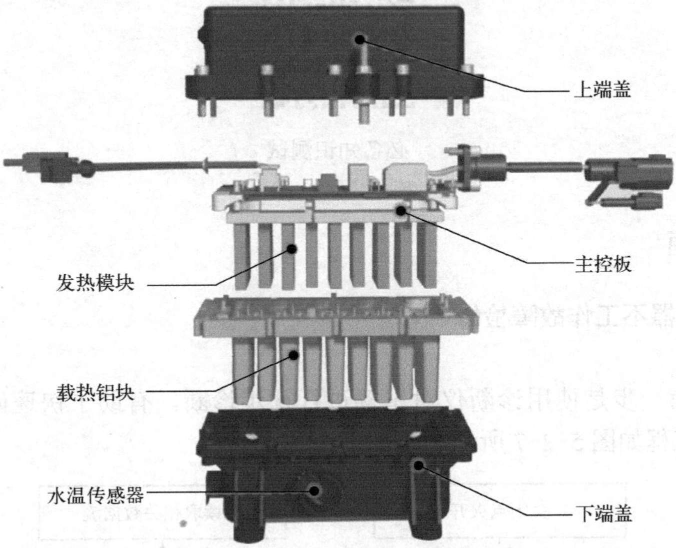

图 5-2-5　PTC 加热器的结构

（3）工作原理：冷却液自 PTC 加热器的下端盖流入，与载热铝体进行热交换，达到加热冷却液的目的。

PTC 是一种典型具有温度敏感性的半导体电阻，超过一定的温度时，它的电阻值随着温度的升高呈阶跃性的增大。当 PTC 加热器通电时，由于 PTC 材料本身具有一定的电阻，引起自热升温使阻值增加，当温度升高到一定程度时，PTC 材料的电阻值急剧增加，从而限制了电流的流动，但温度降低后又会恢复升温过程，如图 5-2-6 所示，所以 PTC 加热器具备自调节、恒温发热的特性。

PTC 加热器的工作原理

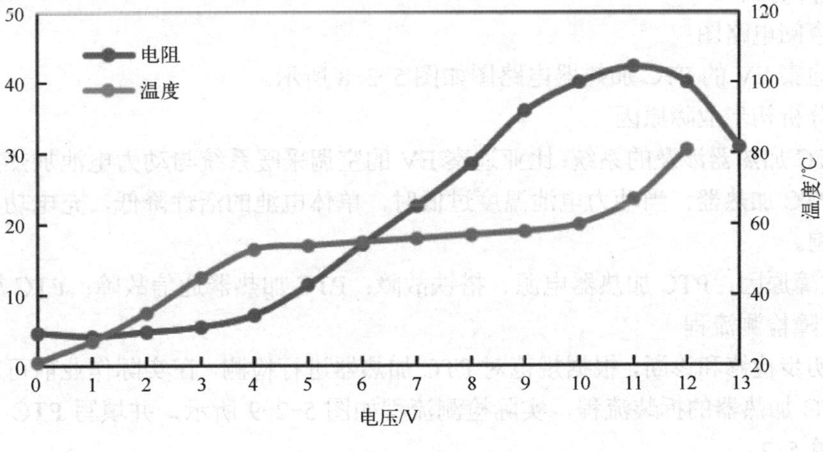

图 5-2-6　PTC 的自调节特性

必备知识测试

5.2.6 任务指南

1. PTC 加热器不工作故障检修

1）车辆检查

故障检测的第一步是使用诊断仪对车辆进行初步诊断，有助于快速确认可能的故障原因，车辆检查的流程如图 5-2-7 所示。

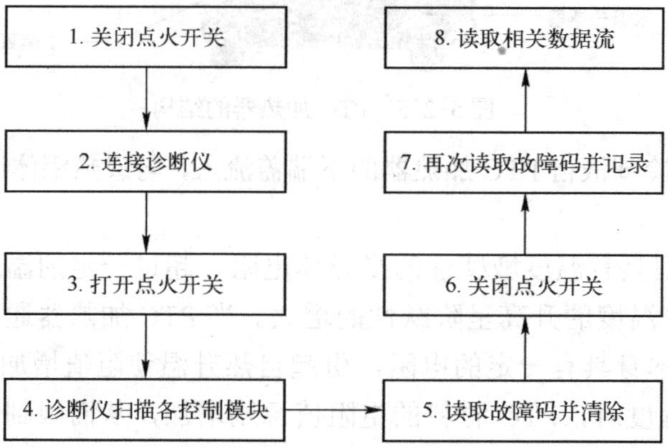

图 5-2-7 车辆检查流程图

2）故障分析

（1）查阅电路图

比亚迪秦 EV 的 PTC 加热器电路图如图 5-2-8 所示。

（2）分析初步故障原因

① PTC 加热器涉及的系统：比亚迪秦 EV 的空调采暖系统与动力电池加热系统共用一个热源——PTC 加热器，当动力电池温度过低时，单体电池的活性降低，充电功率与续航里程都会受影响。

② 故障原因：PTC 加热器电源、搭铁故障；PTC 加热器通信故障；PTC 加热器故障。

3）故障检测流程

经过初步检修和诊断，根据规范对 PTC 加热器进行检测，在实际作业前可以通过仿真软件掌握 PTC 加热器的拆装流程，实际检测流程如图 5-2-9 所示，并填写 PTC 加热器故障检修任务工单 5-2。

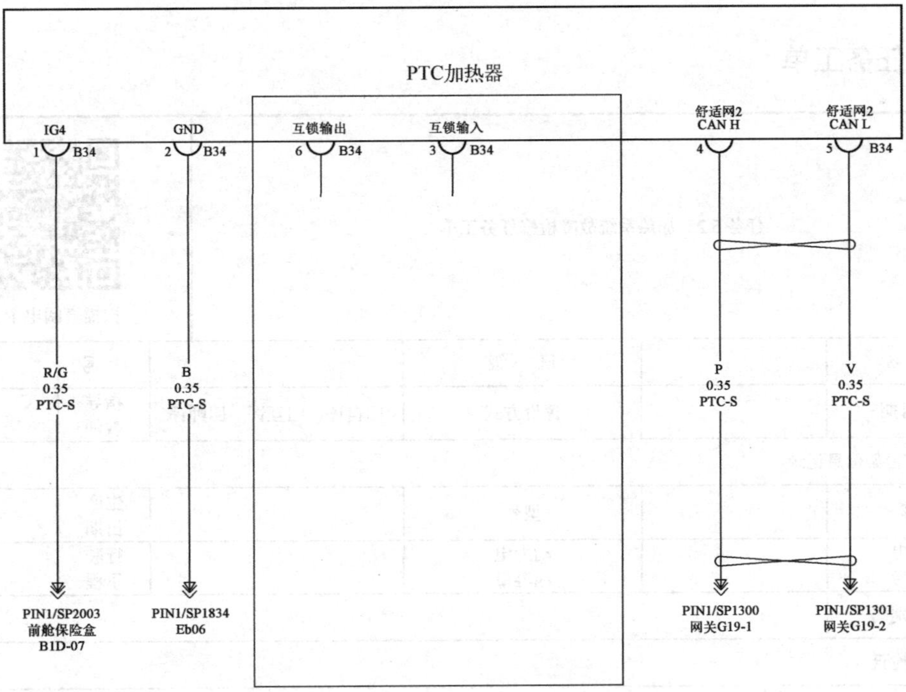

图 5-2-8　PTC 加热器电路图

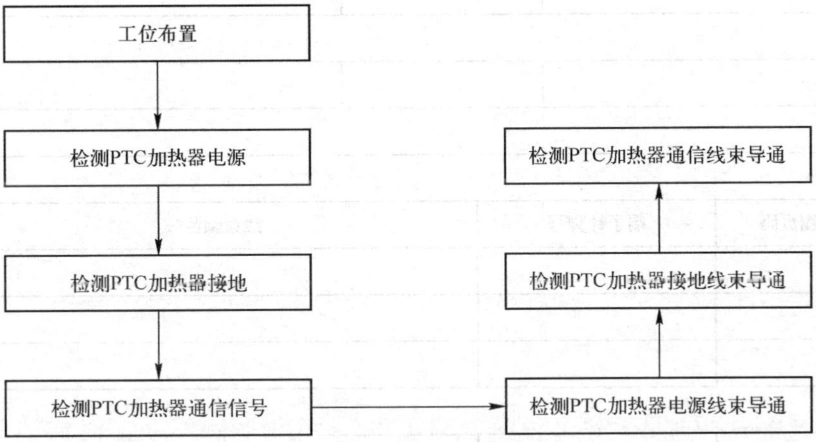

图 5-2-9　故障检测流程

PTC 加热器不工作故障检修

2．PTC 加热器的拆装虚拟仿真训练

计算机端登录：https://press.bjtu.edu.cn/h5trans/241122/1/。

移动端使用手机浏览器扫描左侧二维码进入虚拟仿真训练界面。

PTC 加热器的拆装虚拟仿真软件　　PTC 加热器的拆装操作手册

5.2.7 任务工单

任务 5.2 加热系统故障检修任务工单	扫描查阅电子工单

姓　名		班　级		学 号	
实训日期		评价方式	□自评　□互评　□师评	指导教师	

（一）车辆/台架信息记录

品牌		型号		生产日期	
动力电池型号		动力电池容量		行驶里程	
车辆识别码					

（二）车辆检查

1. 蓄电池电压	实测值	标准值	状态判断
2. 故障码描述			
3. 异常数据流			

（三）故障检测

1. PTC 水加热器电路图的查询

端子描述	电路图页码	端子针脚号	线束颜色
电源			
接地			
通信			

2. PTC 水加热器电源的检测

检测条件	检测工具	实测电压	标准电压	数据判断
				□正常 □异常
				□正常 □异常

3. PTC 水加热器接地的检测

检测条件	检测工具	实测阻值	标准阻值	数据判断
				□正常 □异常

4. PTC 水加热器通信信号的检测

检测条件	检测工具	实测波形	标准波形	数据判断
				□正常 □异常

续表

5．PTC 水加热器电源线束的检测

检测条件	检测工具	实测阻值	标准阻值	数据判断
				□正常 □异常

6．PTC 水加热器接地线束的检测

检测条件	检测工具	实测阻值	标准阻值	数据判断
				□正常 □异常

7．PTC 水加热器通信线束的检测

检测条件	检测工具	实测阻值	标准阻值	数据判断
				□正常 □异常

（四）故障诊断结论

确认故障点	

5.2.8 任务标准

任务 5.2 加热系统故障检修任务标准

扫描查阅任务标准

姓 名		班 级		学 号	
实训日期		评价方式	□自评 □互评 □师评	指导教师	

序号	评价项目	评价内容	作业标准	分值	评分要求	实际得分
1	职业素养	工作安全 工作规范 工作态度	□1. 规范做好工作前的准备工作 □2. 规范开展场地、设备、工具安全检查（检查隔离栏设置、安全警示牌设置、灭火器压力值检查、举升机检查、动力电池举升车检查等） □3. 规范开展作业前和作业后工位 5S 操作 □4. 作业过程规范、未出现安全隐患或事故 □5. 积极主动、认真仔细地完成任务	20	每项扣 4 分，不超过 20 分	
2	专业能力	技术技能	（一）车辆检查 □1. 能正确使用诊断仪 □2. 能正确使用万用表 □3. 能正确测量蓄电池电压 （二）故障检测 1. 电路图查询 □1. 能正确查询 PTC 水加热器电路图 □2. 能正确查询 PTC 水加热器电路位置 2. PTC 水加热器电源的检测 □1. 能正确设置检测条件 □2. 能正确对电源电压进行检测 □3. 能正确使用检测工具 3. PTC 水加热器接地的检测 □1. 能正确设置检测条件 □2. 能正确对接地电阻进行检测 □3. 能正确使用检测工具 4. PTC 水加热器通信的检测 □1. 能正确设置检测条件 □2. 能正确对通信波形进行检测 □3. 能正确使用检测工具 5. PTC 水加热器电源线束的检测 □1. 能正确设置检测条件 □2. 能正确对线束电阻进行检测 □3. 能正确使用检测工具 6. PTC 水加热器接地线束的检测 □1. 能正确设置检测条件 □2. 能正确对线束电阻进行检测 □3. 能正确使用检测工具 7. PTC 水加热器通信线束的检测 □1. 能正确设置检测条件 □2. 能正确对线束电阻进行检测 □3. 能正确使用检测工具	60	每项扣 3 分，不超过 60 分	
3	表达能力	有效沟通和描述维修任务	□1. 能与客户有效沟通维修方案 □2. 能与团队有效沟通维修方案	10	每项扣 5 分，不超过 10 分	
4	表单填写能力	电子、纸质工单填写	□1. 字迹清晰 □2. 语句通顺 □3. 无错别字 □4. 无涂改 □5. 无抄袭	10	每项扣 2 分，不超过 10 分	
			总分	100		

5.2.9 任务小结

经过本任务的学习，能够了解一种典型的新能源汽车动力电池加热系统的结构原理，能掌握秦 EV PTC 加热器故障的检测与维修方法，拓宽对新能源汽车动力电池热管理系统故障的检修思路。

5.2.10 知识链接

知识链接

电池热管理系统的组成和控制原理

5.2.11 拓展创新

题目引导	动力电池在低温环境下，车辆会限制充电、放电功率并影响放电量，通过本任务的学习，请你搜集资料，查找是否还存在其他更为完善、高效的动力电池加热系统？阐述其系统原理。

项目6　充电系统故障检修

项目来源

本项目的内容是新能源汽车动力电池与充电系统检修工作中的重要组成部分。充电系统是新能源汽车能够顺畅运行的关键，它直接关联到新能源汽车能否正常运作。因为新能源汽车主要依靠电力驱动，而充电系统的效率和便利性直接影响到车辆的续航能力和用户的使用体验。维修技师要充分掌握充电系统的结构原理、电路原理、充电操作等内容，并且要具备规范地对故障进行检测排除的能力。

本项目依据新能源汽车动力电池与充电系统维修工作中充电系统的故障检修规范，使用相关实际工作任务为载体，将慢充车端故障检修、慢充桩端故障检修、快充车端故障检修及快充桩端故障检修等相关知识和技能转化为教学任务。

知识图谱

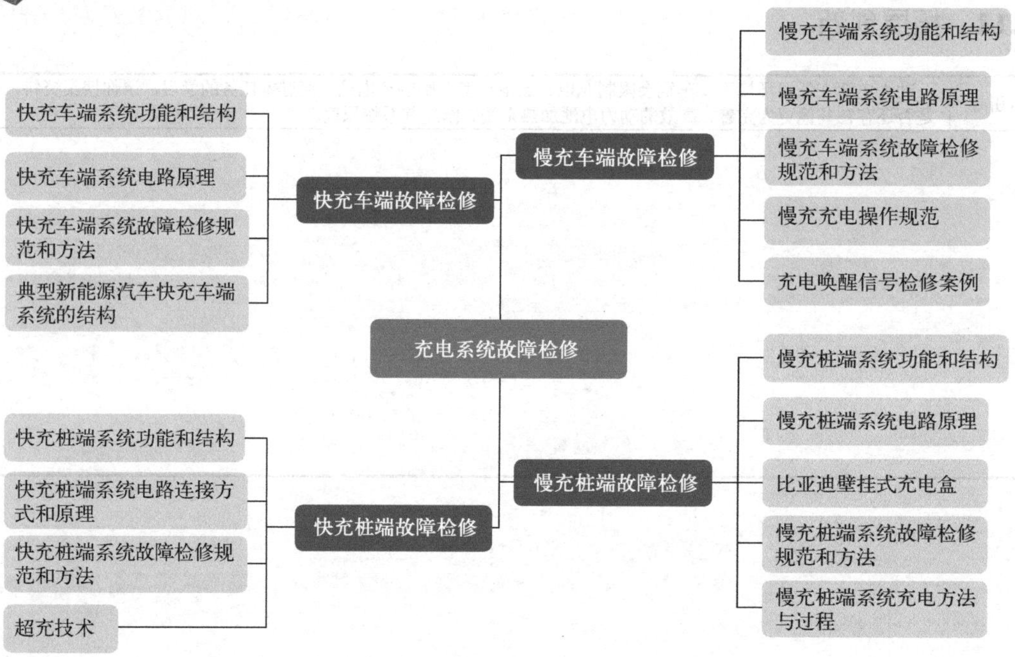

技能图谱

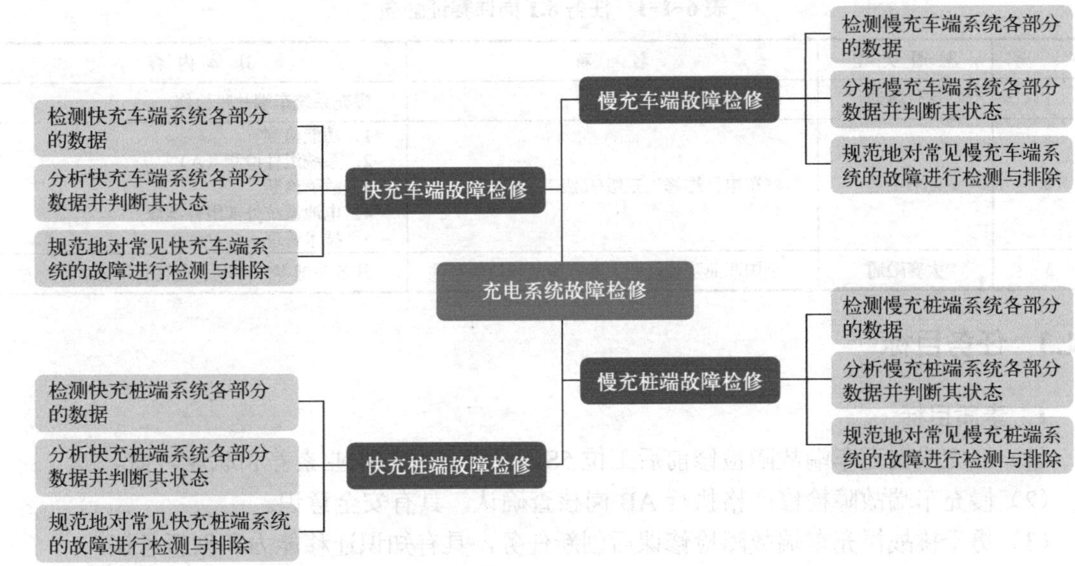

任务 6.1　慢充车端故障检修

6.1.1　工作任务

一位比亚迪秦 EV 车主反馈车辆无法慢充而进店维修，主要故障现象是连接充电枪的充电连接指示灯不亮且无法进行慢充，但车辆可以上“OK”电。给车辆现场作初步诊断，用诊断仪读取故障码，发现无相关故障码。作为新能源汽车维修工程师的你，该如何进行诊断和排除故障呢？

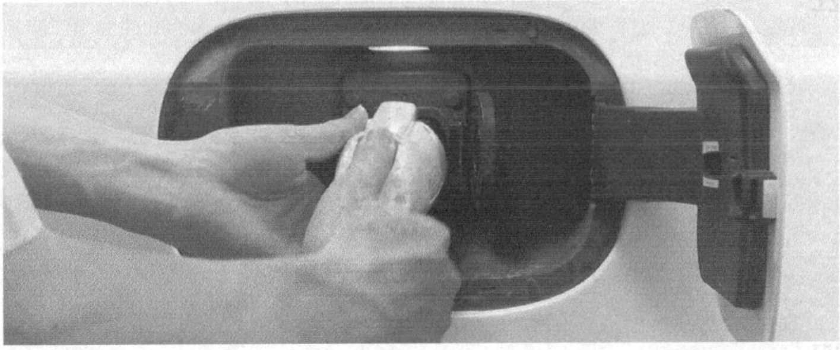

6.1.2 岗课赛证（见表 6-1-1）

表 6-1-1 任务 6.1 岗课赛证融通

序号	融通类型	名称	具体内容
1	岗位融通	动力电池维修岗位	慢充系统车端故障检修
2	证书融通	汽车电器维修工三级/高级工	1. 功能检测 2. 系统组件检测（A） 3. 故障诊断 4. 电池系统外部组件维修 5. 技术管理
3	大赛融通	全国职业院校技能大赛汽车故障检修赛项	具备关键零部件电子电气故障检修的能力

6.1.3 任务目标

1. 素质目标

（1）能完成慢充车端故障检修前后工位 5S，具有良好的职业素养和职业习惯。

（2）慢充车端故障检修严格执行 AB 岗核查确认，具有安全意识。

（3）勇于挑战慢充车端故障检修课后创新任务，具有知识迁移能力和创新意识。

（4）慢充车端故障检修过程遵守评分标准，严谨细致，精益求精，具有工匠精神。

（5）慢充车端故障检修的任务过程中执行分组实操，分工协作，具有团队精神。

2. 知识目标

（1）熟练掌握慢充车端系统功能和结构。

（2）熟练掌握慢充车端系统电路连接方式和原理。

（3）熟练掌握慢充车端系统故障检修规范和方法。

3. 能力目标

（1）能够检测慢充车端系统各部分的数据。

（2）能够规范拆装慢充车端系统各元件。

（3）能够分析慢充车端系统各部分数据并判断其状态。

6.1.4 大国工匠

大国工匠人物事迹——顾秋亮

6.1.5 必备知识

1. 慢充系统的结构原理

慢充就是交流电 220 V 从充电口经过进入车载充电机，经其转换后输出直流电，对动力电池进行充电的方式。所以慢充需要在新能源汽车上装配车载充电机，将地面交流电网能量转换为直流电对动力电池进行充电。慢充系统主要由车载充电机（在充配电总成内部）、慢充设备、充电口、电池管理系统等组成，如图 6-1-1 所示。

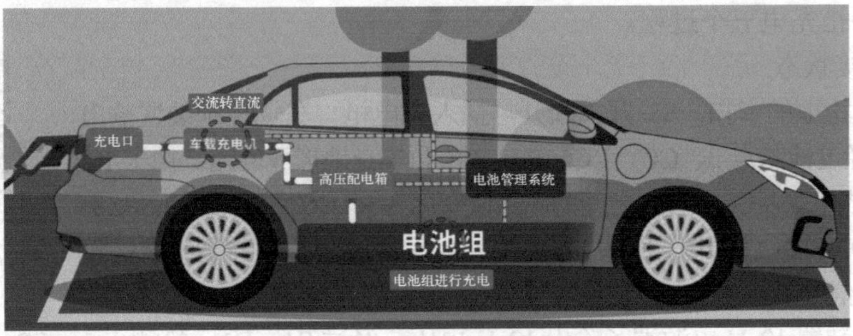

图 6-1-1　慢充系统组成

慢充系统将 AC/DC 整流系统集成在车载充电机内，受布置空间限制，例如，比亚迪秦 EV 把车载充电机集成到前舱的充配电总成内部，如图 6-1-2 所示。

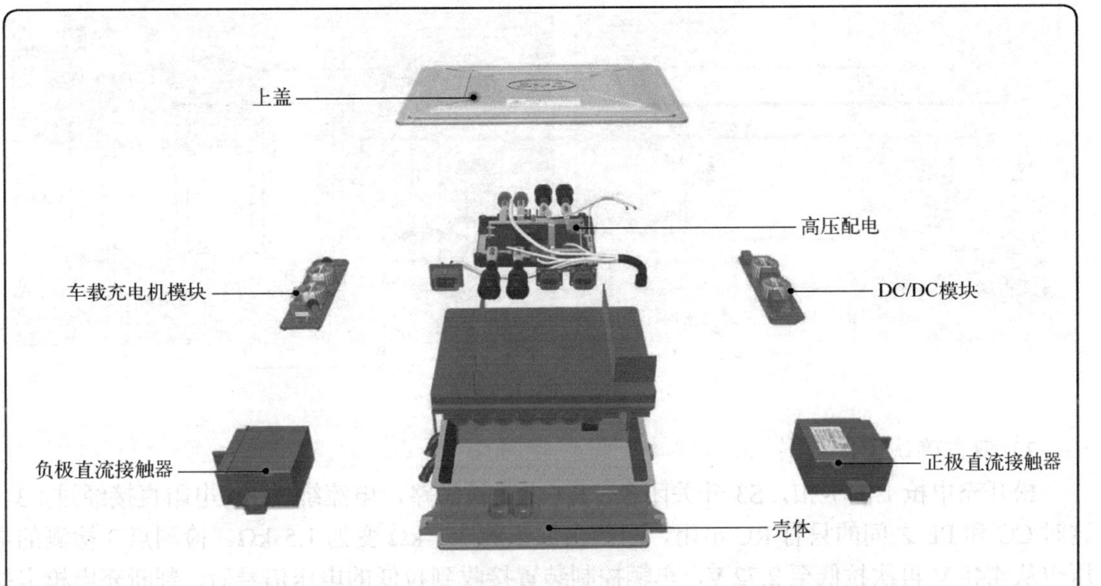

图 6-1-2　车载充电机的安装位置

车载充电机的工作功率较小，常用的充电功率有 3.3 kW 和 6.6 kW，因此充电时间较长。车载充电机的额定功率为 6.6 kW，如图 6-1-3 所示。

图 6-1-3　车载充电机参数

2. 慢充系统的电路原理

比亚迪秦 EV 的慢充系统工作流程分为半连接状态、双方确认连接状态、充电准备状态、充电过程和停止充电五个过程。

1）半连接状态

按下充电枪上的卡扣，S3 开关断开，插入充电枪。车辆控制装置输出 12 V 电压，经过检测点 3、CC、RC、R4、PE 和车身地形成回路。由于 R4 和 RC 电阻形成串联，CC 和 PE 之间的电阻值变化为 R4+RC=1.8 kΩ+1.5 kΩ=3.2 kΩ。检测点 3 检测的电压也从 12 V 拉低至 4.48 V，车辆控制装置接收到拉低的电压信号后，被告知充电枪已插入，仪表的充电指示灯亮。

交流充电控制引导电路原理

供电控制装置 12 V 电源端子输出 12 V 电压，经过 S1、R1、检测点 1、CP、检测点 2，然后分为两路，一路去往车辆控制装置，一路经过 R3 回到设备地或车身地形成回路，如图 6-1-4 所示。

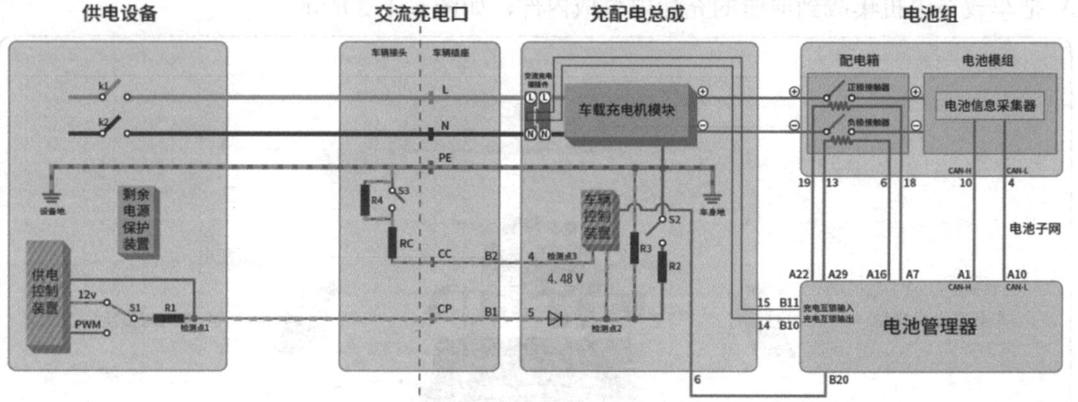

图 6-1-4　半连接状态

2）双方确认连接状态

松开充电枪上的卡扣，S3 开关闭合，R4 电阻被短路，电流绕过 R4 电阻直接经过 S3。这时 CC 和 PE 之间的只有 RC 电阻，阻值由原来的 3.2 kΩ 变为 1.5 kΩ。检测点 3 检测的电压也从 4.48 V 再次拉低至 2.72 V，车辆控制装置接收到拉低的电压信号后，判断充电枪卡扣已松开，充电枪完全连接，如图 6-1-5 所示。

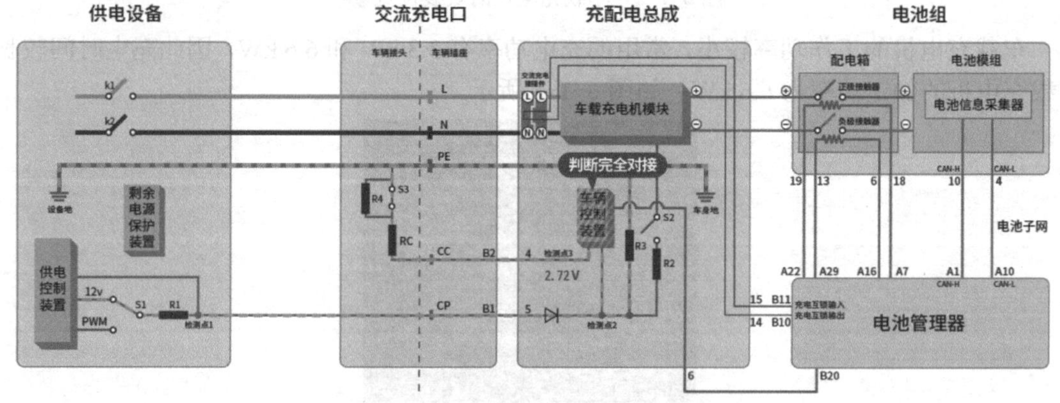

图 6-1-5　判断充电枪是否完全连接

由于 R1、R3 电阻的存在，供电控制装置的检测点 1 由 12 V 拉低至 9 V，供电控制装置通过检测点 1 的电压变化确认充电枪已与车辆充电口连接。

若供电控制装置无故障，并且充电接口完全对接，S1 开关从 12 V 端子切换至 PWM 端子，供电控制装置通过 CP 线路输出 PWM 信号给车辆控制装置，车辆控制装置根据 PWM 信号的占空比来判断供电设备的最大供电能力，如图 6-1-6 所示。检测点 1 和检测点 2 的 PWM 信号电压为 9 V。

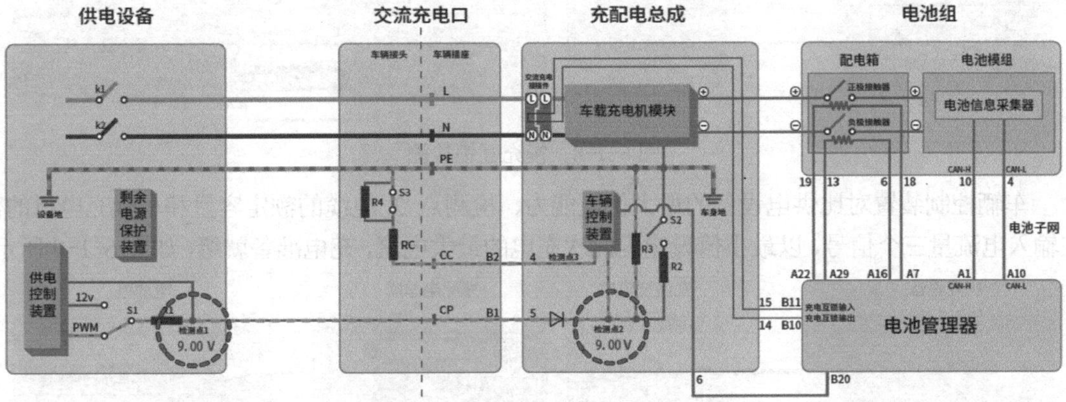

图 6-1-6　确认充电桩供电能力

3）充电准备状态

车载充电机模块被车辆控制装置唤醒，并进行自检。自检完成无故障后，车辆控制装置闭合 S2 开关，由于电路中并联了 R2 电阻，检测点 1 的电压值从 9 V 再次被拉低至 6 V，这时供电控制装置通过检测点 1 的电压值来判断与车辆的连接已准备就绪，如图 6-1-7 所示。闭合 K1 和 K2，供给 220 V 的交流电。

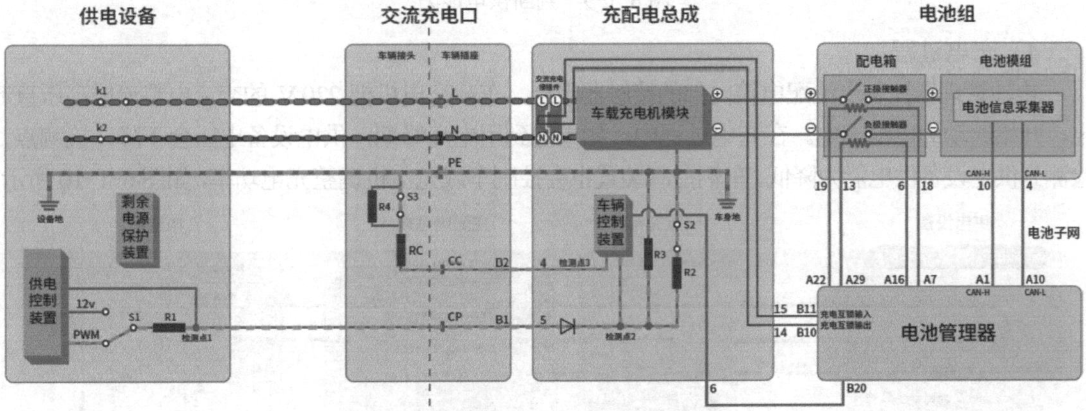

图 6-1-7　充电连接准备

车辆控制装置把充电连接信号输送到电池管理器，电池管理器被唤醒并进行自检。自检成功后，电池信息采集器把电池信息通过电池子网传输给电池管理器。电池管理器接收到动力电池正常的信息后输出充电互锁信号，充电互锁信号进入充配电总成内部，经过慢充插接器，通过充电互锁检测慢充插接器是否正常连接，如图 6-1-8 所示。

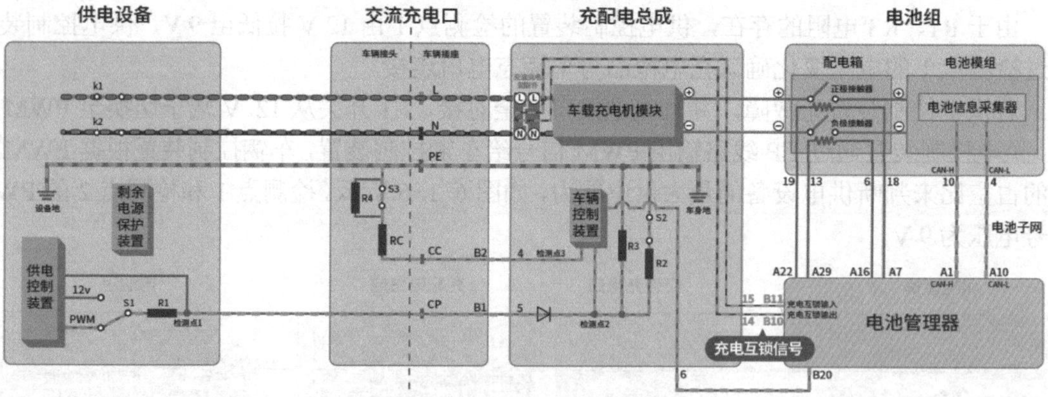

图 6-1-8 慢充互锁检测

车辆控制装置对比供电设备的最大供电能力、检测点 3 电缆的额定容量和车载充电机的额定输入电流量三个信号，以最小值设定为此次充电的最大电流，充电准备就绪，如图 6-1-9 所示。

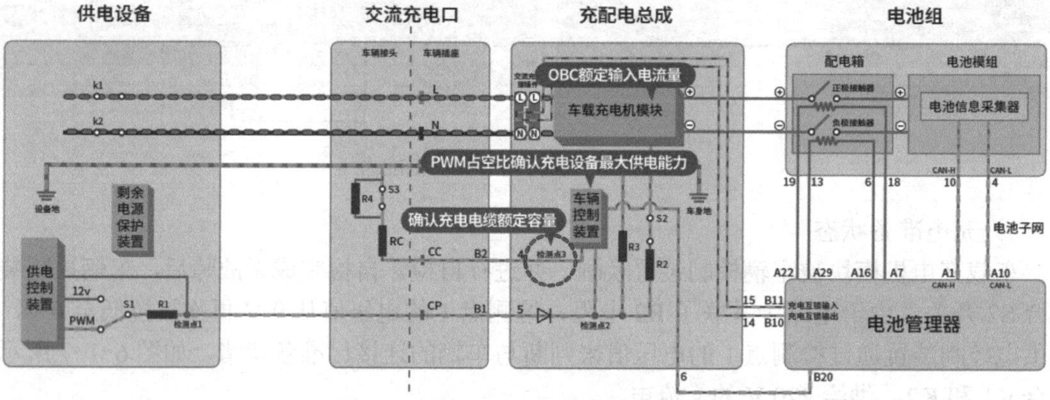

图 6-1-9 判断供电能力

4）充电过程

电池管理器控制电池配电箱内部的接触器吸合，车载充电机把 220 V 的交流电整流成高压直流电，开始给动力电池充电。在充电过程中，如果遇到用电高峰期，供电设备电压会下降，检测点 2 检测到供电设备供电能力降低，车辆控制装置也会控制车载充电机调整充电功率，如图 6-1-10 所示。

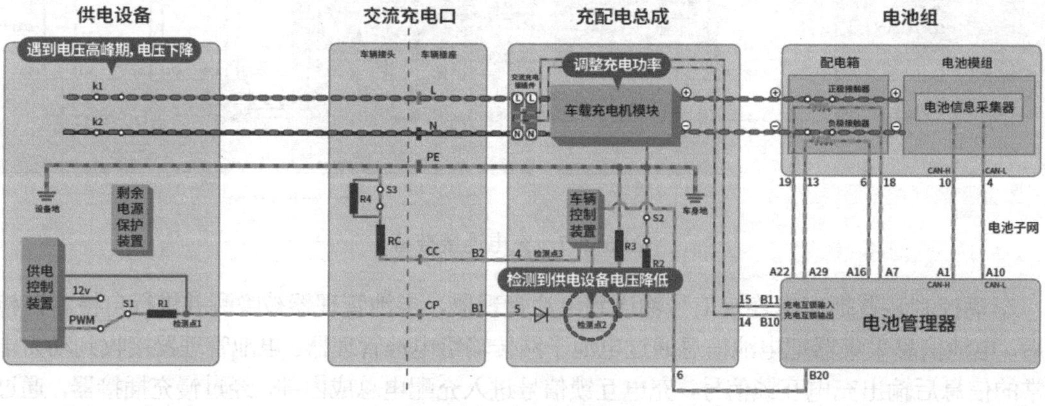

图 6-1-10 充电过程

5）结束充电

当高压电路中的充电电流小于 1 A 时，说明动力电池已经充满，即停止充电。电池管理器断开正极接触器和负极接触器，车载充电机不再给动力电池充电。车辆控制装置断开 S2 开关，220 V 交流电停止供给车载充电机。按下充电枪卡扣，S3 开关断开，拔出充电枪，如图 6-1-11 所示。

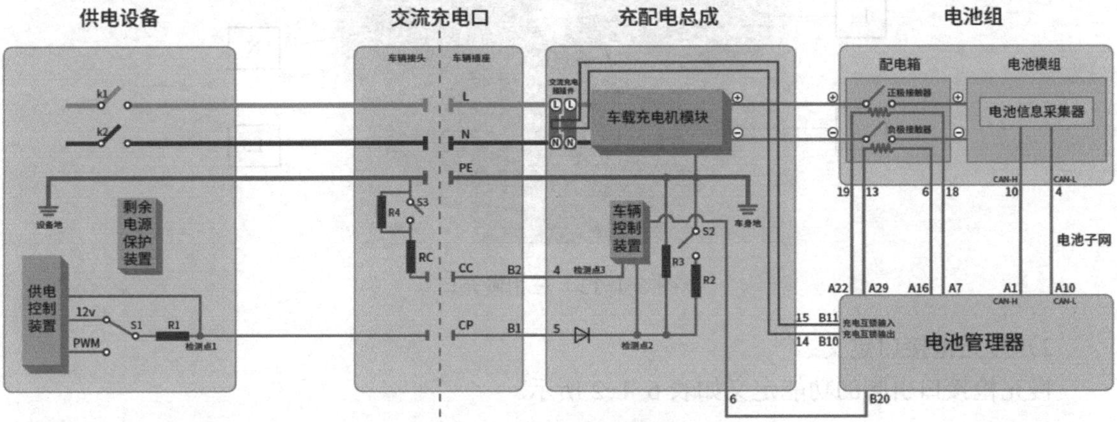

图 6-1-11　结束充电

3．慢充枪的结构原理

1）慢充枪的结构

慢充枪分为单相慢充枪和三相慢充枪。单相慢充枪主要用于家庭用户充电设施和一些标准的公共充电设施中，这类充电接口比较简单，如图 6-1-12 所示。应用单向慢充，根据国家标准，其电流不能超过 8 A，电压不能超过 250 V。

交流充电口认知

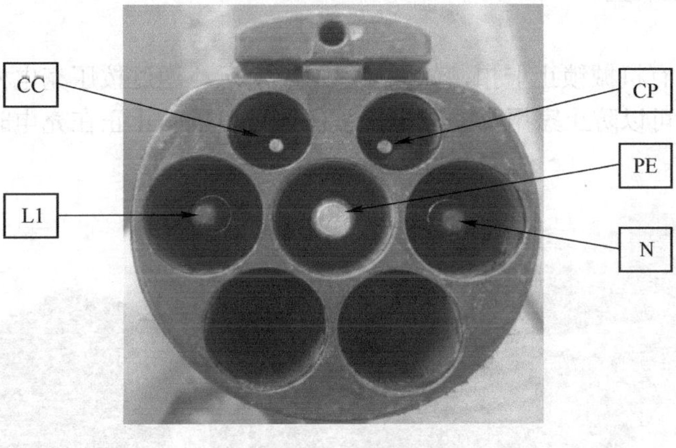

图 6-1-12　单相慢充口

三相慢充枪一般用于较大的充电站，充电电流较大。三相慢充接口如图 6-1-13 所示。采用单相供电时，电流不大于 32 A；采用三相供电时，电流不大于 63 A，充电电压处于 250～440 V 之间。

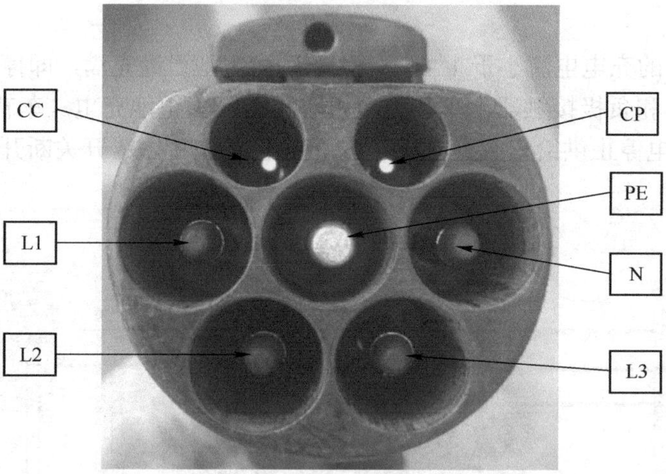

图 6-1-13　三相慢充口

2）慢充枪接口定义

慢充枪接口引脚的功能定义如表 6-1-2 所示。

表 6-1-2　慢充枪接口引脚的功能定义表

接　　口	功 能 定 义	接　　口	功 能 定 义
L1	交流电源	PE	连接供电设备和车辆底盘地线
L2	备用触头		
L3	备用触头	CC	充电连接确认
N	中线	CP	充电控制确认

3）慢充枪锁止装置

（1）机械锁

在充电枪内部有机械锁止卡扣，如图 6-1-14 所示，通过按压充电枪上的按钮，闭锁或解锁充电枪，不仅可以防止家用类的充电枪被偷，还可以防止正在充电时充电枪松动脱落。

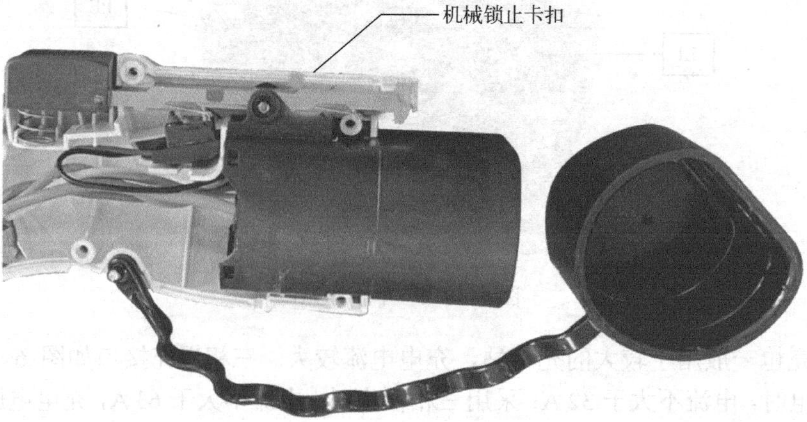

图 6-1-14　机械锁

（2）电子锁

电子锁的作用是充电时的充电枪锁止。慢充的电子锁是在车辆插座上的，当使用智能钥匙对车辆进行解锁/闭锁时，左车身控制器对电子锁进行解锁/闭锁控制，图 6-1-15 为比亚迪秦 Plus EV 的慢充口电子锁控制电路。

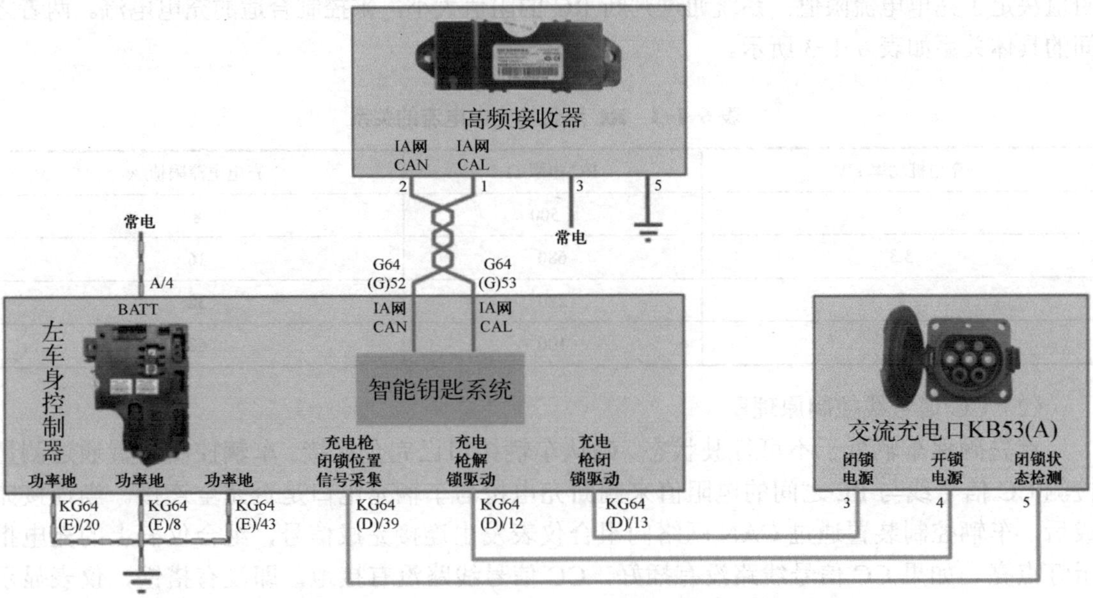

图 6-1-15 比亚迪 Plus EV 慢充口电子锁控制电路

4．充电枪的检测及应急解锁

1）充电枪的检测

（1）检测 CC 和 PE 端子之间的电阻，未按下解锁按钮时电阻值为 1.5 kΩ，按下后电阻值为 3.3 kΩ。

（2）检测 CP 和 PE 端子之间的电压，电压值为 12 V。

2）充电枪的应急解锁

如图 6-1-16 所示，比亚迪秦 Plus EV 在车辆插座的背后配置了一个应急解锁开关，当电子解锁功能失效的时候，可以通过拉动应急解锁开关，解锁充电枪锁止装置，从而使充电枪可以拔出。

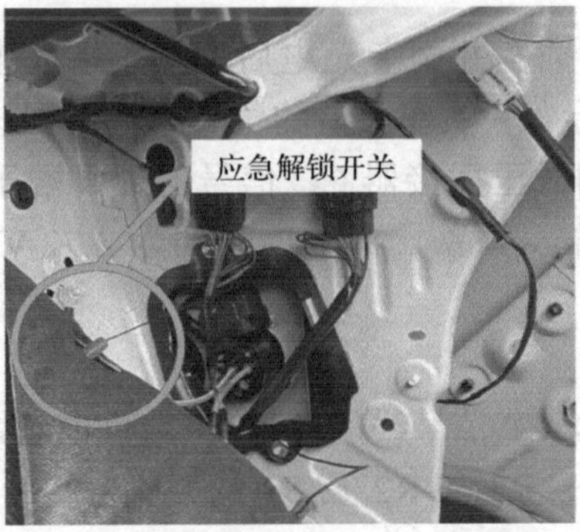

图 6-1-16 应急解锁开关

5. 充电唤醒信号的检修

1）CC 信号检测

（1）CC 信号线的 RC 电阻

RC 电阻位于充电枪内部，RC 电阻有 100 Ω、220 Ω、680 Ω、1 500 Ω 等几种，不同的电阻值决定了充电电流限值；系统通过判断 RC 的阻值大小，来控制合适的充电电流。两者之间的具体关系如表 6-1-3 所示。

表 6-1-3 RC 阻值与充电电流的关系

充电桩功率/kW	RC 电阻/Ω	充电电流限值/A
2	1 500	8
3.3	680	16
7	220	32
40	100	63

（2）CC 信号线控制原理

首先确保车辆处于不可行驶状态。确认车辆接口已完全连接。车辆控制装置通过测量检测 CC 信号线与 PE 之间的电阻值来判断充电枪与车辆充电口是否完全连接。当连接完成后，车辆控制装置通过 CAN 网络向组合仪表发出连接完成信号，组合仪表上的充电指示灯点亮。如果 CC 信号线路没有插好，CC 信号线路没有接地，即没有搭铁，仪表显示充电故障。

（3）CC 信号线控制逻辑

当进行充电时，用手按动充电枪上的按键，检测点 3 的电压从 12 V 被拉低到 4.48 V 左右，用来判断充电枪与车辆充电口是否完全连接。常闭开关 S3 断开，充电枪插入车辆充电口，随后松开充电枪上的按键，常闭开关闭合，此时检测点 3 检测出电压从 4.48 V 再次拉低至 2.72 V，用来判断充电枪与车辆充电口是否完全连接。

（4）CC 信号检测方法

慢充系统 CC 信号可通过万用表检测其电压。该信号电压在插入充电枪前后是不同的。

① 充电枪在未插入车辆充电口时，对车端充电口的 CC 信号进行检测。利用万用表进行检测。首先将万用表调整至电压挡位，将红表笔接触车辆充电端 CC 接口，黑表笔接触 PE 接口，读取电压为 12 V。

② 在充电枪已插入车辆插座并刷卡充电后，对车端充电口的 CC 信号进行检测。通过电路图找到低压插接器在台架（实车）上的位置，并根据该插头的针脚定义找到相应信号线的脚位，根据电路图找到低压插接器 CC 信号的针脚端子，将万用表调整至电压挡位，红表笔连接该端子，黑表笔车身搭铁，读取电压约为 2.72 V。

2）CP 信号检测

（1）CP 信号线电路结构

通过 CP 电路结构图可知，CP 信号线的开关 S1 与供电装置 12 V 电源或者 PWM 信号源连接，再通过 R1、二极管 D1、R3 与 R2 及 S2 的并联，然后接地，其中供电控制装置与车辆控制装置各有一个检测点，即检测点 1 和检测点 2。

（2）CP 信号线控制逻辑

图 6-1-17 为 CP 电路结构图。若供电设备无故障，并与供电接口完全连接后，供电控制装置与开关 S1、电阻 R1、二极管 D1、电阻 R3 及车身搭铁之间形成回路，此时由于电路中 R3 的分压，导致线路中电压发生变化，通过检测点 1 的 12 V 电压变成 9 V 左右的电压，新能源汽车慢充装置测量到检测点 1 的电压变化后，控制开关 S1 接通到 PWM 端，即开关 S1 由 12 V 切换至 PWM 连接状态。新能源汽车车辆控制装置通过测量检测点 2 的 PWM 占空比信号，判断充电连接装置是否已完全连接，并通过占空比信号判断充电桩的功率。

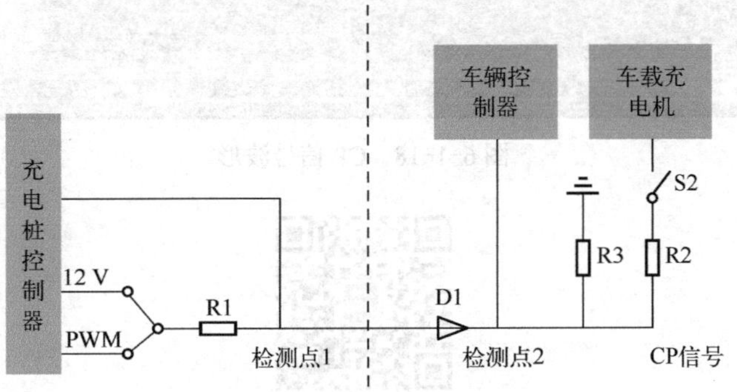

图 6-1-17　CP 电路结构图

（3）CP 信号控制逻辑

CP 信号是充电控制信号，车载充电机检测到 9 V PWM 信号后，开始向 BMS 或整车控制器发送唤醒信号。车载充电机开始与其他控制模块通信，BMS 进行自检，检查当前动力电池的温度、电压、绝缘电阻、高压互锁状态、电芯压差等。

当 BMS 自检完成，并且所检测的条件满足充电条件时，向总线系统发送可以充电报文。车载充电器内部控制器控制 S2 结合，CP 信号变为 6 V 的 PWM 信号，供电装置测量到检测点 1 的电压变化后，控制接触器 K1 与接触器 K2 闭合，交流供电回路导通。

通过以上所述，CP 信号为充电控制信号，只有 CP 信号正常，车载充电机才有 AC 220 V 交流电。

（4）CP 信号波形及其检测方法

该信号在未充电时，其电压可通过万用表进行检测；在正常充电状态时，CP 信号呈占空比信号波形，可以通过示波器在正常充电状态下进行检测。其电压及波形检测方法如下。

① 充电枪在未插入车辆插座时，对车端充电口的 CP 信号进行检测。将万用表调整至电压挡位，将红表笔接触车辆充电端 CP 接口，黑表笔接触充电桩 PE 接口，读取电压约为 12 V。

② 充电枪已插入车辆插座并刷卡充电后，对车端充电口的 CP 信号进行检测。将示波器正极连接低压插接器的 CP 针脚端子，示波器负极搭铁，将示波器的量程和脉宽调整为合适的值进行检测，检测出的波形应为 6 V 的占空比信号。其波形如图 6-1-18 所示。

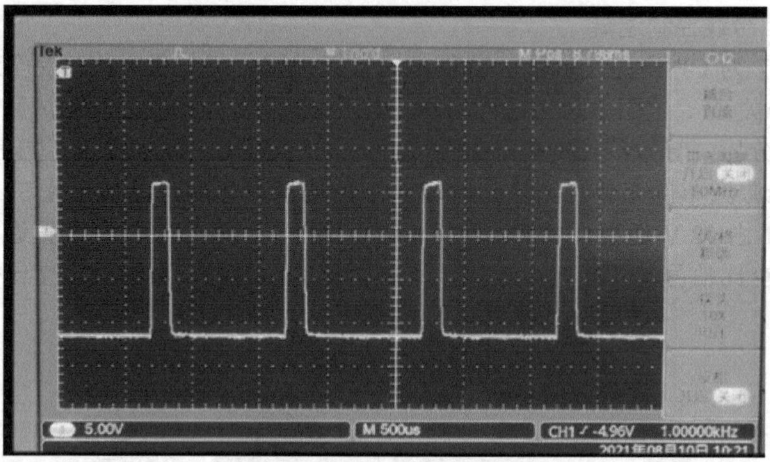

图 6-1-18　CP 信号波形

必备知识测试

6.1.6　任务指南

1．车辆检查

故障检测的第一步是使用诊断仪对车辆进行初步诊断，有助于快速确认可能的故障原因，车辆检查的流程如图 6-1-19 所示。

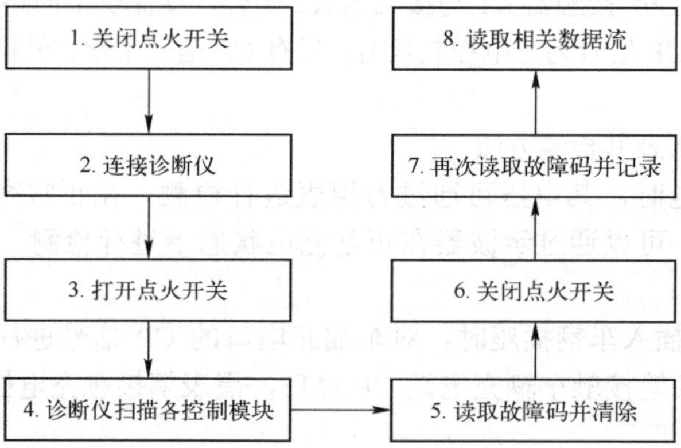

图 6-1-19　车辆检查流程图

2．故障分析

1）查阅电路图

比亚迪秦 EV 的慢充信号电路图如图 6-1-20 所示。交流充电口的 CC、CP 等信号线连接至充配电总成，充配电总成将充电连接信号通过硬线传输至电池管理器。

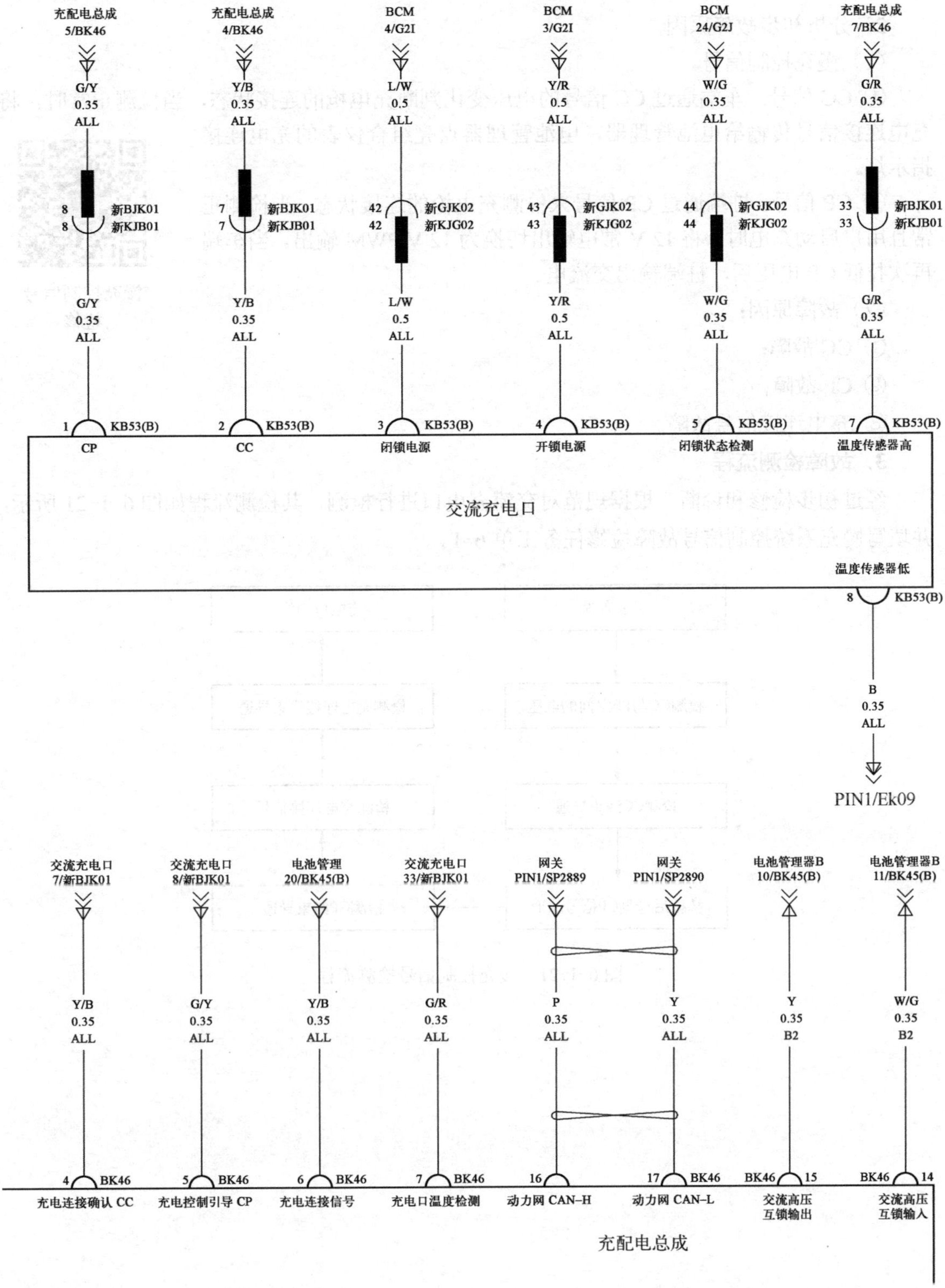

图 6-1-20　慢充信号电路图

2）分析初步故障原因

（1）慢充控制信号

① CC 信号：车端通过 CC 信号的电压变化判断充电枪的连接状态，当检测正常时，将充电连接信号传输给电池管理器，电池管理器点亮组合仪表的充电连接指示灯。

② CP 信号：桩端通过 CP 信号来检测充电枪的连接状态，当检测正常且用户启动充电时，将 12 V 常电输出切换为 12 V PWM 输出。当车端再次拉低 CP 电压后，桩端输出交流电。

慢充控制信号检修

（2）故障原因：

① CC 故障；

② CP 故障；

③ 充电连接信号故障。

3．故障检测流程

经过初步检修和诊断，根据规范对交流充电口进行检测，其检测流程如图 6-1-21 所示，并填写慢充系统控制信号故障检修任务工单 6-1。

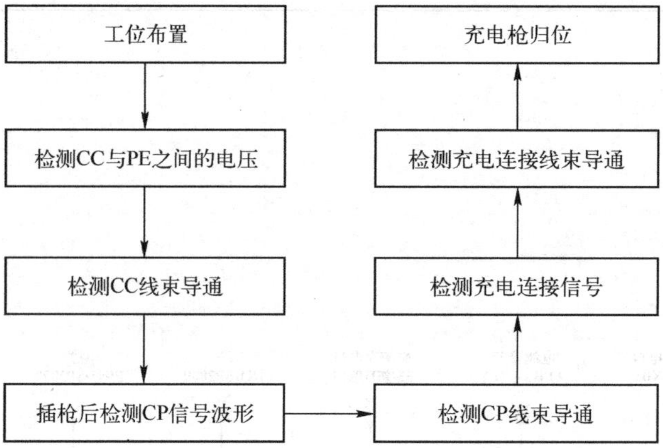

图 6-1-21　慢充控制信号检测流程

6.1.7 任务工单

任务 6.1 慢充车端故障检修任务工单	扫描查阅电子工单

姓 名		班 级		学 号	
实训日期		评价方式	□自评 □互评 □师评	指导教师	

（一）车辆/台架信息记录

品牌		型号		生产日期	
动力电池型号		动力电池容量		行驶里程	
车辆识别码					

（二）根据规程对新能源汽车进行充电操作，然后对充电信号进行故障检修

1．CC、CP 信号线电路图的查询

元件	电路图编号	端子针脚号	线束颜色
CC 信号			
CP 信号			

2．CC 信号电压的检测

检测条件	检测工具	实测电压	标准电压	数据判断
				□正常 □异常

3．CC 信号线束导通检测

检测条件	检测工具	实测阻值	标准阻值	数据判断
				□正常 □异常

4．CP 信号检测

检测条件	检测工具	实测波形（电压）	标准波形（电压）	数据判断
				□正常 □异常

5．CP 信号线束导通检测

检测条件	检测工具	实测阻值	标准阻值	数据判断
				□正常 □异常

6．充电连接信号检测

检测条件	检测工具	实测电压	标准电压	数据判断
				□正常 □异常

7．充电连接线束导通检测

检测条件	检测工具	实测阻值	标准阻值	数据判断
				□正常 □异常

8．故障诊断结论

确认故障点	

6.1.8 任务标准

任务 6.1 慢充车端故障检修任务标准

扫描查阅任务标准

姓名		班级		学号		
实训日期		评价方式	□自评 □互评 □师评	指导教师		
序号	评分项目	评分内容	作业标准及对应的学习目标	分值	评分要求	实际得分
1	职业素养	工作安全 工作规范 工作态度	□1. 规范做好个人及设备安全防护工作（高压安全防护） □2. 规范开展场地、设备、工具安全检查（检查隔离栏设置、安全警示牌设置、灭火器压力值检查、举升机检查、动力电池举升车检查等） □3. 规范开展作业前和作业后工位 5S 操作 □4. 作业过程规范、未出现安全隐患或事故 □5. 积极主动、认真仔细地完成任务	20	每项扣 4 分，不超过 20 分	
2	专业能力	技术技能	（一）慢充充电操作 □1. 能正确进行慢充操作 （二）连接确认线相关信息查询 □1. 能正确查询 CC、CP 信号线电路图 □2. 能正确绘制 CC、CP 信号线电路图 □3. 能正确查询 CC、CP 信号电路位置 （三）CC 信号电压的检测 □1. 能正确设置检测条件 □2. 能正确对 CC 信号电压进行检测 □3. 能正确对 CC 线束电阻进行检测 □4. 能在正确的针脚端子进行检测 （四）CP 电阻的检测 □1. 能正确设置检测条件 □2. 能正确对 CP 电阻进行检测 □3. 能正确使用检测工具 （五）CP 信号线束的检测 □1. 能正确设置检测条件 □2. 能正确对车辆 CP 信号线束进行检测 □3. 能正确使用检测工具 （六）CP 信号的检测 □1. 能正确设置检测条件 □2. 能正确对 CP 信号波形进行检测 □3. 能在正确的针脚端子进行检测	45	每项扣 3 分，不超过 45 分	
3	信息应用能力	关键数据及信息查询	□1. 能正确使用维修手册查询资料 □2. 能在规定时间内查询所需资料 □3. 能正确记录所查询维修资料的章节及页码 □4. 能正确记录所需维修信息	10	每项扣 2.5 分，不超过 10 分	
4	分析判断能力	数据的读取、分析、判断	□1. 能判断 CC 信号是否正常 □2. 能判断 CP 电阻是否正常 □3. 能判断 CP 线束是否正常 □4. 能判断 CP 信号是否正常	10	每项扣 2.5 分，不超过 10 分	
5	表达能力	有效沟通和描述维修任务	□1. 能与客户有效沟通维修方案 □2. 能与团队有效沟通维修方案	10	每项扣 5 分，不超过 10 分	
6	表单填写能力	电子、纸质工单的填写	□1. 字迹清晰 □2. 语句通顺 □3. 无错别字 □4. 无涂改 □5. 无抄袭	5	每项扣 1 分，不超过 5 分	
总分				100		

6.1.9 任务小结

经过本任务的学习，能够清楚掌握慢充系统的结构组成，充电枪的结构原理，RC 电阻作用、类型，CC、CP 信号的电路结构及通信原理，同时通过本任务能够针对慢充系统无法充电的故障进行检修。在完成本次任务前，应对慢充系统的整体结构及基础原理进行了解和学习，掌握慢充系统充电信号的作用和结构，才能更好地完成任务。

6.1.10 知识链接

知识链接

6.1.11 拓展创新

题目引导	比亚迪新能源汽车一般是由车载充电机模块进行检测和控制 CC、CP 信号，但市面上某些品牌车型的对应控制模块是电池管理器，而有些车型则是一类特殊的控制模块。请查找相关的资料，列出这些车型，将其慢充车载控制装置的实际名称一一说明。

任务 6.2 慢充桩端故障检修

6.2.1 工作任务

客户车辆保养完毕后，利用 4S 店内的慢充桩进行充电，插枪后刷卡无法跳转到充电用户信息显示界面，打开充电桩柜门发现读卡器的电源指示灯正常点亮。客户反映进店前一天慢充仍是正常的，售后顾问将车辆换桩充电能正常进行，作为新能源汽车维修工程师的你，该如何检测店内慢充桩的故障呢？

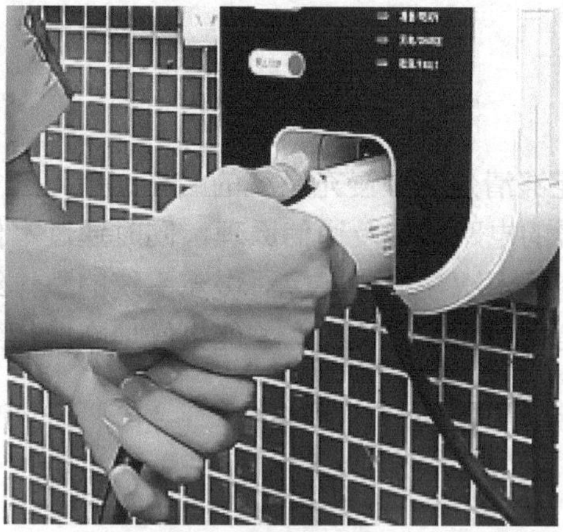

6.2.2 岗课赛证（见表 6-2-1）

表 6-2-1 任务 6.2 岗课赛证融通

序号	融通类型	名称	具体内容
1	岗位融通	动力电池维修岗位	慢充系统桩端故障检修
2	证书融通	汽车电器维修工三级/高级工	1. 功能检测 2. 系统组件检测（A） 3. 故障诊断 4. 电池系统外部组件维修 5. 技术管理
3	大赛融通	全国职业院校技能大赛汽车故障检修赛项	具备关键零部件电子电气故障检修的能力

6.2.3 任务目标

1. 素质目标

（1）能完成慢充桩端故障检修前后的工位 5S，具有良好的职业素养和职业习惯。

（2）慢充桩端故障检修严格执行 AB 岗核查确认，具有安全意识。

（3）勇于挑战慢充桩端故障检修课后创新任务，具有知识迁移能力和创新意识。

（4）慢充桩端故障检修过程遵守评分标准，严谨细致，精益求精，具有工匠精神。

（5）慢充桩端故障检修的任务过程中执行分组实操，分工协作，具有团队精神。

2. 知识目标

（1）熟练掌握慢充桩端系统功能和结构。

（2）熟练掌握慢充桩端系统电路连接方式和原理。

（3）熟练掌握慢充桩端系统故障检修规范和方法。

3. 能力目标

（1）能够检测慢充桩端系统各部分的数据。

（2）能够规范拆装慢充桩端系统各元件。

（3）能够分析慢充桩端系统各部分数据并判断其状态。

6.2.4　大国工匠

大国工匠人物事迹——乔素凯

6.2.5　必备知识

1．慢充桩的结构原理

1）慢充桩结构

慢充桩固定安装在新能源汽车外、与交流电网连接，为新能源汽车车载充电机（即固定安装在新能源汽车上的充电机）提供交流电源的供电装置。慢充桩的外部结构主要由充电状态指示灯、触摸显示屏、启动开关、充电枪和充电插座等组成，如图 6-2-1 所示。内部结构主要包含散热风扇、急停开关、交流接触器、断路器、电能表和交流充电桩控制盒。

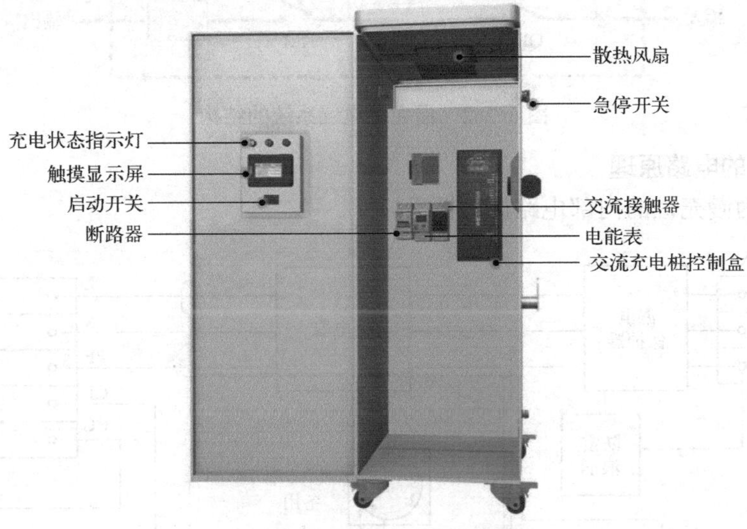

图 6-2-1　慢充桩的结构

（1）充电状态指示灯：显示系统的自检情况，有电源指示灯、连接指示灯、充电指示灯、故障指示灯和通信指示灯等。

（2）触摸显示屏：把用户的操作指令和参数配置指令传递给主控器，并将充电过程实时状态信息呈现在显示屏上。

（3）交流充电桩控制盒：充电设备的主要控制单元。

（4）断路器：高压交流输入的第一级开关，可以切断和接通负载电路，起安全保护作用。

（5）电能表：实时监测输入的交流电压和电流。

（6）交流接触器：用于控制慢充枪的通电。

（7）急停开关：当发生紧急情况的时候，快速按下此按钮切断电路，起到保护的作用。

（8）充电枪：充电设备连接负载的插接器。

2）慢充桩工作原理

慢充桩电气系统的结构如图 6-2-2 所示。慢充桩只提供电力输出，没有充电功能，需连接车载充电机为新能源汽车充电，相当于只是起了一个控制电源的作用。当用户插上充电枪之后，开始刷卡，充电桩智能控制模块把充电卡的余额等信息通过显示模块显示出来。用户再通过输入模块输入充电参数，确认充电，充电桩智能控制模块控制内部继电器吸合，交流电从插座输出给车载充电机。

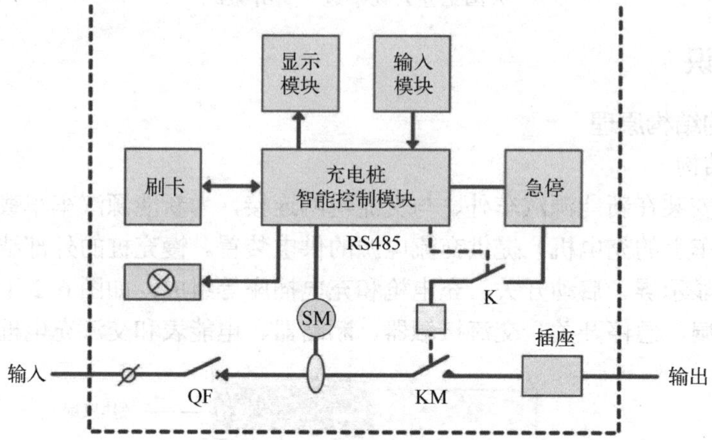

图 6-2-2　慢充桩电气系统的结构

2．慢充桩的电路原理

图 6-2-3 为慢充桩的内部电路原理图。

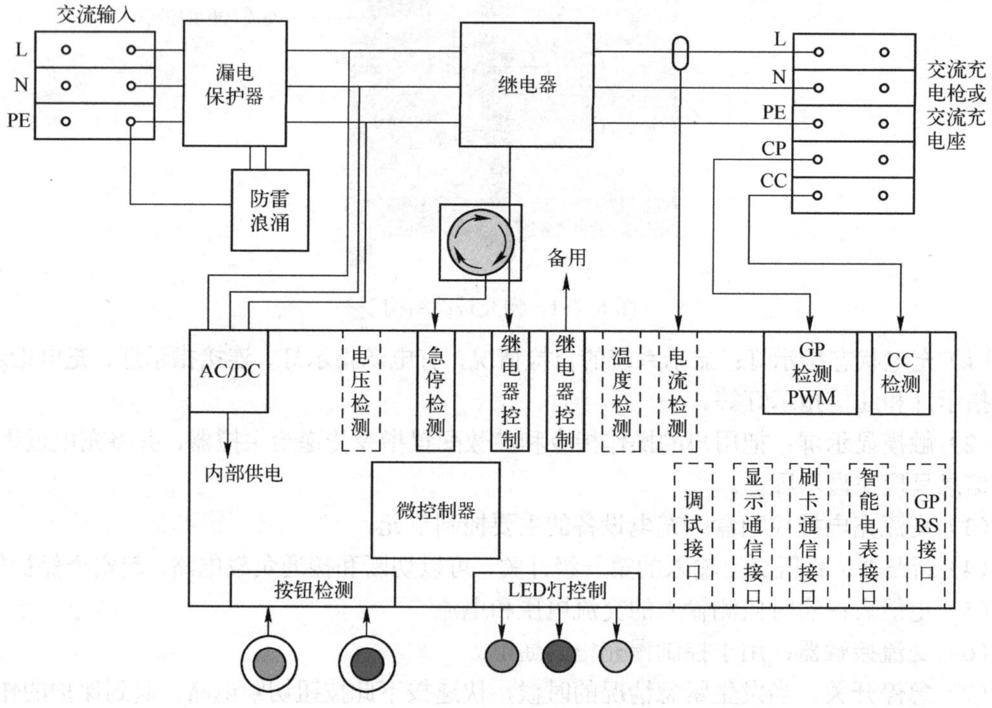

图 6-2-3　慢充桩的内部电路原理

1）供电部分

（1）慢充桩的输入为 220 V 的交流电，通过内部 AC/DC 模块将 220 V 交流电转换为低压直流电，为充电桩内的供电控制装置供电，使慢充桩的用电单元能够正常工作。

（2）通过继电器回路向车辆输出 220 V 交流电。

2）充电控制部分

微控制器作为慢充桩的主控单元，所有检测数据及控制行为由微控制器进行处理和实现。

（1）CC 电压检测：确认充电枪正常连接至车辆充电口。

（2）CP 电压检测和控制：在 CC 检测完成后从 12 V 常电转为 12 V PWM，以 PWM 占空比传递充电桩的供电能力。

（3）继电器控制：从 CP 信号的电压变化确认车辆准备就绪后，闭合继电器，开始慢充。

3）安全保护部分

（1）在主回路设置漏电保护器，规避漏电伤害。

（2）防雷浪涌，避免突变高电压对车辆的电气设备产生影响。

（3）温度检测，在系统发生过热情形时，慢充桩进入停机状态。

（4）急停开关接入继电器，紧急情况下断开接触器，停止交流输出。

4）人机交互部分

（1）通过 LED 灯控制、显示接口向外传输系统状态和充电信息。

（2）消费者通过按钮、刷卡、GPRS 与充电桩进行充电操作交互。

（3）在充电过程中，主回路的电压、电流数据发送至智能电表接口，智能电表进行充电资费结算。

比亚迪挂壁式充电盒认知

3. 比亚迪壁挂式充电盒

1）比亚迪壁挂式充电盒认知

比亚迪壁挂式充电盒的主要模块包含充电盒底座、充电枪、主控器模块、漏电断路器、接线排、接线盒输入侧线束、显示器模块及线束、急停开关模块、充电枪座、充电盒安装固定支架、接线舱盖板、急停开关按钮、检修口等，如图 6-2-4 所示。

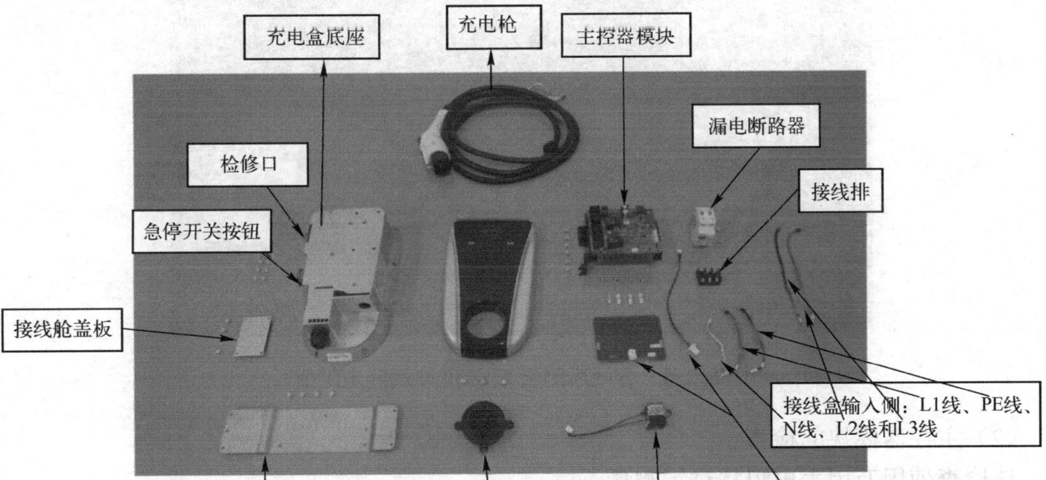

图 6-2-4 比亚迪壁挂式充电盒的结构

在常温下（23℃）单相慢充时，动力电池充电电量（SOC）从 10% 到 100% 所需时间约为 6 h，充电输入为 220 V AC，50 Hz。

2）壁挂式充电盒的检查

（1）漏电断路器的检查

该检查使用万用表选用合适的电阻挡进行测量。

① 未合闸前检测。

输入侧：测量 N 端和 L 端间电阻值，如图 6-2-5 所示，标准值为无穷大。

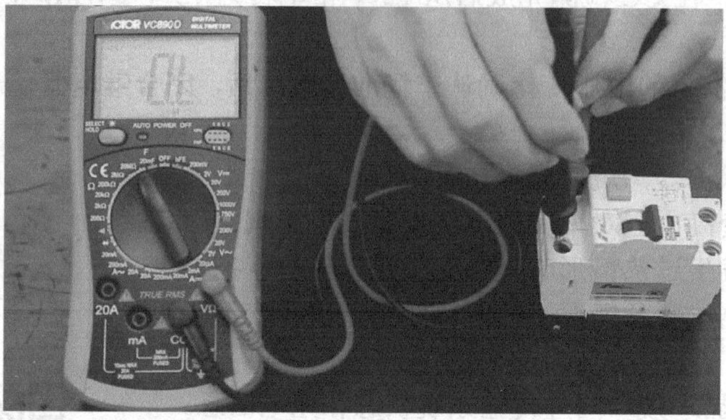

图 6-2-5 测量 N 端和 L 端间电阻值

比亚迪壁挂式充电盒的检查

输出侧：测量 N 端和 L 端间电阻值，标准值为无穷大。

输入侧与输出侧：测量 N 端与 N 端、L 端与 L 端间电阻值，标准值为无穷大。

② 合闸后检测。

将漏电断路器合闸，测量 N 端与 N 端、L 端与 L 端间电阻值，如图 6-2-6 所示，标准值为小于 1 Ω。

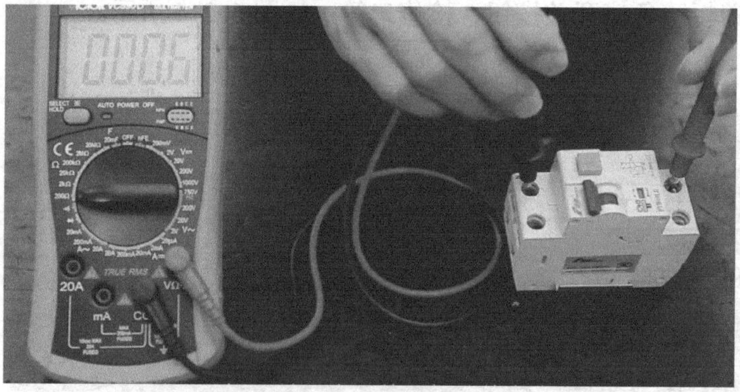

图 6-2-6 合闸后测量 N 端和 N 端间电阻值

（2）主控器模块的检查

该检查使用万用表电阻挡进行测量。

① 输入侧：测量 PE 端与 L 端、PE 端与 N 端、L 端与 N 端间电阻值，如图 6-2-7 所示，标准值为无穷大。

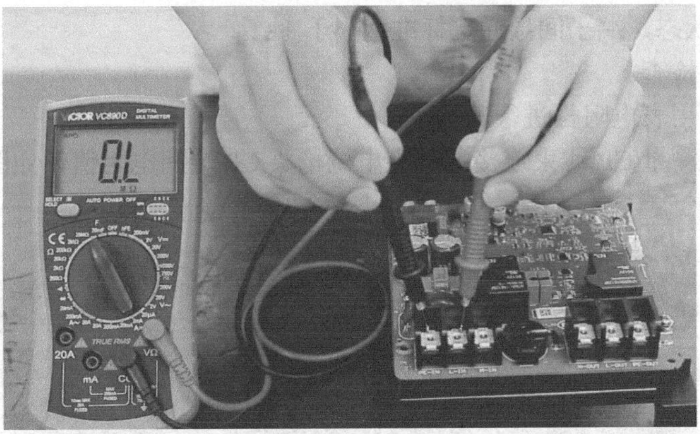

图 6-2-7　测量输入侧 PE 端与 L 端间电阻值

② 输出侧：测量 PE 端与 L 端、PE 端与 N 端、L 端与 N 端间电阻值，标准值为无穷大。

③ 测量输入侧与输出侧。测量 L 端与 L 端、N 端与 N 端间电阻值，标准值为无穷大；测量 PE 端与 PE 端间电阻值，如图 6-2-8 所示，标准值小于 1 Ω。

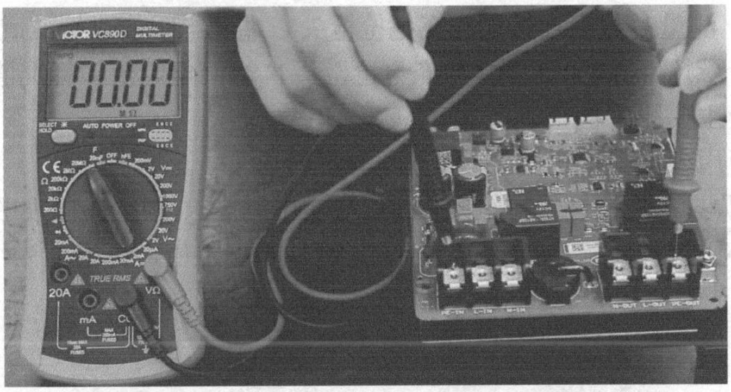

图 6-2-8　测量 PE 端与 PE 端电阻值

（3）急停开关模块的检查

使用万用表电阻挡进行测量急停开关模块两端子间电阻值。

① 开关未按下状态，端子间不导通，如图 6-2-9 所示，标准值为无穷大。

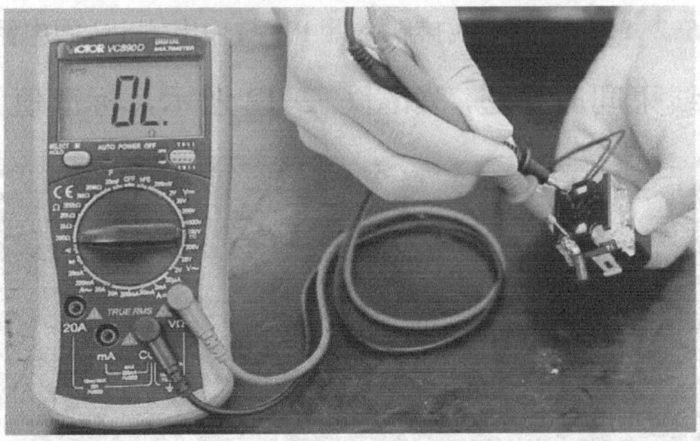

图 6-2-9　开关未按下两端子间电阻值

② 开关按下状态，端子间导通，标准值小于 1 Ω。

（4）充电枪的检查

该检查使用万用表电阻挡进行测量。

① CP 线束：测量 CP 线束连接端与充电枪枪头 CP 端间电阻值，如图 6-2-10 所示，标准值为小于 1 Ω。

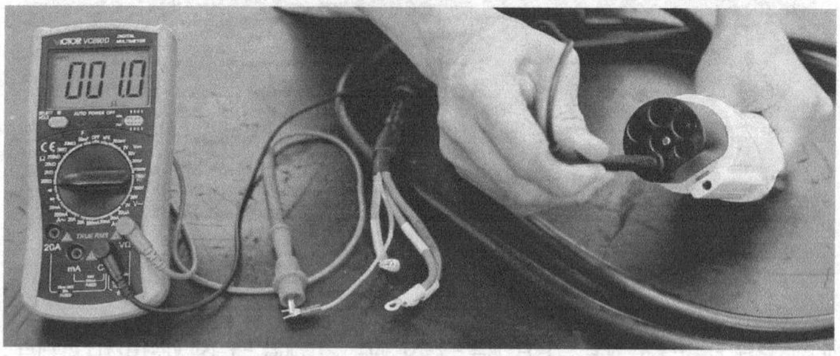

图 6-2-10 测量 CP 线束的电阻值

② PE 线束：测量 PE 线束连接端与充电枪枪头 PE 端间电阻值，标准值为小于 1 Ω。

③ L 线线束：测量 L 线束连接端与充电枪枪头 L 端间电阻值，标准值为小于 1 Ω。

④ N 线线束：测量 N 线束连接端与充电枪枪头 N 端间电阻值，标准值为小于 1 Ω。

（5）接线排及主要线束检查

该检查使用万用表电阻挡进行测量。

① 接线排的测量：测量接线排输入侧 PE 与输出侧 PE 间电阻值，如图 6-2-11 所示，输入侧 N 与输出侧 N 间电阻值，输入侧 L 与输出侧 L 间电阻值，标准值为小于 1 Ω。

图 6-2-11 测量接线排输入侧 PE 与输出侧 PE 间电阻值

② 线束测量：测量线束间应导通，如图 6-2-12 所示，标准值为小于 1 Ω。

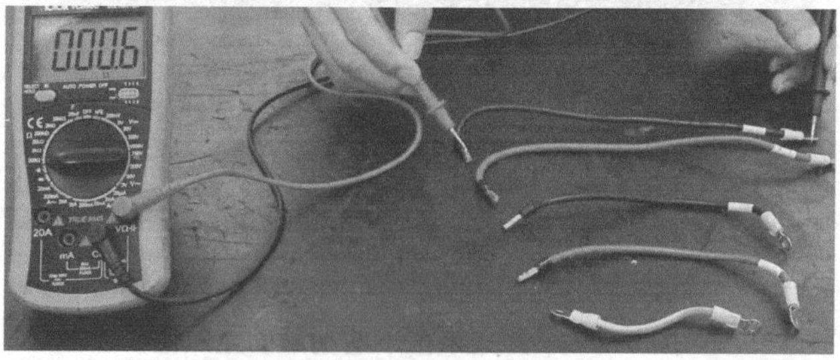

图 6-2-12 测量线束电阻值

3）壁挂式充电盒的组装

（1）接线排的安装

将接线排放置到充电盒底座内，紧固螺栓。

比亚迪壁挂式充电盒组装

（2）漏电断路器的安装

① 输出侧线束安装（此处线束连接主控器输入端）。将 N2 长线（黑色）接入输入侧 N 端，紧固螺栓；将 L2 长线（红色）接入输入侧 L 端，紧固螺栓。

② 输入侧线束安装（注意：此处线束连接接线排输出侧）。将 N1 短线（黑色）接入输入侧 N 端，紧固螺栓；将 L1 短线（红色）接入输入侧 L 端，紧固螺栓。

③ 漏电断路器总成的安装。

将漏电断路器总成放置到充电盒底座内，输入侧线束穿过接口到接线排，紧固断路器固定螺栓和接线排输出端 N 线和 L 线螺栓。

（3）急停开关模块的安装

按下急停开关模块白色卡销，对准导槽装入急停开关模块。

（4）主控器模块的安装

① 将主控器模块放置在固定支架上，以交叉的方式紧固主控器模块固定螺栓。

② 把主控器模块总成放置到充电盒底座内，以交叉的方式紧固支架固定螺栓，插入急停开关模块插接器，安装主控器模块输入侧 N 线束和 L 线束，紧固螺栓；连接接线排 PE 线到主控器模块 PE 端，紧固螺栓。

（5）充电枪座的安装

将充电枪座放置到充电盒底座内，紧固螺栓。

（6）充电枪的安装

将充电枪线束锁扣放置到安装位置处，把线束从底部接口穿过，旋入线束接头锁扣并锁紧，分别安装充电枪 PE 线束、N 线线束、L 线线束、CP 信号线束，紧固螺栓。

（7）充电盒面板的安装

① 将显示器模块对好充电盒面板卡销后装入，安装螺栓，以交叉的方式紧固螺栓。

② 分别连接显示器线束两端插接器，将充电盒面板进行合箱。

③ 用 L 形内五花螺栓刀旋入固定螺栓，以交叉的方式紧固螺栓。

（8）接线舱盖板和固定支架的安装

① 接线舱盖板的安装：将接线舱盖板密封圈装入安装槽内，装入盖板及螺栓，以交叉的方式紧固螺栓。

② 固定支架的安装：安装固定支架及螺栓，紧固螺栓。

4. 壁挂式充电盒的充电操作

比亚迪壁挂式充电盒的充电步骤如表 6-2-2 所示。

表 6-2-2 壁挂式充电盒的充电步骤

操作步骤	操作方法	
步骤 1	车辆驶入充电位停好，将电源挡位置于“OFF”挡	
步骤 2	打开车辆慢充插座的舱盖和保护盖	
步骤 3	按下锁止按钮，取出充电枪	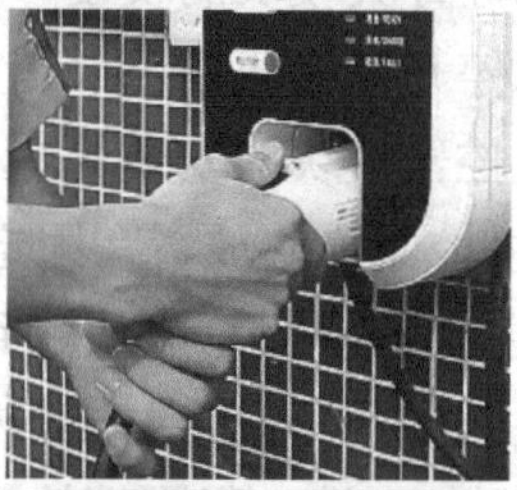
步骤 4	把充电枪对齐充电插座，插入车辆慢充插座	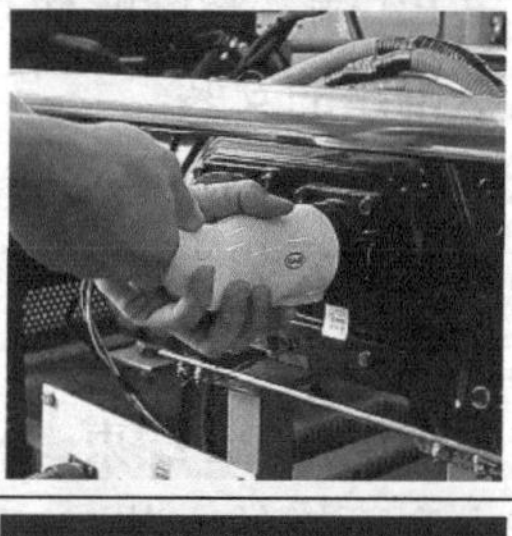
步骤 5	查看组合仪表充电指示灯是否点亮	
步骤 6	当家用充电机上的准备指示灯点亮时，按下启动按钮，同时充电指示灯闪烁	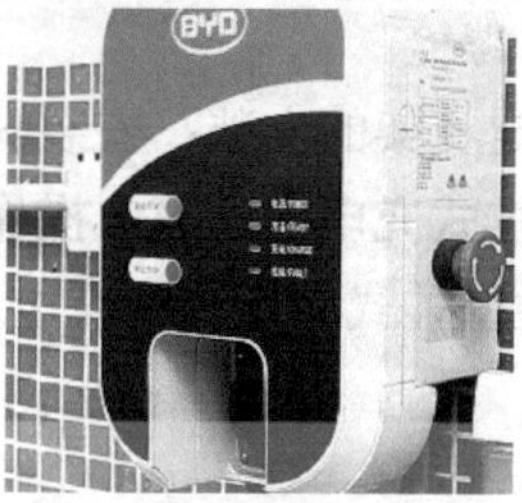

续表

操作步骤	操作方法	
步骤 7	在充电过程中，组合仪表显示相关的充电参数及画面	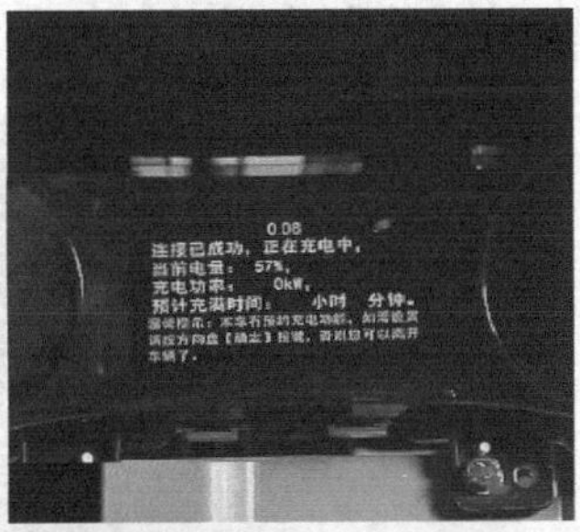
步骤 8	按下停止按钮或电量已充满，结束充电	
步骤 9	按下充电枪的锁止按钮，拔出充电枪	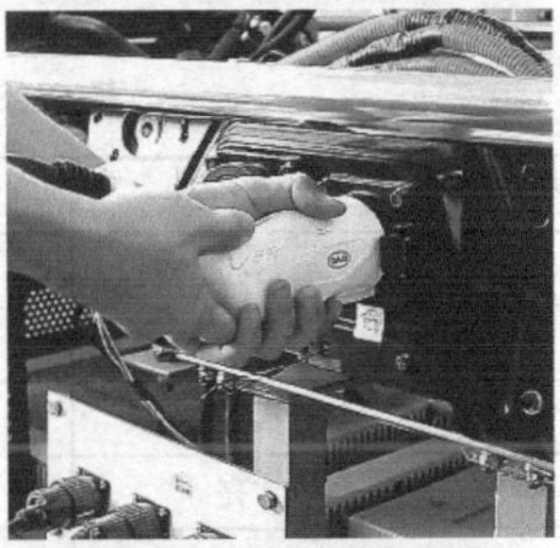
步骤 10	将充电枪插回慢充盒	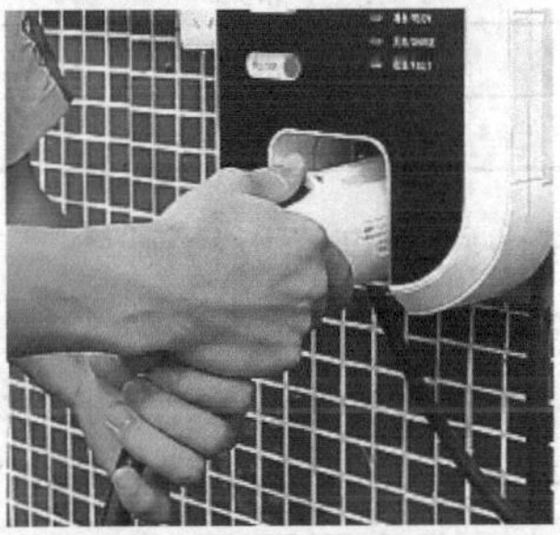
步骤 11	合上慢充插座的保护盖和舱盖	

5. 充电盒的维护与检修

1）充电盒状态指示灯

比亚迪充电盒状态指示灯包含充电指示灯和故障指示灯，如图 6-2-13 所示。

图 6-2-13 状态指示灯

状态指示灯的常亮、闪烁可以反馈充电盒处于待机、充电中、充电完成、过温保护等状态，如表 6-2-3 所示。

表 6-2-3 比亚迪充电盒指示灯状态定义

序 号	BYD logo	充电指示灯	故障指示灯	备 注
1	常亮	常亮	/	待机
2	常亮	1 秒闪烁 1 次	/	充电中
3	常亮	亮 2 秒灭 2 秒	/	充满
4	常亮	/	1 秒闪烁 1 次	过温保护
5	常亮	/	3 秒闪烁 1 次	过流故障
6	常亮	/	5 秒闪烁 1 次	CP 短路
7	常亮	/	常亮	CP 异常故障

2）充电指示灯面板检测

（1）待机状态测量

用万用表电压挡测量充电指示灯面板供电与接地端，正常值约为 4.8～5.2 V；测量充电灯控制与接地端电压，正常值为 0 V；测量故障灯控制与接地端电压，正常值为 0 V。

（2）充电状态测量

用万用表电压挡测量充电指示灯面板供电与接地端，正常值约为 4.8～5.2 V；测量充电灯控制与接地端电压，正常值为 0.5～3.0 V；测量故障灯控制与接地端电压，正常值为 0 V。

（3）故障状态测量

用万用表电压挡测量充电指示灯面板供电与接地端，正常值约为 4.8～5.2 V；测量充电灯控制与接地端电压，正常值为 0 V；测量故障灯控制与接地端电压，正常值为 0.1～3.0 V。

3）急停开关检测

（1）急停开关正常状态：用万用表电压挡测量急停信号输入与接地端电压值，正常值为

0 V。

（2）急停开关按下状态：用万用表电压挡测量急停信号输入与接地端电压值，正常值为 4.8～5.0 V。

4）充电信号检测

（1）CC 信号

在充电状态下，用万用表电压挡测量 CC 信号与 PE 电压值，正常值约为 3 V。

（2）CP 信号

在待机状态下，用万用表电压挡测量 CP 信号与 PE 电压值，正常值为 12 V；在充电状态下，则应是正常值为 6 V 的 PWM 信号。

必备知识测试

6.2.6　任务指南

1．慢充桩无法充电故障检修

1）慢充桩检查

本实训是在慢充时发现无法进行充电的慢充桩故障，在开始前需先进行慢充操作实训，学会正确充电操作后再进行诊断，请先在虚拟仿真系统中进行慢充充电操作，然后再将慢充枪插入实训车辆进行充电。

故障检测的第一步是在慢充桩观察故障现象并在显示屏上读取“告警记录”，有助于快速确认可能的故障原因，车辆检查流程如图 6-2-14 所示。

慢充充电操作

2）故障分析

（1）查阅电路图

慢充桩读卡器电路图如图 6-2-15 所示。

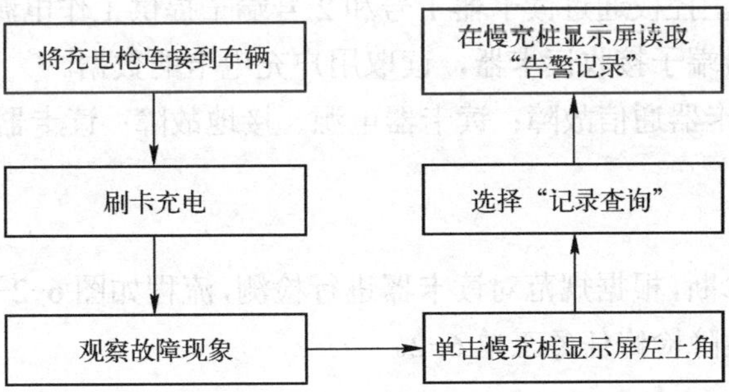

图 6-2-14　车辆检查流程图

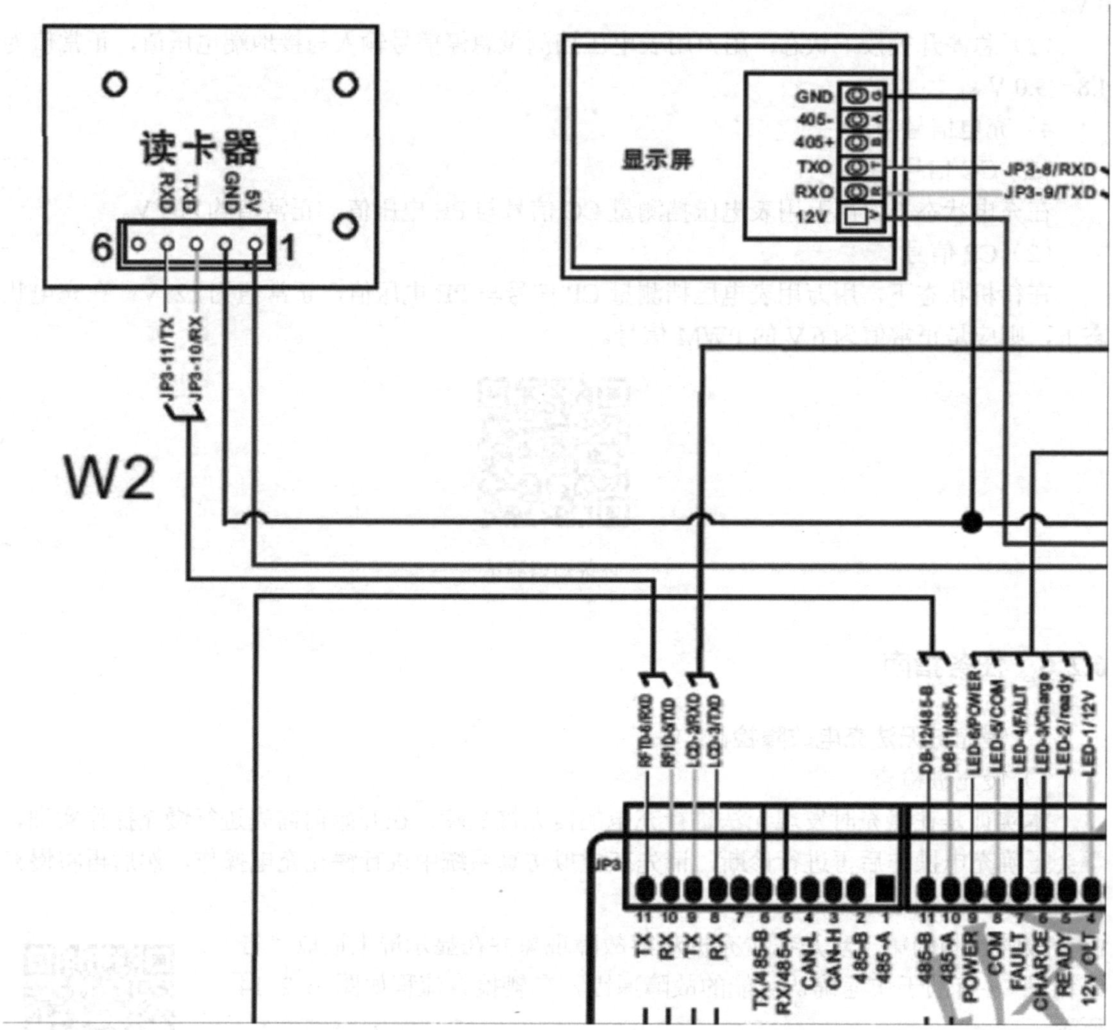

图 6-2-15 慢充桩读卡器电路图

（2）分析初步故障原因

① 读卡器原理：主控板通过读卡器 1 号和 2 号端子提供工作电源，主控板通过 3 号和 4 号端子接收读卡器，读取用户充电卡的数据。

② 故障原因：读卡器通信故障；读卡器电源、接地故障；读卡器故障；主控板故障。

3）故障检测流程

经过初步检修和诊断，根据规范对读卡器进行检测，流程如图 6-2-16 所示，并填写慢充桩故障检修任务工单 6-2。

慢充桩故障检修

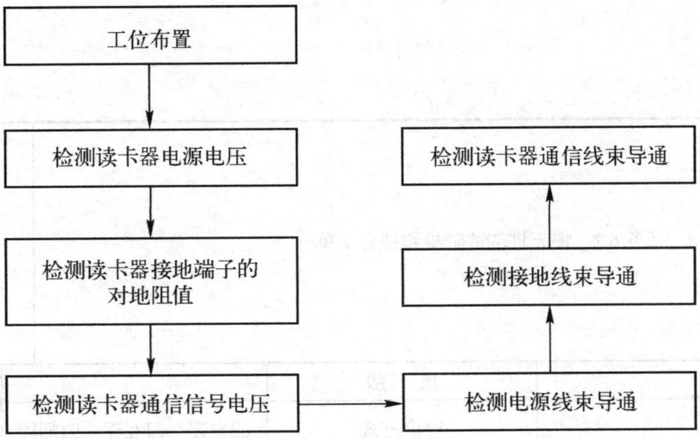

图 6-2-16　故障检测流程图

2. 慢充充电操作虚拟仿真训练

计算机端登录：https://press.bjtu.edu.cn/h5trans/241122/19/。

移动端使用手机浏览器扫描左侧二维码进入虚拟仿真训练界面。

慢充充电操作虚拟仿真软件　　　　慢充充电操作操作手册

6.2.7 任务工单

任务 6.2 慢充桩端故障检修任务工单

扫描查阅电子工单

姓　名		班　级		学 号	
实训日期		评价方式	□自评　□互评　□师评	指导教师	

（一）慢充桩检查

1．故障现象描述	
2．告警记录描述	

（二）故障检测

1．读卡器电路图的查询

端子描述	电路图页码	端子针脚号	线束颜色
电源			
接地			
TXD			
RXD			

2．读卡器电源的检测

检测条件	检测工具	实测电压	标准电压	数据判断
				□正常 □异常
				□正常 □异常

3．读卡器接地的检测

检测条件	检测工具	实测阻值	标准阻值	数据判断
				□正常 □异常

4．读卡器通信信号的检测

检测条件	检测工具	实测电压	标准电压	数据判断
				□正常 □异常
				□正常 □异常

5．读卡器电源线束的检测

检测条件	检测工具	实测阻值	标准阻值	数据判断
				□正常 □异常

6．读卡器接地线束的检测

检测条件	检测工具	实测阻值	标准阻值	数据判断
				□正常 □异常

7．读卡器通信线束的检测

检测条件	检测工具	实测阻值	标准阻值	数据判断
				□正常 □异常
				□正常 □异常

（三）故障诊断结论

确认故障点	

6.2.8　任务标准

任务 6.2　慢充桩端故障检修任务标准

扫描查阅任务标准

姓名		班级		学号		
实训日期		评价方式	□自评　□互评　□师评	指导教师		
序号	评分项目	评分内容	作业标准及对应的学习目标	分值	评分要求	实际得分
1	职业素养	工作安全 工作规范 工作态度	□1. 规范做好个人及设备安全防护工作（高压安全防护） □2. 规范开展场地、设备、工具安全检查（检查隔离栏设置、安全警示牌设置、灭火器压力值检查、举升机检查、动力电池举升车检查等） □3. 规范开展作业前和作业后工位 5S 操作 □4. 作业过程规范、未出现安全隐患或事故 □5. 积极主动、认真仔细地完成任务	20	每项扣 4 分，不超过 20 分	
2	专业能力	技术技能	（一）充电桩检查 □1. 能正确描述故障现象 □2. 能正确描述告警记录 （二）故障检测 1. 电路图的查询 □1. 能正确查询读卡器电路图 □2. 能正确查询读卡器电路位置 2. 读卡器电源的检测 □1. 能正确设置检测条件 □2. 能正确对电源电压进行检测 □3. 能正确使用检测工具 3. 读卡器接地的检测 □1. 能正确设置检测条件 □2. 能正确对接地电阻进行检测 □3. 能正确使用检测工具 4. 读卡器通信信号的检测 □1. 能正确设置检测条件 □2. 能正确对信号电压进行检测 □3. 能正确使用检测工具 5. 读卡器电源线束的检测 □1. 能正确设置检测条件 □2. 能正确对线束电阻进行检测 □3. 能正确使用检测工具 6. 读卡器接地线束的检测 □1. 能正确设置检测条件 □2. 能正确对线束电阻进行检测 □3. 能正确使用检测工具 7. 读卡器通信线束的检测 □1. 能正确设置检测条件 □2. 能正确对线束电阻进行检测 □3. 能正确使用检测工具	45	每项扣 2 分，不超过 45 分	

续表

序号	评分项目	评分内容	作业标准及对应的学习目标	分值	评分要求	实际得分
3	信息应用能力	关键数据及信息查询	□1. 能正确查找慢充桩资料 □2. 能正确使用显示屏功能 □3. 能正确记录所需操作信息	10	每项扣3分，不超过10分	
4	分析判断能力	数据的读取、分析、判断	□1. 能判断读卡器指示灯是否正常 □2. 能判断告警记录内容	10	每项扣5分，不超过10分	
5	表达能力	有效沟通和描述维修任务	□1. 能与客户有效沟通维修方案 □2. 能与团队有效沟通维修方案	10	每项扣5分，不超过10分	
6	表单填写能力	电子、纸质工单的填写	□1. 字迹清晰 □2. 语句通顺 □3. 无错别字 □4. 无涂改 □5. 无抄袭	5	每项扣1分，不超过5分	
			总分	100		

6.2.9　任务小结

经过本任务的学习，能掌握慢充桩的结构原理及电路原理，并且能够规范地完成比亚迪充电盒的充电操作、检查、组装和维护检修，帮助车主解决问题。

6.2.10　知识链接

知识链接

6.2.11　拓展创新

题目引导	慢充桩对于车辆来说是一种交流电源输入，它的形式可以分为几类？你觉得有哪些限制慢充充电时间的因素？

任务 6.3　快充车端故障检修

6.3.1　工作任务

一辆比亚迪秦 EV 车辆无法使用快充，当连接快充枪时，仪表未显示充电连接指示灯，在排除充电桩的原因后，联系了企业维修技师。维修技师使用诊断仪读取故障码和数据流，发现报与连接确认信号有关的故障，于是将车辆拖回维修车间进行进一步检测。请帮助企业维修技师对快充连接确认信号故障进行诊断与维修。

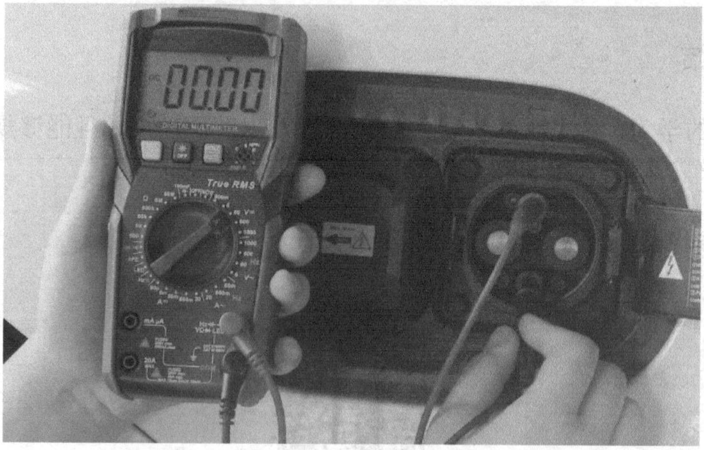

6.3.2 岗课赛证（见表 6-3-1）

表 6-3-1 任务 6.3 岗课赛证融通

序 号	融通类型	名 称	具体内容
1	岗位融通	动力电池维修岗位	快充系统车端故障检修
2	证书融通	汽车电器维修工三级/高级工	1．功能检测 2．系统组件检测（A） 3．故障诊断 4．电池系统外部组件维修 5．技术管理
3	大赛融通	全国职业院校技能大赛汽车故障检修赛项	具备关键零部件电子电气故障检修的能力

6.3.3 任务目标

1．素质目标

（1）能完成快充车端故障检修前后工位 5S，具有良好的职业素养和职业习惯。

（2）快充车端故障检修严格执行 AB 岗核查确认，具有安全意识。

（3）勇于挑战快充车端故障检修课后创新任务，具有知识迁移能力和创新意识。

（4）快充车端故障检修过程遵守评分标准，严谨细致，精益求精，具有工匠精神。

（5）快充车端故障检修的任务过程中执行分组实操，分工协作，具有团队精神。

2．知识目标

（1）熟练掌握快充车端系统功能和结构。

（2）熟练掌握快充车端系统电路连接方式和原理。

（3）熟练掌握快充车端系统故障检修规范和方法。

3．能力目标

（1）能够检测快充车端系统各部分的数据。

（2）能够规范拆装快充车端系统各元件。

（3）能够分析快充车端系统各部分数据并判断其状态。

6.3.4　大国工匠

大国工匠人物事迹——谭文波

6.3.5　必备知识

1．快充系统的结构原理

1）快充系统的结构

比亚迪秦 EV 的快充系统由直流充电口、充配电总成和动力电池组成，如图 6-3-1 所示。

图 6-3-1　比亚迪秦 EV 的快充系统组成

充配电总成内部的正极直流充电接触器和负极直流充电接触器属于快充系统的部件，其安装位置如图 6-3-2 所示。

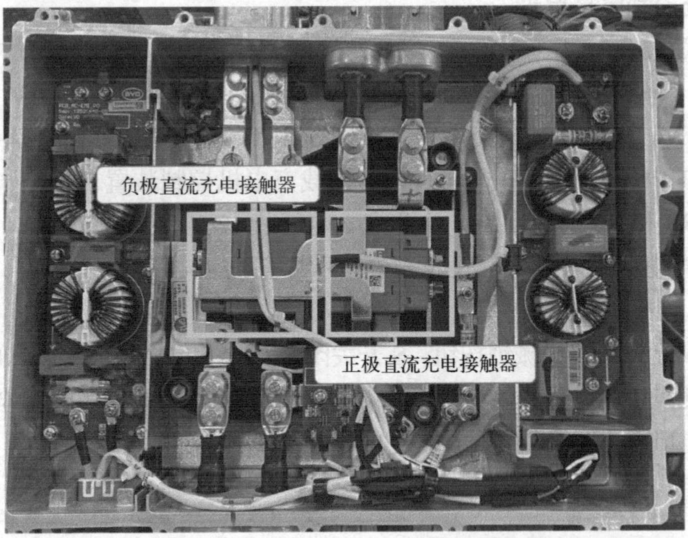

图 6-3-2　正、负极直流充电接触器的安装位置

车辆直流充电接口共有 9 个端子，其中 CC1 和 CC2 都是充电连接确认信号；A+和 A−为低压 12 V 辅助电源；DC+和 DC−为高压直流电源；S+和 S−是充电 CAN 总线；PE 是接地，如图 6-3-3 所示。

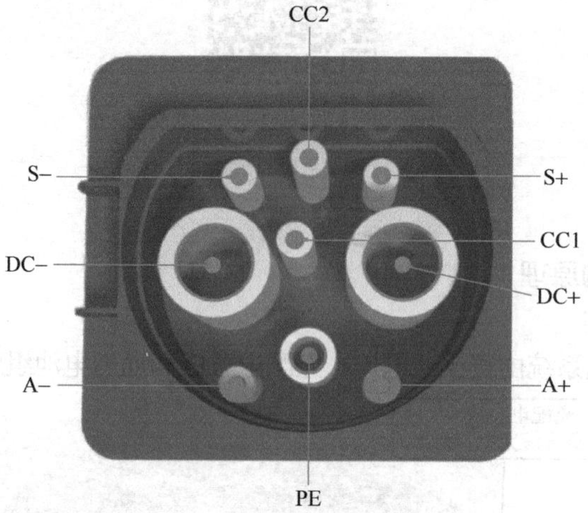

图 6-3-3　直流充电接口定义

2）快充系统的工作原理

当新能源汽车整车电源处于 ON 挡高压电时，需先进行高压断电后再进行充电。当快充桩连接到快充充电口时，快充系统充电设备发送充电唤醒信号给电池管理器（BMS），电池管理器与快充桩进行握手通信，然后进行充电参数配置。电池管理器唤醒整车控制器，在车辆无相应故障的情况下，整车控制器使车辆进入充电模式。电池管理器执行上高压操作，然后控制直流充电接触器闭合，向快充桩发送充电准备就绪信息，快充桩输出高压直流电，动力电池开始充电。

2．快充系统控制电路原理

1）半连接状态

拔下充电枪，并按下充电枪机械锁按钮，S 开关断开，检测点 1 电压从 6 V 变为 12 V。充电枪插入充电口，如图 6-3-4 所示，R1 和 R4 形成回路，检测点 1 电压从 12 V 变为 6 V，非车载充电机控制装置识别充电枪插入信号。R3 和 R5 形成回路，检测点 2 电压从 12 V 变为 6 V，电池管理器识别到充电枪插入信号，仪表充电指示灯亮。

快充系统控制电路原理

2）双方确认连接

如图 6-3-5 所示，松开机械锁按钮，S 开关闭合，R4 和 R2 形成并联，由于 R4 和 R2 都是 1.00 kΩ，此时检测点 1 的电压从 6 V 变为 4 V。非车载充电机控制装置通过检测点 1 的电压变化判断充电枪和充电口完全连接，同时控制充电枪电子锁上锁。

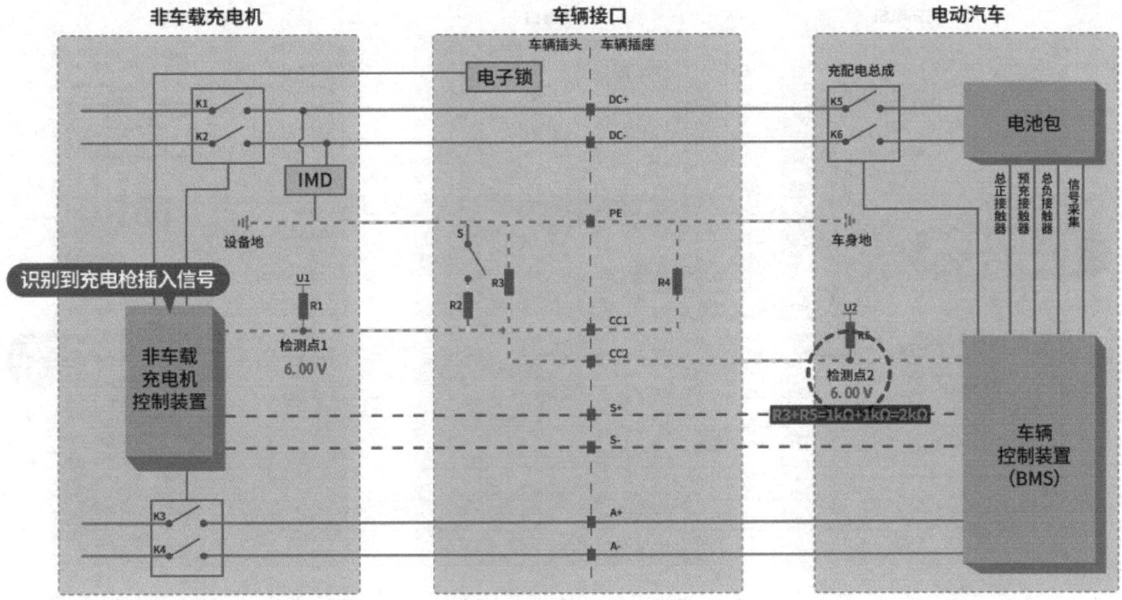

图 6-3-4　半连接状态

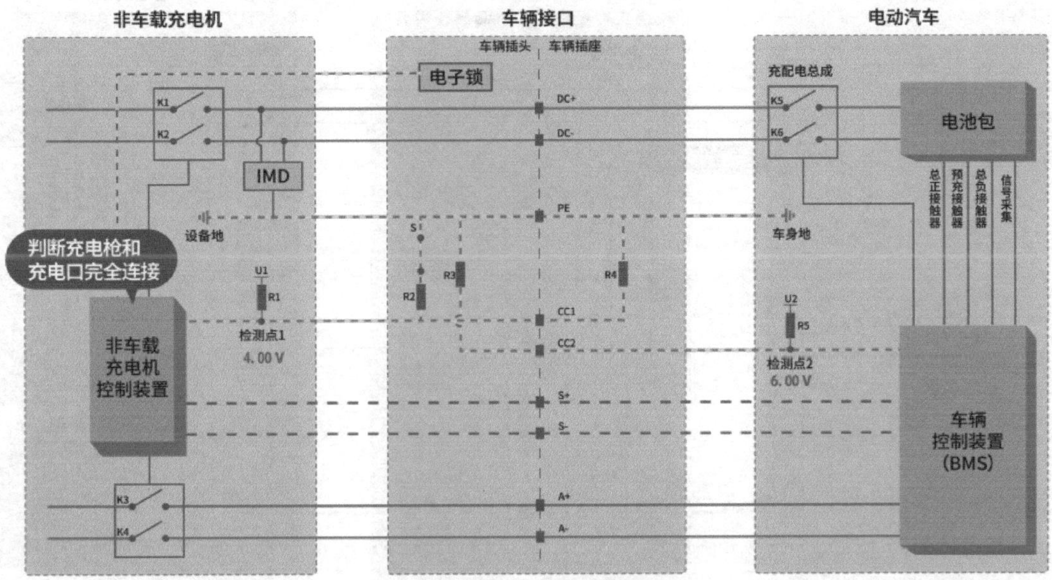

图 6-3-5　双方确认连接

3）车辆充电准备

非车载充电机控制装置控制 K3 和 K4 闭合，唤醒 BMS，并通过 S+和 S-给 BMS 发送握手报文。BMS 检测动力电池正常后进行高压上电流程，如图 6-3-6 所示。

4）充电设备准备

非车载充电机控制装置控制 K1 和 K2 闭合，并启动绝缘检测；完成后断开 K1 和 K2，并接收 BMS 发送的最高允许充电总电压，如图 6-3-7 所示。

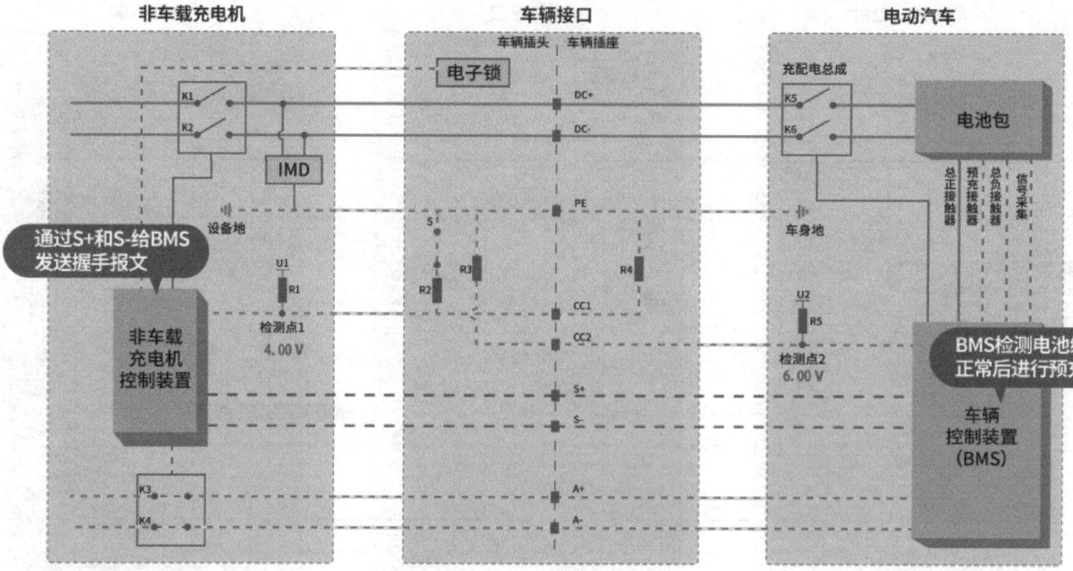

图 6-3-6　车辆充电准备

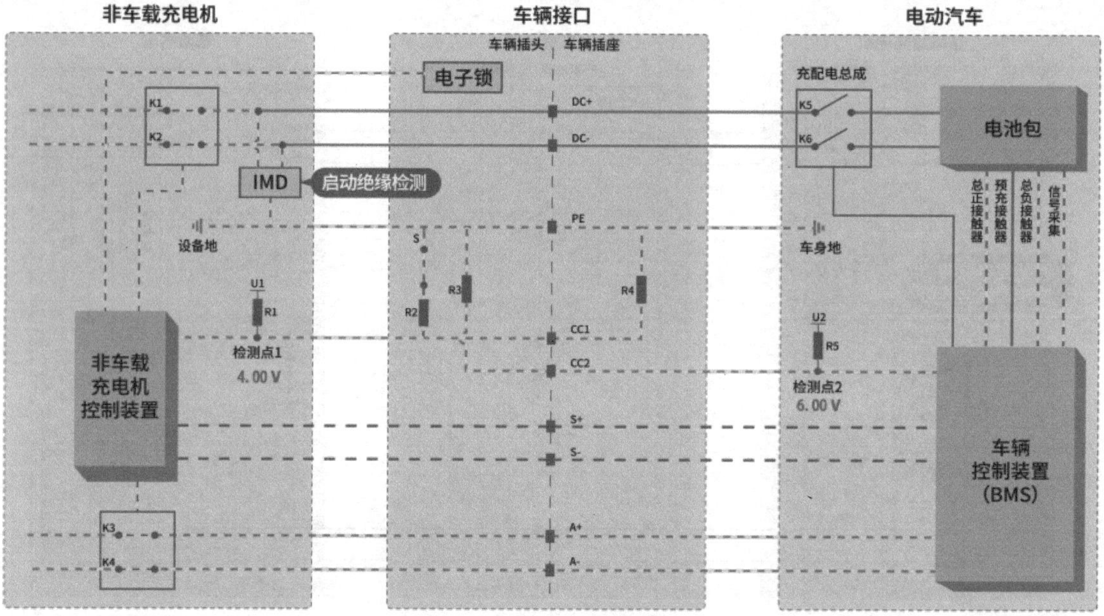

图 6-3-7　充电设备准备

5）充电过程

BMS 控制 K5 和 K6 闭合，向非车载充电机控制装置发送“充电准备就绪”。非车载充电机控制装置 K1 和 K2 闭合，并且向 BMS 发送“充电准备就绪”。直流电开始充入动力电池，非车载充电机控制装置向 BMS 发送充电状态报文，BMS 向非车载充电机控制装置发送动力电池状态报文。动力电池电量随着充电时间的增加而增加，如图 6-3-8 所示。

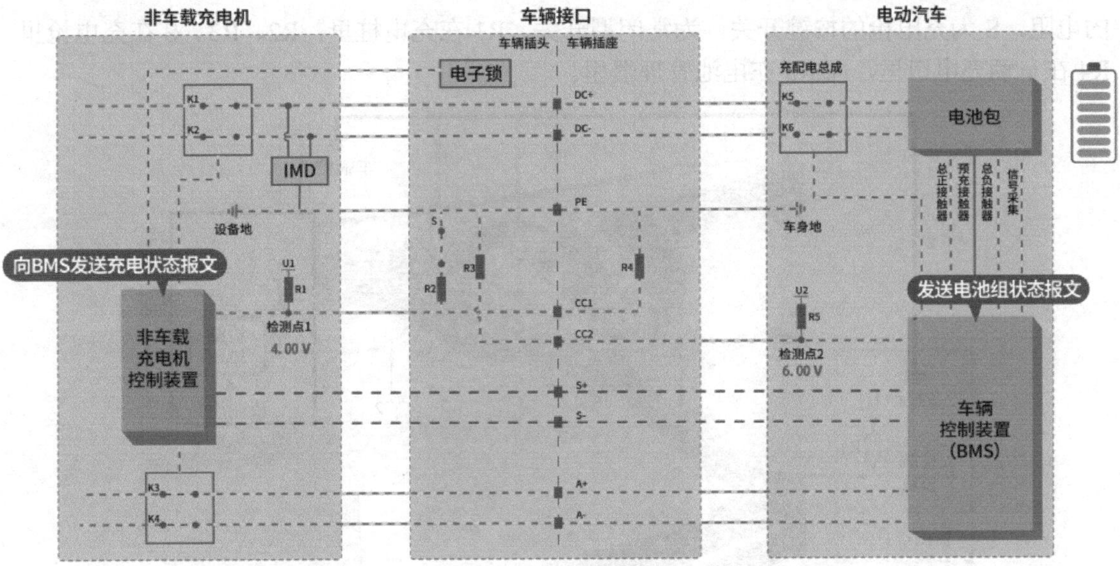

图 6-3-8　充电过程

6）停止充电

如图 6-3-9 所示，当动力电池充满终止充电或者当控制装置终止充电时，BMS 或充电机会发送“充电终止”报文。K1、K2、K5、K6 断开，非车载充电机控制装置闭合泄放回路，使电压降至 60 V 以下，再断开 K3 和 K4，双方停止通信交互，电子锁解锁。

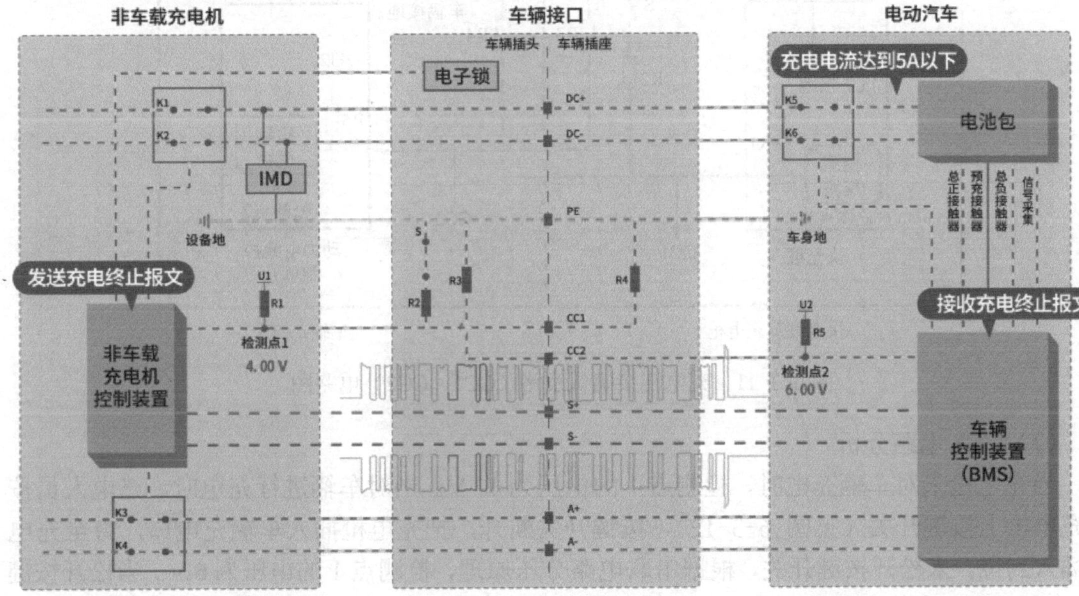

图 6-3-9　停止充电

3．快充控制信号的检测

1）充电连接确认信号

图 6-3-10 为充电连接确认线路（CC1、CC2），其中 R1、R2、R3、R4、R5 均为 1 kΩ

的电阻，S 为充电枪的按键开关，为常闭型开关。R1 在充电桩里，R2、R3、S 在充电枪里，R4 在车辆充电口里，而 R5 在电池管理器里。

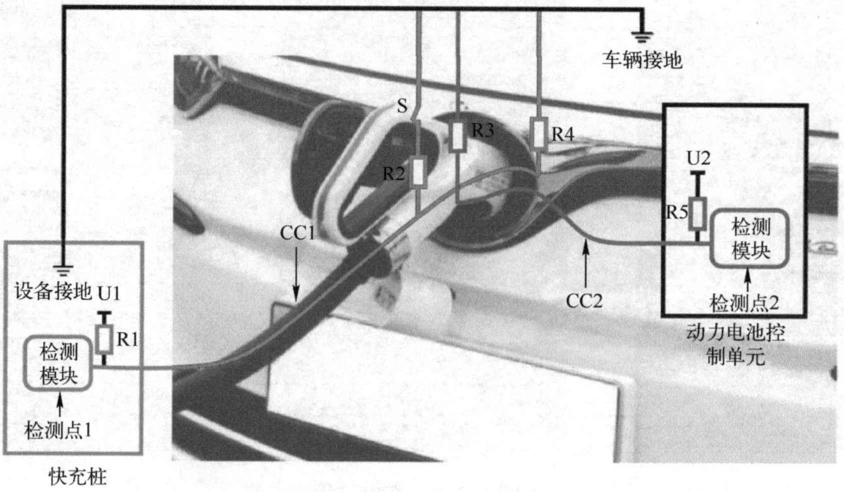

图 6-3-10　充电连接确认线路（CC1、CC2）

为了更加直观地进行分析，将电路进行美化，如图 6-3-11 所示。

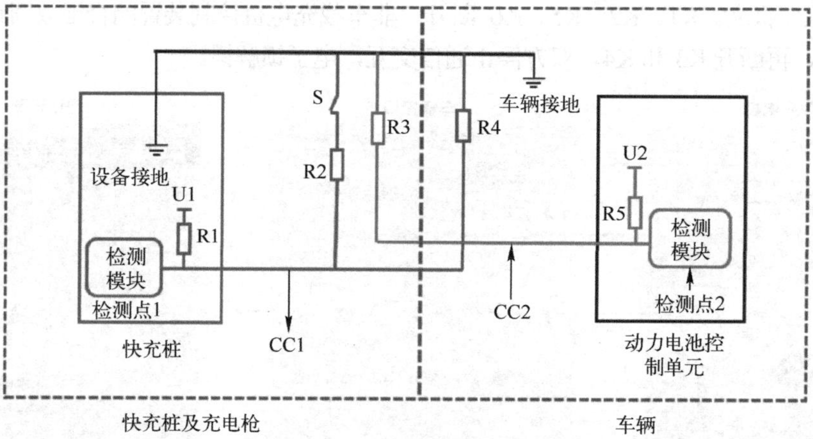

图 6-3-11　充电连接确认线路（CC1、CC2）电路图

（1）CC1 电路分析

当充电枪未对车辆充电时，检测点 1 的电压为 12 V。当对车辆进行充电时，充电人员按下充电枪上按键开关（见图 6-3-12），按键开关断开，把充电枪插入车辆充电口，直至充电枪插入到位，未松开按键开关，根据串联电路分压原理，检测点 1 的电压为 6 V。当松开按键开关（见图 6-3-13），检测点 1 的电压由 6 V 变为 4 V，充电桩中的检测模块通过检测点 1 的电压变化情况来判断充电枪的连接情况。

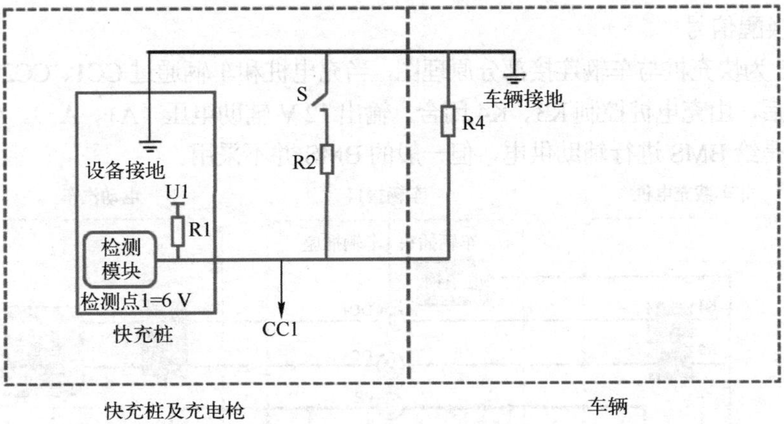

图 6-3-12 已按下按键开关

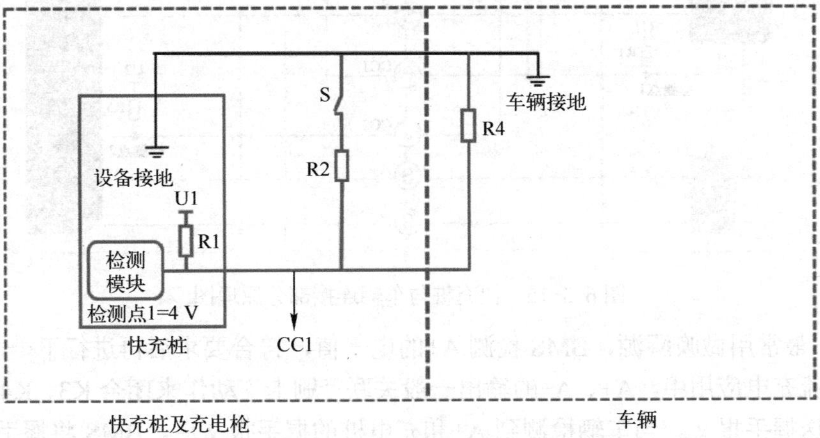

图 6-3-13 松开按键开关

（2）CC2 电路分析

如图 6-3-14 所示，当充电枪未对车辆充电时，检测点 2 的电压为 12 V。当对车辆进行充电时，根据串联电路分压原理，检测点 2 的电压由 12 V 变为 6 V。车辆中的检测模块通过检测检测点 2 的电压变化情况来判断充电枪的连接情况。

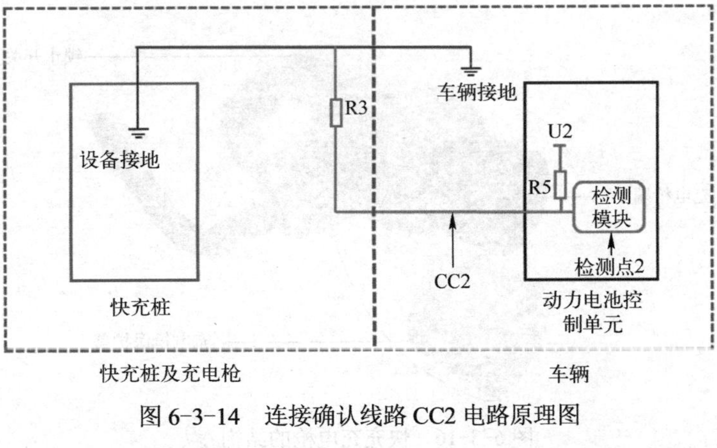

图 6-3-14 连接确认线路 CC2 电路原理图

2）充电唤醒信号

图 6-3-15 为快充桩与车辆连接部分原理图，当充电桩和车辆通过 CC1、CC2 确认充电枪与车辆连接好以后，由充电桩控制 K3、K4 闭合，输出 12 V 辅助电压（A+、A−）。A+、A−在标准内定义的作用是给 BMS 进行辅助供电，但一般的 BMS 并不采用。

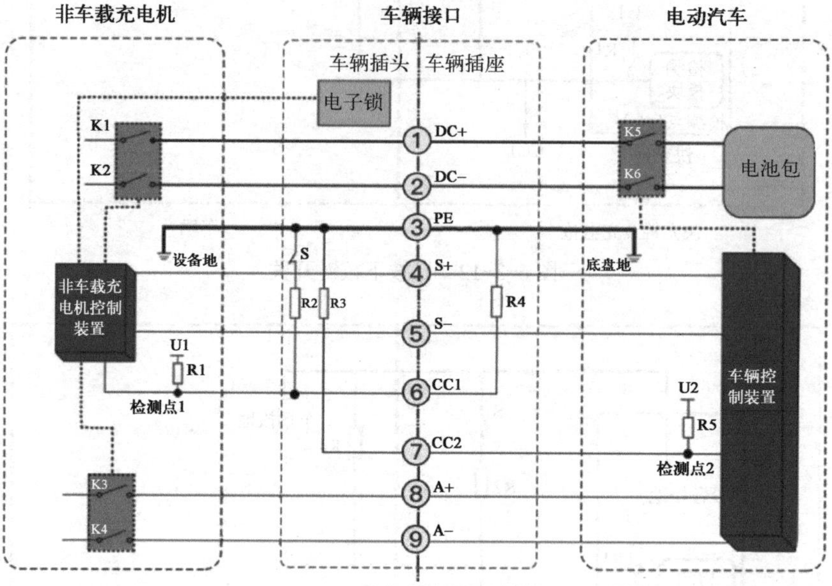

图 6-3-15　快充桩与车辆连接部分原理图

A+、A−最常用做唤醒源，BMS 检测 A+的电平值，符合要求后再进行下一个充电流程。在日常的直流充电应用中，A+、A−的输出一般关联“刷卡”动作来闭合 K3、K4 继电器，同时充电桩发送握手报文。当车辆检测到 A+和充电桩的握手报文后，BMS 将握手报文发送至充电桩。但是，某些车型不需要 A+信号参与直流充电，可以简单地认为在这些车型的控制逻辑里，直流充电流程的启动仅与充电桩的“握手报文”有关联。

4．快充充电枪的结构原理

1）快充充电枪的接口定义

快充充电枪的结构如图 6-3-16 所示，包含充电枪端子、锁止开关、充电枪保护盖等。

直流充电口认知

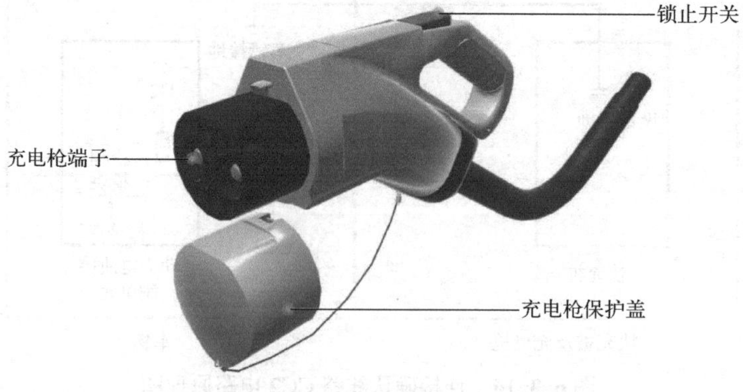

图 6-3-16　快充充电枪的结构

如图 6-3-17 所示，快充充电枪包含 9 个电气触点，分别为 CC1、CC2、S+、S−、DC+、DC−、A+、A−和 PE。机械锁和电子锁的锁止卡扣位于充电枪的上部。

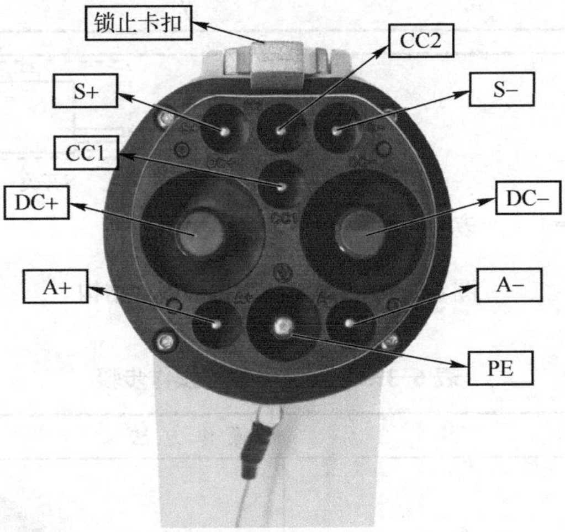

图 6-3-17　快充充电枪的电气触点

快充充电枪接口功能定义见表 6-3-2。

表 6-3-2　快充充电枪接口功能定义

触电编号/功能	功 能 定 义
直流电源正（DC+）	连接直流电源正与电池正极
直流电源负（DC−）	连接直流电源负与电池负极
保护接地（PE）	连接供电设备地线与车辆车身接地
充电通信 CAN-H（S+）	连接非车载充电机与新能源汽车的通信线
充电通信 CAN-L（S−）	连接非车载充电机与新能源汽车的通信线
控制确认（CC1）	充电连接确认 1（非车载充电机确认）
控制确认（CC2）	充电连接确认 2（车辆确认）
低压辅助电源正（A+）	连接非车载充电机与新能源汽车，提供低压辅助电源正
低压辅助电源负（A−）	连接非车载充电机与新能源汽车，提供低压辅助电源负

2）快充充电枪的锁止装置

快充充电枪的锁止装置包含机械锁和电子锁两类。如图 6-3-18 所示，机械锁止装置通过末端的按压实现前端卡扣的抬起与放下，配合车辆快充口的卡孔实现充电枪的锁止。电子锁止装置是限制机械锁止装置末端的向下运动，使得在机械锁止的情况下无法进行按压。S 开关动触点的信号可以反馈充电枪的上锁/解锁状态。

5．直流充电的操作步骤

直流充电的操作步骤如表 6-3-3 所示。

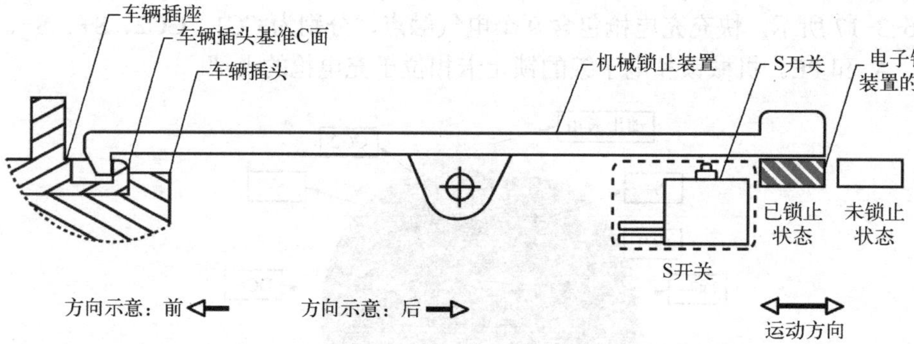

图 6-3-18 快充充电枪的锁止结构

表 6-3-3 直流充电的操作步骤

操 作 步 骤	操 作 方 法	
步骤 1	车辆驶入充电位停好，将电源挡位置于“OFF”挡	
步骤 2	打开直流充电口盖	
步骤 3	按下锁止按钮，取出充电枪	
步骤 4	把充电枪插入充电口，听到“咔”的响声，代表卡扣已经卡到卡槽中，确认已连接完成	

续表

操作步骤	操作方法	
步骤 5	查看组合仪表充电指示灯是否点亮	
步骤 6	把充电柜上的开关旋钮打到 ON 挡，充电柜上的充电指示灯显示绿色，即可启动充电	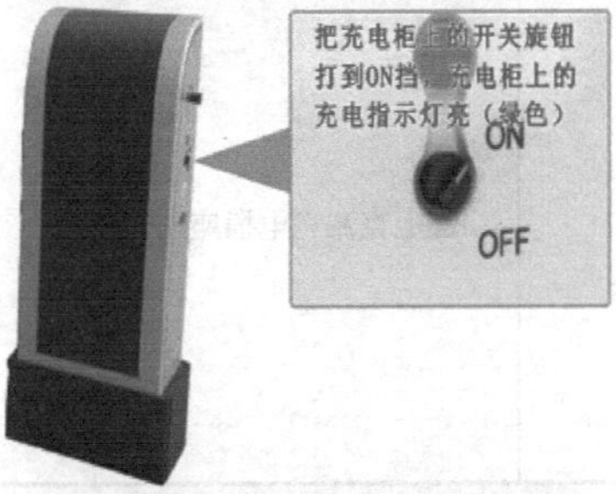
步骤 7	充电过程中，组合仪表显示相关的充电参数及画面	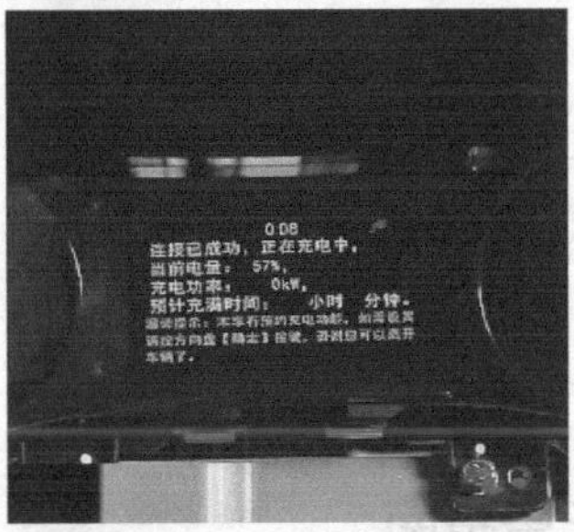
步骤 8	当充满电时，充电柜会自动停止充电，充电柜上的充电指示灯熄灭	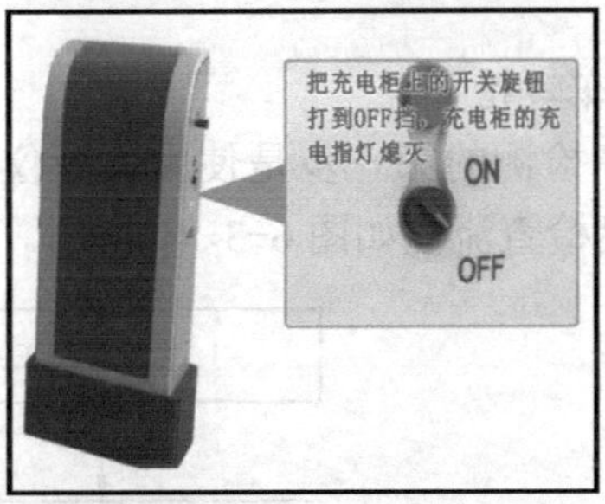
步骤 9	按下充电枪的锁止按钮，拔出充电枪	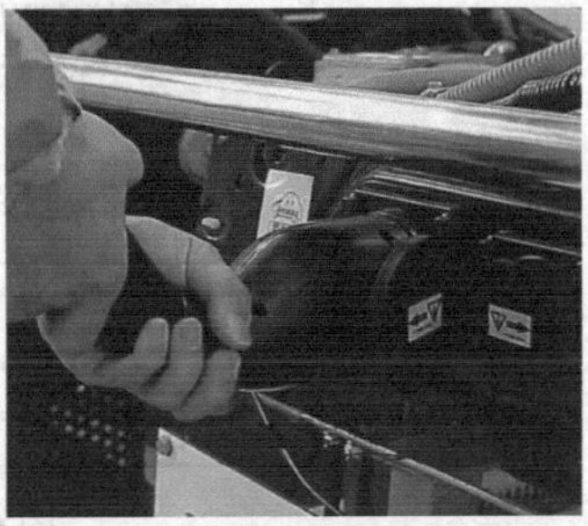

续表

操作步骤	操作方法	
步骤 10	将充电枪插回直流充电柜，松开充电枪的锁止按钮	
步骤 11	合上直流充电插座的保护盖	

必备知识测试

6.3.6 任务指南

1. 车辆检查

故障检测的第一步是使用诊断仪对车辆进行初步诊断，有助于快速确认可能的故障原因，车辆检查流程如图 6-3-19 所示。

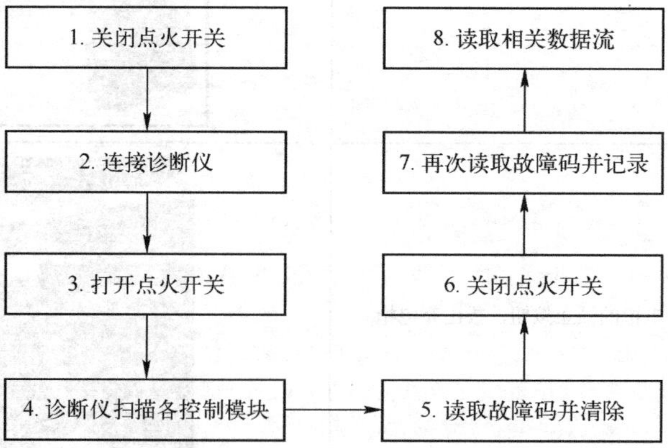

图 6-3-19 车辆检查流程图

2．故障分析

1）查阅电路图

比亚迪秦 EV 的直流充电口电路图如图 6-3-20 所示。其中，直流充电唤醒信号为 A+（低压电源），直流充电感应信号为 CC2（连接确认），CC1 在车辆直流充电口内置 1 kΩ 电阻。

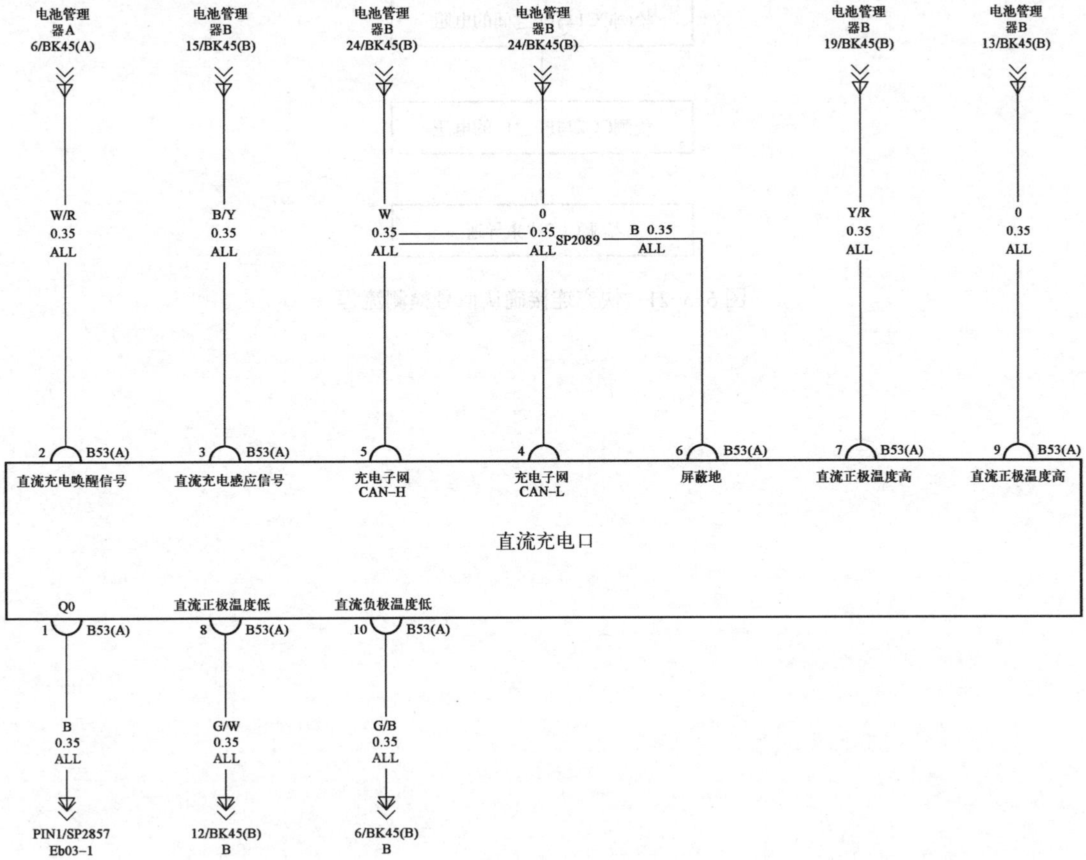

图 6-3-20　直流充电口电路图

2）分析初步故障原因

快充无法充电故障检修

（1）连接确认信号

① CC1 信号：当充电桩检测到 CC1 信号正常且在用户启动充电后，会提供 12 V 低压电源，通过 CAN 通信与电池管理器进行握手。

② CC2 信号：当电池管理器检测到 CC2 信号正常后，会通过硬线传输充电连接信号给组合仪表，从而点亮仪表上的充电连接指示灯。

（2）故障原因：

① CC1 故障；

② CC2 故障；

③ 电池管理器故障。

3．故障检测流程

经过初步检修和诊断，根据规范对直流充电口进行检测，其检测流程如图 6-3-21 所示，并填写快充连接确认信号故障检修任务工单。

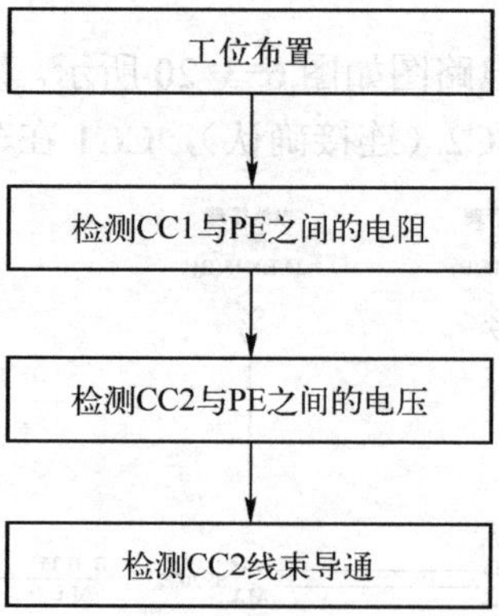

图 6-3-21　快充连接确认信号检测流程

6.3.7 任务工单

任务 6.3 快充车端故障检修任务工单	扫描查阅电子工单

姓　名		班　级		学　号	
实训日期		评价方式	□自评　□互评　□师评	指导教师	
（一）车辆/台架信息记录					
品牌		型号		生产日期	
动力电池型号		动力电池容量		行驶里程	
车辆识别码					
（二）检测准备					
（1）比亚迪秦 EV 充电口位于＿＿＿＿＿＿＿＿。					
（2）比亚迪秦 EV 快充系统电路在＿＿＿＿＿＿＿页。					
（3）将车停稳在维修工位，安装车轮挡块，铺上车内四件套和车外三件套，布置安全警戒线，安放警示牌，防护常用工具箱。					

（三）作业流程		
作业内容	结果记录	完成情况
1．检查车辆快充端口外观		
步骤 1：检查车辆快充端口外观是否存在脏污、腐蚀等现象	□存在　□不存在	□完成　□未完成
2．在不插入充电枪情况下检测连接确认线路（CC1、CC2）		
步骤 2：车辆处于 OFF 挡位，使用万用表电阻挡位检测 CC1 与 PE 之间的电阻，标准值为 1 000 Ω 左右	测量值为：＿＿＿＿Ω	□完成　□未完成
步骤 3：车辆处于 ON 挡位，使用万用表电压挡位检测 CC2 与 PE 之间的电压，标准值为 12 V 左右。若测量值不在标准值范围内，进行步骤 4	测量值为：＿＿＿＿V	□完成　□未完成
步骤 4：检测快充充电口低压插接器 CC2 端子与 BMS CC2 端子之间的电阻，标准值为 1 Ω 左右	测量值为：＿＿＿＿Ω	□完成　□未完成
步骤 5：现场 5S 整理		□完成　□未完成

（四）确认故障点	
1. 根据检测结果判断，故障点为：	
2. 维修建议	

6.3.8 任务标准

	任务 6.3 快充车端故障检修任务标准			扫描查阅任务标准		
姓 名		班 级		学 号		
实训日期		评价方式	□自评 □互评 □师评	指导教师		
序号	评分项目	评分内容	评分细则	分 值	评分要求	实际得分
1	职业素养	工作安全 工作规范 工作态度	□1. 规范做好个人及设备安全防护工作（高压安全防护） □2. 规范开展场地、设备、工具安全检查（检查隔离栏设置、安全警示牌设置、灭火器压力值检查、举升机检查、动力电池举升车检查等） □3. 规范开展作业前和作业后工位 5S 操作 □4. 作业过程规范、未出现安全隐患或事故 □5. 积极主动、认真仔细完成任务	15	每项扣 3 分，不超过 15 分	
2	专业技能能力	技术技能	（一）快充系统相关信息查询 □1. 能正确查询快充电路图 □2. 能正确查询快充确认信号线路位置 （二）快充系统确认信号线路检查 □1. 能正确使用万用表 □2. 能正确检测判断 CC1 与 PE 的阻值 □3. 能正确检测判断 CC2 与 PE 的电压 □4. 能正确检测判断车辆 CC2 线束的电阻（如果电压正常，则无需进行此步骤） （三）元件的更换及修复 若是元件损坏，根据下面进行评分 □1. 能正确查询损坏元件更换方法 □2. 能正确更换元件 若是线路损坏，根据下面进行评分 □1. 能正确找到损坏线路的位置 □2. 能正确修复线路	50	每项扣 5 分，不超过 50 分	
3	工具及设备使用能力	工具及设备、办公软件、查询软件的使用	□1. 能正确使用维修工具 □2. 能正确使用多功能万用表 □3. 能正确使用办公软件	15	每项扣 5 分，不超过 10 分	
4	信息应用能力	关键数据及信息查询	□1. 能正确使用维修手册查询资料 □2. 能在规定时间内查询所需资料 □3. 能正确记录所查询资料的章节及页码 □4. 能正确记录所需维修信息	10	每项扣 5 分，不超过 10 分	
5	分析判断能力	数据的读取、分析、判断	□1. 能判断快充能否正常使用	5	每项扣 5 分，不超过 10 分	
6	表单填写能力	电子、纸质工单的填写	□1. 字迹清晰 □2. 语句通顺 □3. 无错别字 □4. 无涂改 □5. 无抄袭	5	每项扣 1 分，不超过 5 分	
总分				100		

6.3.9　任务小结

经过本任务的学习，能够掌握新能源汽车快充系统的结构原理、控制电路原理，理解快充唤醒信号、连接确认信息的控制逻辑及检测流程，熟悉快充枪的结构原理并能够熟练地完成快充充电操作，为进一步进行故障检修打下坚实的基础，为更好地服务车主解决问题进行能力储备。

6.3.10　知识链接

知识链接

6.3.11　拓展创新

题目引导	新能源汽车快充系统的充电速率远比慢充系统的快，某些媒体声称快充对动力电池的损害较大，会大大降低电池的循环寿命，对这种说法你的意见是什么？如赞成，你的依据是什么？如否认，请陈述你的观点。

任务 6.4　快充桩端故障检修

6.4.1　工作任务

一位新近购买比亚迪秦 EV 的车主咨询，新能源汽车的快充应该如何进行操作？在操作过程中需要注意哪些事项？同时他想进一步了解快充桩是如何为车辆充电的。作为新能源汽车维修工程师的你，该如何为车主解答呢？

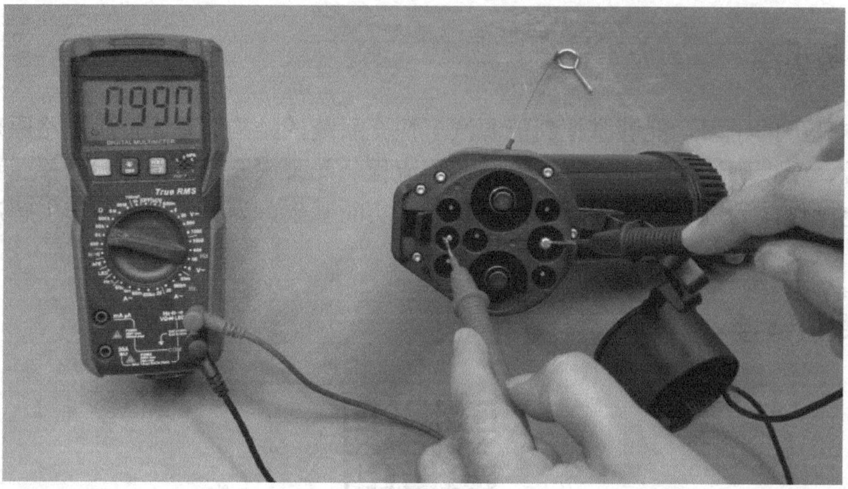

6.4.2 岗课赛证（见表 6-4-1）

表 6-4-1 任务 6.4 岗课赛证融通

序 号	融通类型	名 称	具体内容
1	岗位融通	动力电池维修岗位	快充系统桩端故障检修
2	证书融通	汽车电器维修工三级/高级工	1．功能检测 2．系统组件检测（A） 3．故障诊断 4．电池系统外部组件维修 5．技术管理
3	大赛融通	全国职业院校技能大赛汽车故障检修赛项	具备关键零部件电子电气故障检修的能力

6.4.3 任务目标

1．素质目标

（1）能完成快充桩端故障检修前后的工位 5S，具有良好的职业素养和职业习惯。

（2）快充桩端故障检修严格执行 AB 岗核查确认，具有安全意识。

（3）勇于挑战快充桩端故障检修课后创新任务，具有知识迁移能力和创新意识。

（4）快充桩端故障检修过程遵守评分标准，严谨细致，精益求精，具有工匠精神。

（5）快充桩端故障检修的任务过程中执行分组实操，分工协作，具有团队精神。

2．知识目标

（1）熟练掌握快充桩端系统功能和结构。

（2）熟练掌握快充桩端系统电路连接方式和原理。

（3）熟练掌握快充桩端系统故障检修规范和方法。

3．能力目标

（1）能够检测快充桩端系统各部分的数据。

（2）能够规范拆装快充桩端系统各元件。

（3）能够分析快充桩端系统各部分数据并判断其状态。

6.4.4　大国工匠

大国工匠人物事迹——刘更生

6.4.5　必备知识

1．快充桩的结构原理

快充桩的输入电压采用三相四线 380 V AC（±15%），频率为 50 Hz，输出可调的直流电，可以不经过车载充电器，直接为新能源汽车的动力电池充电。由于快充桩采用三相四线制供电，可以提供足够大的功率，输出的电压和电流调整范围大，因此可以实现快充。快充桩的外部主要有急停开关、充电状态指示灯、充电开关旋钮、充电枪和进线电缆等部件，如图 6-4-1 所示。

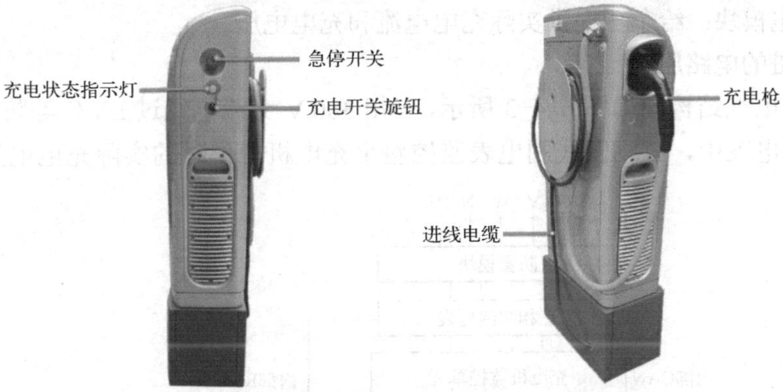

图 6-4-1　快充桩的外部结构

快充桩的内部主要由熔断器、主继电器、接线排、充电器控制板通信模块、断路器、防雷模块、辅助电源和充电模块等组成，如图 6-4-2 所示。

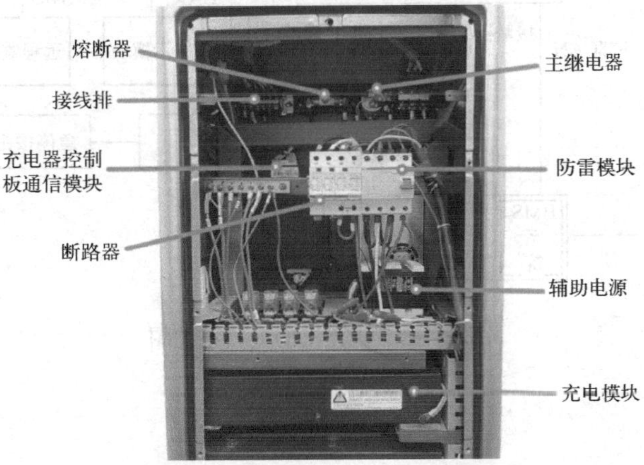

图 6-4-2　快充桩的内部结构

（1）急停开关：当发生紧急情况的时候，快速按下此按钮切断电路，起到保护的作用。

（2）充电状态指示灯：充电指示灯起提示作用，一般有三种状态，黄灯表示待机中，绿灯表示正在充电中，红灯表示故障。

（3）充电开关旋钮：用于控制充电开关的启动与停止。

（4）充电枪：充电桩连接车辆的插接器。

（5）进线电缆：用于连接电网的电缆。

（6）熔断器：指在充电桩工作中当电流超过规定值时，以本身产生的热量使熔体熔断，断开电路，起保护作用。

（7）主继电器：控制充电电路的闭合与断开。

（8）充电器控制板通信模块：充电桩主要控制及通信单元。

（9）断路器：高压交流输入的第一级开关，可以切断和接通负荷电路，起安全保护作用。

（10）防雷模块：泄放因雷击或者其他原因产生的过量电能，避免损坏设备。

（11）辅助电源：为主控器及BMS系统提供电源。

（12）充电模块：给车辆提供实际充电电流和充电电压。

2．快充桩的电路原理

快充桩的电气结构图如图6-4-3所示，三相380 V交流电经过EMC等防雷模块后进入到三相四线制电表中，三相四线制电表监控整个充电机工作时的实际充电电量。

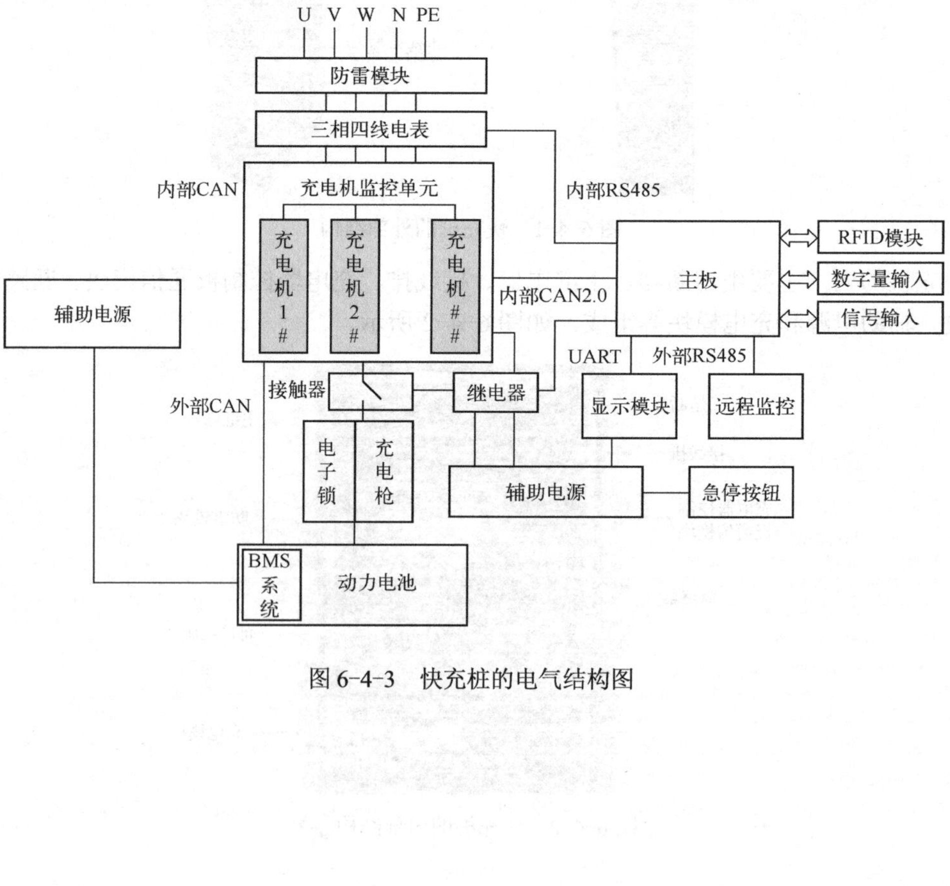

图6-4-3 快充桩的电气结构图

充电桩主板接收用户实际充电要求，控制继电器吸合接触器，充电机输出经过充电枪直接给动力电池进行充电，同时在显示模块上面显示车辆充电信息提醒用户。若出现紧急情况则可通过急停按钮紧急切断充电电路，进行保护。而辅助电源的主要作用是在直流充电桩工作时，给主控单元、显示模块、保护控制单元、信号采集单元及刷卡模块等控制系统进行供电。另外，在动力电池充电过程中，辅助电源给 BMS 系统供电，由 BMS 系统实时监控动力电池的状态。

快充桩故障检修

3．快充桩不充电故障排除

快充桩无法进行充电的故障类型包含无法正常充电、没有电流输出、IC 卡无效、刷卡没反应、屏幕不亮、屏幕亮但没反应等，相应的故障描述、可能原因及处理方法如表 6-4-2 所示。

表 6-4-2 直流充电桩故障汇总及处理方法

故障类型	描述	可能原因	处理方法
无法正常充电	枪未检测	没有接地或接地不良	检查各接地线是否连接良好，各接地端之间的电阻值是否少于 1 Ω
		主板坏	检查主控板，尝试更换主板
	接收报文异常	S+、S-没有接好	
	输出继电器故障	继电器坏	
	模块通信故障	模块线束没接好	
	充电没电流	保险烧坏	
		电表没设置好	设置电表
没有电流输出	能进入充电，但没有电流输出	1．急停按下	检查急停按钮是否按下
		2．输出继电器损坏	用万用表检查继电器
IC 卡无效	刷卡提示 IC 卡无效	读卡秘钥不合	设置读卡秘钥
刷卡没反应	刷卡没反应	1．刷卡器未连接	检查刷卡器的接线是否正确
		2．刷卡器损坏	尝试更换刷卡器
		3．控制板损坏	尝试更换控制板
屏幕不亮	显示屏不亮	1．屏电源线接错	检查屏电源线是否正确
		2．电源电压错误	检查电源电压是否正确，如果不正确则检查线路
		3．屏幕损坏	尝试更换屏幕
屏幕亮但没反应	屏幕亮，但是无法进入操作界面	1．主控板没有下载程序	为控制板下载程序（务必确保程序正确）
		2．屏幕信号线错误	检查通信线是否正确（例如 485 的 A、B 是否反接）
	屏幕亮能进入操作界面，但点击触摸没有反应	1．屏幕触摸位置校正异常	长按屏幕待出现校正界面，重新校正
		2．屏幕损坏	尝试更换屏幕

必备知识测试

6.4.6 任务指南

1. 快充充电操作

1）充电操作注意事项

为了避免对充电设备造成破坏，在使用直流充电柜充电时应注意以下问题。

（1）不要在充电口盖打开的状态下关闭充电口舱门。

（2）不要用力拉或者扭转充电电缆。

（3）不要使充电设备承受撞击。

（4）不要在温度高于 50℃的环境下存放或者使用充电设备。

（5）不要把充电设备放在靠近加热器或其他热源的地方。

（6）当进行充电时电源挡位需处于“OFF”挡，电源处于“OK”挡时不能充电，禁止电源处于“OK”挡时充电。

（7）当停止充电时应先将充电柜或充电桩关闭，再断开充电枪，家用交流充电时应先断开充电枪，再断开插座端电源。

快充充电操作

2）充电操作流程

快充充电操作流程如图 6-4-4 所示，在实际作业前可以通过仿真软件掌握快充充电操作，实际操作过程需要记录并填写任务工单 6-4。

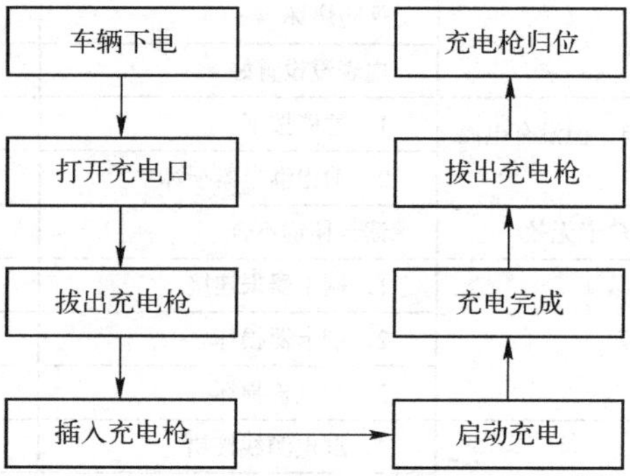

图 6-4-4 快充充电操作流程图

2. 快充充电操作虚拟仿真训练

计算机端登录：https://press.bjtu.edu.cn/h5trans/241122/18/。

移动端使用手机浏览器扫描左侧二维码进入虚拟仿真训练界面。

快充充电操作虚拟仿真软件

快充充电操作操作手册

6.4.7　任务工单

任务 6.4　快充桩端故障检修任务工单

扫描查阅电子工单

姓　名		班　级		学 号	
实训日期		评价方式	□自评 □互评 □师评	指导教师	

（一）车辆/台架信息记录

车辆品牌		车辆型号		生产日期	
动力电池型号		动力电池容量		行驶里程	
车辆识别码					

（二）快充充电操作

步骤	内容	结果
1. 车辆电源挡位退至“OFF”挡		□正常　□异常
2. 打开车辆直流充电口盖	充电口状态：________	□完成　□未完成
3. 按下快充桩充电枪上的解锁按钮，拔出充电枪	充电枪状态：________	□完成　□未完成
4. 把充电枪插入车辆充电口		□完成　□未完成
5. 观察车辆仪表上充电连接指示灯	充电连接指示灯：________	□正常　□异常
6. 启动充电	充电状态信息：______	□正常　□异常
7. 等待充电完成		□完成　□未完成
8. 拔出充电枪，关闭充电口盖		□完成　□未完成
9. 将充电枪插入快充桩插座		□完成　□未完成

6.4.8 任务标准

任务 6.4 快充桩端故障检修任务标准

扫描查阅任务标准

序号	评分项目	评分内容	作业标准及对应的学习目标	分值	评分要求	实际得分
姓名		班级		学号		
实训日期		评价方式	□自评 □互评 □师评	指导教师		
1	职业素养	工作安全 工作规范 工作态度	□1. 规范做好个人及设备安全防护工作（高压安全防护） □2. 规范开展场地、设备、工具安全检查（检查隔离栏设置、安全警示牌设置、灭火器压力值检查、举升机检查、动力电池举升车检查等） □3. 规范开展作业前和作业后工位 5S 操作 □4. 作业过程规范、未出现安全隐患或事故 □5. 积极主动、认真仔细地完成任务	20	每项扣 4 分，不超过 15 分	
2	专业能力	技术技能	□1. 能正确检查车辆充电口状态 □2. 能正确检查快充充电枪状态 □3. 能正确完成充电枪的拔出与插入 □4. 能正确检查车辆充电指示灯及充电信息 □5. 能正确完成车辆充电口的打开与关闭	45	每项扣 5 分，不超过 45 分	
3	信息应用能力	关键数据及信息查询	□1. 能正确使用直流充电桩 □2. 能正确记录所需操作信息	10	每项扣 5 分，不超过 10 分	
4	分析判断能力	数据的读取、分析、判断	□1. 能判断充电部件是否正常 □2. 能判断车辆充电指示灯是否正常 □3. 能判断车辆充电信息是否正常	10	每项扣 4 分，不超过 10 分	
5	表达能力	有效沟通和描述维修任务	□1. 能与客户有效沟通维修方案 □2. 能与团队有效沟通维修方案	10	每项扣 5 分，不超过 10 分	
6	表单填写能力	电子、纸质工单的填写	□1. 字迹清晰 □2. 语句通顺 □3. 无错别字 □4. 无涂改 □5. 无抄袭	5	每项扣 1 分，不超过 5 分	
总分				100		

6.4.9　任务小结

经过本任务的学习，能掌握快充桩的结构原理及电路原理，熟悉快充桩无法充电故障的排除思路，能够规范地完成直流充电的充电操作，帮助车主解决问题。

6.4.10　知识链接

知识链接

6.4.11　拓展创新

题目引导	目前，直流充电的发展趋势是超充桩，超充桩的方案分为高电压快充技术和大电流快充技术，请你查阅资料去评估两种方案谁优谁劣，并说明原因。

附录A 课 程 设 计

根据课程所学，用 3.2 V 锂离子电池制作 76 V 的电池组，要求具备完整的高压回路元件结构，并有电压检测和保护功能。请将电路连接图在下面画出。

任务指南

小型动力电池的制作

动力电池是由多个电芯通过串联或并联连接而成的，动力电池的参数主要有电压和容量两个参数，在制作前需确定动力电池的电压和电容参数，然后通过并联或串联电芯达到所需要的电池组。

电芯的电压监控信号线在焊接电芯时需要一起焊接在电芯两端的连接片中；电芯的温度监控采集点，可根据实际情况使用绝缘胶布或青稞纸包裹在电芯壳体上。由于电池管理系统采集信号只认接口，所以电压及温度采集器必须按顺序和电池管理系统进行连接。动力电池制作流程如图 A-1 所示。

小型动力电池的制作

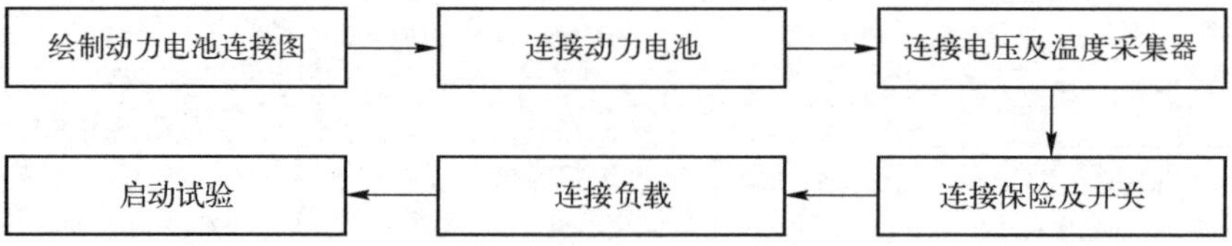

图 A-1 动力电池制作流程